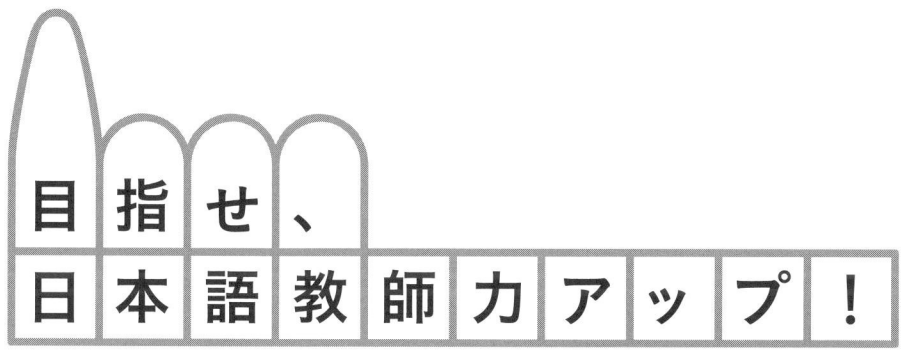

目指せ、日本語教師力アップ！

嶋田和子 著

ひつじ書房

はじめに

　みなさん、日本語教師にとって特に大切なものは何だと思いますか？　これは私が教師採用試験の時によくする質問です。その答えは一人ひとり違いますが、それぞれ考えながら自分自身の思いを語り始めます。その時の応募者の対応を興味深く、そして注意深く観察しながら、「この人と一緒に、この職場で仕事をしている自分」をイメージしていきます。それは、「応募者はこの職場のリーダーである私に何を求めているのか」「私自身は応募者に何を期待しているのか」をしっかり考えることが教師採用の基本だと考えるからなのです。

　「教育」の意味を辞書で調べてみると「他人に対して、意図的な働きかけを行うことによって、その人間を望ましい方向へ変化させること」(『大辞林』)と書かれています。しかし、私は「教育」を辞書の意味のようには捉えていません。「互いに教え合い、共に学び合うもの」と解釈しています。むしろ「共育」と書いたほうが適切かもしれません。「教育」という言葉は明治時代に「education」という英語の翻訳として生まれました。実は「educate」の本来の意味は「引き出す」なのですが、翻訳された日本語「教育」にはその意味がかなり薄れてしまっています。そこで、「共育」という視点で、日本語教師の教師力を見つめ直したいと考えました。

　日本語教育の世界に入って何十年かが過ぎました。素人だった私が、専門家としての日本語教師となるまでには多くの人々との出会いがあり、助けられ支えていただきました。その間私がずっと大切にしてきたのは、「同僚性」と「協働性」です。毎日の授業実践を振り返り、悩み、そしてまた立ち上がるということの繰り返しで今日までやってきました。それは、これからもずっと、日本語教師という仕事を終えるまで続いていくことでしょう。

　多様化が非常なスピードで進んでいる現在、教師教育の世界でも大きな変化が起こっています。これまでのような伝統的なマニュアルに基づいて先輩教師が教えていくという画一的な教師研修では多様な教育現場、学習者にはとても対応しきれません。トレーニング型教師研修から、教師の内省に重き

を置き「教師の成長」をめざした新たな研修が求められてきています。学習者とともに育つ教師、教師同士で成長を助け合う研修こそがこれからの日本語教育を支えていくのです。

　教師教育に携わるようになって17年の月日が流れました。その間常に教育実践そのものが教師一人ひとりの自己実現につながり、それが全体として「学びの共同体」ができることをめざしてやってきました。その「学び続ける組織」は、また一人ひとりの教師を育て、自己実現へとつながっていきます。

　学習者一人ひとり顔が違い、個性があるのと同じように、教師も一人ひとり求めるもの、方向性が異なります。その違いを大切にしながら、共に教師力を磨いていくには、ある基軸となる「何か」が必要です。私にとってそれは、OPI(Oral Proficiency Interview)というACTFL口頭能力インタビュー試験でした。10年前に出会ったOPIは、私の言語観、言語教育観を根底から揺さぶりました。まさに「目から鱗体験」をしたことで、「内省的実践家」への道を歩み始め、学校全体の日本語教育を見直そうという思いに駆られたのです。

　この本では、OPIと関連付けながら教師力について述べ、さらには、「学び続ける教師」「成長し続ける組織」を実現するためにどうOPIを活用すればいいのかについてお話ししていきます。さまざまな切り口が考えられますが、本書では実例として「会話授業で役立つロールプレイ」と「会話試験の開発」を取り上げることにします。

　皆さんの中にはOPIと聞いて否定的な評価をお持ちの方もいらっしゃるかもしれません。

　　・OPIはテスティングとして不完全だ。
　　・OPIは、文化を捨象しているが、それは大きな欠陥だ。
　　・どうして教師教育を語るのに、わざわざOPIを持ち出すのか。

　それは、冒頭で申し上げた「日本語教師にとって大切なもの」についての

質問の答えが多様だったのと同じなのかもしれません。

　「OPI の話を聞くのは初めて」という方は、ぜひ新しい知識、新たな知恵として OPI を考えてみてください。きっと思いがけない発見があることでしょう。

　「OPI はちょっと……」という方は、一度その思いを脇に置き、OPI ワールドにちょっと浸ってみていただけませんか。

　「OPI は知っているけど、あれは会話試験だから……」と考えている方は、それではあまりにももったいないと思います。OPI にはたくさんの教師力アップのヒントが詰まっています。ちょっと視点を変えて、「OPI で教師力アップ！」をめざしてみませんか。

　本書を手に取ってくださる方々はさまざまですし、OPI の捉え方もさまざま。でも、「教師力をアップしたい」という思いはみな共通ではないでしょうか。一緒にその思いを持って、歩いてみませんか。

　さあ、それでは、「成長しつづける教師」をめざして、最初の 1 ページを開いてみてください。

目　次

はじめに ……………………………………………………………………… 1

1　教師力 ────────────────────────── 9

1-0　読む前にちょっとひと言 ……………………………………… 9

1-1　めざせ、教師力アップ！ ……………………………………… 10
　　1-1-1　日本語教師という仕事　10
　　1-1-2　日本語教師に求められる資質・能力　13
　　1-1-3　「振り返り」で教師力アップ！　20

1-2　OPIを知ろう！ ………………………………………………… 22
　　1-2-1　OPIって何？　22
　　1-2-2　OPIの評価基準　25
　　1-2-3　OPIの構成　31
　　1-2-4　OPIの進め方　35
　　1-2-5　OPIワークショップ　42

1-3　OPIで身につく教師力 ………………………………………… 47
　　1-3-1　評価する力―学習者の力を総合的に評価　47
　　1-3-2　縦軸思考の重視―全体の中の位置確認　52
　　1-3-3　突き上げ力－「i + 1」でギアチェンジ　58
　　1-3-4　質問力－学習者の発話を引き出す質問の仕力　62
　　1-3-5　傾聴と共感―OPIで学ぶカウンセリング・マインド　71
　　1-3-6　自己教育力―内省から生まれる実践力　76

2　授業に活かすロールプレイ ―― 81

2-0　読む前にちょっとひと言 ―― 81

2-1　タスク先行型ロールプレイ ―― 82

2-2　ロールプレイカードの選び方・作り方 ―― 87

2-3　ロールプレイ活用の10のヒント ―― 93
  - 2-3-1　イラストの活用　93
  - 2-3-2　4コマ漫画の活用　94
  - 2-3-3　初級の絵カードの多目的活用　95
  - 2-3-4　ラジオ放送からロールプレイへ　96
  - 2-3-5　2つのボールでロールプレイ　98
  - 2-3-6　3人で作り上げるロールプレイ　100
  - 2-3-7　ロールプレイからディスカッションへ　103
  - 2-3-8　学生の質問からロールプレイへ　105
  - 2-3-9　絵コンテからロールプレイへ　107
  - 2-3-10　流れの中のロールプレイ　109

2-4　ロールプレイを生かした10の授業展開例 ―― 111
  - 2-4-1　学習者から「出てきたもの」を活用した授業展開(西部由佳)　111
  - 2-4-2　ストーリー性のあるロールプレイ実践(森節子)　117
  - 2-4-3　学生の経験差を活用した「グループで学ぶロールプレイ」(酒井祥子)　122
  - 2-4-4　学習者のレベル差を利用した授業展開(西川幸人)　127
  - 2-4-5　ディスカッションから入るロールプレイ(中尾明子)　130
  - 2-4-6　読解からロールプレイへ(有山優樹)　134
  - 2-4-7　学習者の自発性を重視したロールプレイ(市川昌子)　139
  - 2-4-8　学習者の気づきを活かすロールプレイ(澤田尚美)　143
  - 2-4-9　カード作成から始めるロールプレイ授業(田坂敦子)　146
  - 2-4-10　「20年後の自分」を考えたロールプレイ授業(永田晶子)　153

3　OPIに基づく会話試験開発 ——————————— 161

3-0　読む前にちょっとひと言 ………………………………………… 161

3-1　会話レベル表に基づく会話授業 ……………………………… 162

3-2　シングルスケールの会話試験 ………………………………… 169

3-3　会話試験の評価法 ………………………………………………… 180

3-4　会話試験実施例 …………………………………………………… 186

3-5　会話試験のためのワークショップ …………………………… 189

4　「学びの共同体」をめざして ——————————— 203

4-0　読む前にちょっとひと言 ………………………………………… 203

4-1　「個人力」から「チーム力」の時代へ ……………………… 204

4-2　共に育て合う授業力 ……………………………………………… 210

4-3　学校を変える「チーム力」 ……………………………………… 223

4-4　「学びの共同体」作りのための学内教師研修 ……………… 232

 4-4-1　人との関わりの中での「気づき」　232

 4-4-2　自明のことを問う　237

 4-4-3　教師のビリーフについて話し合う　239

 4-4-4　全教師を巻き込むためのワークショップ　242

 4-4-5　お互いを理解し合うためのワーク　244

 4-4-6　プロジェクト・チームのための予備ワーク　249

4-5　「学び続ける組織」をめざして ………………………………… 255

おわりに ……………………………………………………………………… 265

 参考　269

  参考文献　269

  参考資料　273

1 教師力

1-0 読む前にちょっとひと言

　日本語教師にはさまざまな資質・能力が求められます。日本語教育に関する専門的な知識だけではなく幅広い知識も必要ですし、伝え合う力、人間関係を作り上げていく力も重要です。

　また、経験を積んでいけば教師の力が順調についていくわけではありません。教授活動や思考がパターン化してしまい、いわゆる「化石化」という状態に陥ってしまうこともあります。だからこそ「成長し続ける教師」を学習者と共にめざしていくことが大切なのです。

　「教師の成長」を可能にする有力な方法のひとつとして、**つねに振り返りながら教授活動を行う**ということがあげられます。その振り返りの方法としては、アクションリサーチ[1]などいろいろありますが、OPIも教師の成長を助ける方法のひとつとしてぜひ知っていただきたいと思います。

　OPIは1対1で30分間自然な形でインタビューを行い、会話能力を判定します。判定のためには収録したOPIを何度も聴き直さなければなりません。いやでも**自分自身のインタビューに何度も触れ、「自分自身」**と向き合うことになります。そこからさまざまな気づきが生まれ、「教師の成長」につながっていきます。

注1　横溝(2000)は、アクションリサーチとは「教師が自己成長のために自ら行動(action)を計画して実施し、その行動の結果を観察して、その結果に基づいて内省するリサーチ」であり、「自分の教室内外の問題及び関心事について、教師自身が理解を深め実践を改善する目的で実施される、システマティックな調査研究」であると説明しています。

- ・質問の型に偏りがあったことが、話をうまく展開できなかった原因だ。
- ・しっかり聞いたつもりだったが、共感的に聞けていなかった。
- ・被験者の話が終わっていないのに、次の質問をしてしまっている。
- ・いわゆる「中級レベル」というレッテルで被験者を見てしまっていた。
- ・「沈黙」の意味をもっと深く考える必要がある。

より良いインタビューアーになるためには、さまざまな力が求められますが、それは取りも直さず教師力を伸ばすことにもなっていくのです。

まずは教師として内省を始めてみてください。これから教師になろうという方々は、日本語教師という仕事をイメージしながら、読み進めてください。

1-1　めざせ、教師力アップ！

1-1-1　日本語教師という仕事

「日本語教師にはさまざまな資質・能力が求められますが、特に何が大切だと思いますか。ひとつあげてみてください」。これは、教師採用面接で私がよくする質問のひとつです。

- ・相手の立場で考えられること
- ・強い好奇心と探究心
- ・元気で明るく意欲的なこと
- ・思い込みをなくし、柔軟に対応できること
- ・人と関わることが好きなこと

予期せぬ質問に戸惑う人、「ひとつと言われても選び出せない」と複数あげたいと言う人、聞いたとたんにスラスラと答える人。応募者の反応はさまざまなら、その答えもさまざまです。

日本語教師は、日本語を母語としない人々、つまり既に母語（第一言語）を

持つ人に対して、日本語を第二言語、第三言語として教えることを仕事としています。「日本語を教える」と言っても、学習者一人ひとり学習目的も違えば、学習環境、学習者の育った社会、文化、母語もさまざまです。そういった違いを理解し、日本語教師として「何を、どう」教えるかを考えていかなければなりません。

また、日本語教師の仕事と言っても、国内か海外かという場所の違い、クラス授業かプライベートレッスンかという形態の違い、短期か長期コースかという学習期間の違い等、実際の仕事内容はさまざまです。

それでは、日本語教師に求められる資質・能力はどのようなものでしょうか。もちろんそれは教育現場によって異なります。しかし、共通して求められる資質・能力は変わりません。そこで、一般的に考えられる日本語教師の資質・能力について考えてみたいと思います。

2000年に出された「日本語教員の養成に関する調査研究協力者会議」の報告書『日本語教育のための教員養成について』では、日本語教師に望まれる資質・能力に関して、「基本的な資質・能力」として、次のような点をあげています。

　　ア　日本語教員としての基本的な資質・能力について
　　　日本語教員として望まれる資質・能力として、まず基本となるのは、日本語教員自身が日本語を正確に理解し的確に運用できる能力を持っていることである。
　　(ア)言語教育者として必要とされる学習者に対する実践的なコミュニケーション能力を有していること。
　　(イ)日本語ばかりでなく広く言語に対して深い関心と鋭い言語感覚を有していること。
　　(ウ)国際的な活動を行う教育者として、豊かな国際的感覚と人間性を備えていること。
　　(エ)日本語教育の専門家として、自らの職業の専門性とその意義についての自覚と情熱を有すること。(p. 7–8)

続いて「項目イ　日本語教員の専門的能力について」では、ア．言語に関する知識・能力、イ．日本語の教授に関する知識・能力、ウ．その他日本語教育の背景をなす事項についての知識・能力、という3つをあげています。

　ちょっとご自分を振り返ってみてください。実は、日本語教師は項目イの専門的能力については意識し、熱心にブラッシュアップを図っているのですが、基本的な資質・能力についての振り返りは十分に行っていないケースが多く見られます。しかし、経験を積んでいくにしたがって「当たり前のこと」になってしまう「基本的な資質・能力」こそ常に振り返り、改めて考える必要があるのです。自明のことを問う姿勢とは、つまり**「なぜ自分は日本語教師としてこの学習者に対峙しているのか」という教授活動の原点を問い続ける姿勢**です。

　もう少し『日本語教育のための教員養成について』を見てみると、次のように書かれています。

> 日本語教育とは、広い意味で、コミュニケーションそのものであり、教授者と学習者とが固定的な関係でなく、相互に学び、教えあう実際的なコミュニケーション活動と考えられる。　　　　　　　　　　(p.9)

私は日本語教師の仕事とは「日本語を教えること」であると述べましたが、実は、「教える」ではなく、**学習者の学びを支援する**と言い換えたほうが適切かもしれません。「ACTFL-OPI マニュアル」には次のような説明が見られます(ACTFL-OPI については、のちほど詳しく説明します)。

> 学習者が言語運用能力を向上させたいのであれば、教師が取るべき役割は、自分自身を「舞台に上がった賢人」に見立てるような伝統的なものではなく、むしろ、「<u>側に付き添う案内人</u>」というようなものになるはずである。すなわち、教師側からの話を最小限に抑え、学習者が会話に参加する機会を最大限に増やすという役割である。OPI ワークショップを受けると、この点が実にはっきり見えてくる。
>
> 　　　　　　　　　　　　　　　　　　　　(p.121、下線引用者)

応募者の実技試験や授業見学で驚くことのひとつは、授業における教師の発話量の多さです。詳しい文法説明や語彙の使い方の提示に、教師は汲々とし、話し続ける教師が多く見られます。授業終了後、その事実を伝えても、「えっ、そうでしたか？私はそんなに話していなかったと思いますが……」という答えが返ってきて、さらに驚かされることも多々あります。それは、教師は教える人、学習者は習う人、という構図に捉われて、自分では気づかぬうちに発話が多くなってしまっているのでしょう。

では、学習者と向き合い、もっと柔軟性に富んだ生き生きとした授業展開を可能にするには、どうしたらいいのでしょうか。「うちのクラスはあまり話そうとしない。受け身で困る」という悩みをよく耳にします。しかし、実は、会話授業がうまく展開しないのは、学習者側ではなく、教師の側に問題がある場合が多いのです。

まず、日本語教師にはどんな資質・能力が求められているのかについて考えてみたいと思います。

1-1-2　日本語教師に求められる資質・能力

みなさんの中には、これから日本語教師として教壇に立とうという人もいれば、もう20年のベテラン教師もいらっしゃることでしょう。

今、私は自分自身の20年前の駆け出し教師時代を懐かしく思い出しています。「こんな未熟な私が教壇に立っていいのだろうか？」という迷い。「専門的知識をもっと学ばなければ！」という焦り。「もっと広く社会とつながった日本語教育をするべきではないだろうか？」という疑問。いつも自分に問い続けながら走り抜けた20年でした。しかし、ある意味で、この思いは今でも同じです。多分、教師をやめるまで続くだろうと思います。そして、先ほど述べたように「基本的な資質・能力」について常に問い続ける教師でありたいと思っています。本書は、「じゃあ、それにはどうしたらいいのか」についてOPIを軸として考えていくことを目的としていますが、まずは、教師一般に求められている資質・能力について見ていきたいと思います。

岡東(2002: 49–50)は、「21世紀に通用する教師」に求められる資質・能力を、1. 目に見える実践的技量(テクニカル・スキル)、2. 人間の内面的な思

考様式にかかわる技量(コンセプチュアル・スキル)、3. 教員と子ども、教員同士の関係などに必要な力量(ヒューマン・スキル)の3つに分けて論じています。さらに、その3つについて次のように説明しています。

> テクニカル・スキルは、教職や教科の専門的知識と指導技術、科学的研究法や専門を支える教養、ことばや文字だけでなく適切なメディアを活用する表現能力、そして経験や研修を通じての教育指導技術の蓄積である。……(中略)コンセプチュアル・スキルは「ものの見方」として「広い視野」「先見性」、さらに、創造力、分析力、論理性、構成力、応用力といった認識的側面である。教員個々の持つ教育観や子ども観などもこの範疇に含まれる。
> 　ヒューマン・スキルは「人間理解力」や「感性」に支えられた対人関係能力である。

これまで、教師力を考える際に、どうしても「テクニカル・スキル」が中心になりがちでした。しかし、それを支える物の考え方や自分自身を見つめる力、つまり内省力などをどうやって身につけていくかを考える必要があるのだと岡東は述べています。

　また、どんなに豊かな専門的知識を持ち、教える技術に長けていたとしても、しっかりとした言語教育観がなければ、良い教育実践は行えません。さらに、たとえ十分に内省する力があり、しっかり物を見つめる力があったとしても、学習者と良い関係性を作り上げる力に欠けていたのでは、良い授業は望めません。この3つのスキルを円で書き表してみると次のようになります。

　3つの領域がすべて重なる「1」が、教師に求められるコアの部分であり、さまざまな教育に共通して求められるものであると、ここでは捉えています。また、3つのスキルは、それぞれからみ合っていることも忘れてはなりません。

　1997年に教育職員養成審議会の答申『新たな時代に向けた教員養成の改善方策について』が出されました。その中では「教員に求められる資質能力」を1. いつの時代にも教員に求められる資質能力、2. 今後特に教員に求

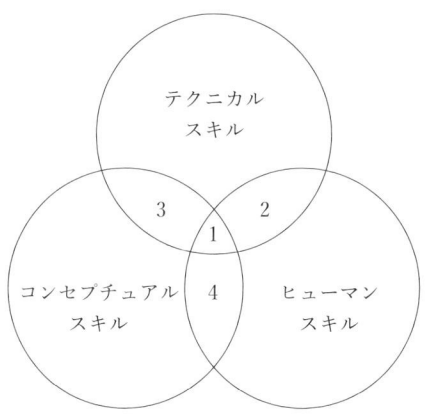

図1　3つのスキルの関係

められる具体的資質能力、3.得意分野を持つ個性豊かな教員の必要性の3つの項目に分けて記述されています。ここでは、第2項目を取り上げ、その中でも特に「変化の時代に生きる社会人に求められる資質能力」について詳しく見ることにします。

◎地球的視野に立って行動するための資質能力

◎変化の時代に生きる社会人に求められる資質能力

・課題解決能力等に関わるもの
　例：個性、感性、創造力、応用力、論理的思考力、課題解決能力、継続的な自己教育力
・人間関係に関わるもの
　例：社会性、対人関係能力、コミュニケーション能力、ネットワーキング能力
・社会の変化に適応するための知識及び技能
　例：自己表現能力、メディア・リテラシー、基礎的なコンピュータ活用能力

◎教員の職務から必然的に求められる資質能力

「変化の時代に生きる社会人に求められる資質能力」にあげられている課題解決能力は、これからの日本語教師においてとても重要な資質・能力です。岡崎(1997: 10)は急激に広範に多様化している学習者を抱えている現在、教師のあり方も変わっていかなければならないと述べています。

> 多様な学習者の中の、ある一定のタイプの学習者に対して有効で、そこで〈優秀な教師〉のやり方として提示されているものが、どのような条件の日本語教室でも、またどのような学習者に対しても有効であるとは考えにくい。むしろ、〈どのように教えるか〉のあるモデルを、情報や知識として知ることから出発したとしても、そのようなやり方をどのような条件の場合にどのような原則や認識に基づいて採用されるべきなのかを、自分の教室の現状を把握しそれに照らして考える能力を養うことがとりわけ必要とされている。

次にあげられている「人間関係に関わるもの」では、下位項目として「社会性、対人関係能力、コミュニケーション能力、ネットワーキング能力」等があげられています。学習者や他の日本語教師との関わり、あるいはその他さまざまな人々との関わりの中で、活動していることを考えると、最も重要なことだとも言えます。「この世の中はすべて『人』に始まって『人』に終わる」とも言われます。

教師の資質・能力に関していろいろ述べましたが、結局は「**その人にどれだけ人間的魅力があるか**」ということに尽きると言えます。教壇に立っている教師が経験豊かか、教え方が上手かということより、「ああ、この先生の話を聞いてみたい。関わって時間を共有したい！」という思いで学習者は耳を傾けているのではないでしょうか。

皆さん、IQ, EQ, SQ という言葉をご存じでしょうか。

　　　　IQ ＝ Intelligence Quotient（知能指数）

EQ = Emotional Intelligence Quotient（こころの知能指数）
SQ = Social Intelligence Quotient（社会的知能指数）

1996年ダニエル・ゴールマンの『EQ―こころの知能指数』の日本語訳が出て以来、「こころの知能指数」はビジネス界、教育界、そして家庭において注目を集めています。このEQ理論は、ピーター・サロベイ（イエール大学）とジョン・メイヤー（ニューハンプシャー大学）によって、1989年に初めて論文で発表されました。その後、ジャーナリストのダニエル・ゴールマンが上述した著書を出版し、ベストセラーになり一挙に世界中に広まったのです。

『月刊日本語』2007年6月号では「目指せEQアップ！ 日本語教師メンタルトレーニング」という特集を組みました。そこに掲載されている「EQチェック」をちょっとやってみてください。そして、次に「目指せ『EQ型日本語教師』！」をお読みください。

最後にイーストウエスト日本語学校で教師採用時などに評価項目としているものをあげてみることにします。

■イーストウエスト版：教師に求める資質・能力
　◎日本語運用能力
　　・簡潔・的確・平明に自分の言いたいことを表現する能力
　　・場や人間関係に対して適切な語彙や表現を使う能力
　　・相手から目的に応じた情報を聞き出す能力
　　・相手が伝えたいことを正しく聞き取る能力
　　・相手の発話に対して的確に応じて表現する能力

　◎実技能力
　　・メリハリ／リズムのある授業が行える
　　・明るく楽しい雰囲気で授業を行える
　　・クラス全体、個々の学生の状況把握が出来る
　　・教案を絶対視することなく、学生の反応に応じて柔軟に進められる

表1 「EQ チェックリスト」

あなたの EQ をチェック ―日本語教師版簡易診断―
4：かなり当てはまる　　3：やや当てはまる
2：あまり当てはまらない　　1：ほとんど当てはまらない

Q1	いつも自分の「こころ」に興味がある。	4 3 2 1
Q2	学習者の目、ほかの先生の目に映る自分の姿が気になる。	4 3 2 1
Q3	過去の授業の失敗を引きずって、くよくよ悩むことはない。	4 3 2 1
Q4	新しい教授法や、授業でやりたいと思ったことは、すぐに実際にやってみる。	4 3 2 1
Q5	気が動転しているときでも、学習者に動揺を察されず、平静さを保つことができる。	4 3 2 1
Q6	授業中、進め方に困ったとき、次にどう対応するかということに、考えを集中できる。	4 3 2 1
Q7	授業でトラブルが発生しても、たいていのことには驚かず、冷静沈着に対応する。	4 3 2 1
Q8	自分は、教師として優れた能力があると思う。	4 3 2 1
Q9	どちらかといえば、目的を高く揚げて、画期的な取り組みをやることが多い。	4 3 2 1
Q10	現在の自分は、価値のある生活をしていると思う。	4 3 2 1
Q11	どんなことでも、やっているうちに展望が開けてくるものだと思う。	4 3 2 1
Q12	できるだけ、自分の気持ちを、学習者や同僚教師に伝えようとしている。	4 3 2 1
Q13	どちらかといえば、授業での表情は豊かなほうだ。	4 3 2 1
Q14	正しいと信じたことは譲らず、同僚教師、先輩教師にもしっかり伝える。	4 3 2 1
Q15	物事を柔軟に考えられる教師が好きだ。	4 3 2 1
Q16	自分が不愉快な思いをさせられたときは、はっきり苦情を言う。	4 3 2 1
Q17	学習者や教師との間で、人間関係の問題が生じたときでも、感情的にならず、冷静に対処する。	4 3 2 1
Q18	街で学習者や同僚教師に会ったら、自分から進んで挨拶する。	4 3 2 1
Q19	学内外を問わず、多くの場合、人は私に対して気軽に心を開いてくれると感じる。	4 3 2 1
Q20	パーティーや勉強会、交流会などで、誰かが自分に興味を持つと、すぐに気付くほうだ。	4 3 2 1
Q21	どちらかといえば、学習者の感情や行動の動機を理解する観察力はあるほうだ。	4 3 2 1
Q22	学習者やほかの教師がうれし泣きをしている姿を見ると、自分も感動してしまう。	4 3 2 1
Q23	どちらかといえば、学習者や同僚教師から、感情的な影響を受けやすいほうだ。	4 3 2 1
Q24	学習者や同僚教師から、相談を持ちかけられると、相手の身になって、話を聞くことができる。	4 3 2 1

(『月刊日本語6月号』2007年：10-11)

目指せ「EQ型日本語教師」！　抜粋　　嶋田和子
（『月刊日本語6月号』2007年：p.15）

　日本語教師にはさまざまな資質・能力が求められます。横溝紳一郎さんは3つの柱を立て、「人間性」「専門性」を支えるものとして「自己教育力」を挙げています。私は20年近く教師採用を担当してきましたが、経験年数や専門的知識ではなく「人間性」に重きを置き、さらには「自己教育力」に注目してきました。つまりEQが高い人、EQを高めようという姿勢の見られる人に加わってもらいたいと考えているのです。

　多様な背景・学習目的を持つ学習者と向き合い、同僚と協働で授業を進めていく日本語教師にとって、EQを通して自分を知ることは重要です。「EQ簡易診断」で自己分析をし、自分自身の姿を客観的に見詰めてみてください。

　今後の教師教育においては、「教師自身のこころを見詰める」EQトレーニングを軸にした研修が望まれます。新人研修では、「事例で学ぶEQトレーニング」を積極的にやっていきたいものです。その際には、受講生各自が事例を持ち寄ることで効果がさらに高まります。教師は「何を(シラバス)」「どう(カリキュラム)」教えるかにばかり目が行きがちですが、常に「なぜ」を問い続けることが大切です。自分自身、さらには「自明のこと」としていることまでも問い直すような研修が求められてきます。

　日本語教師という仕事は、学習者、教師間、さまざまな人々とのかかわりの中で行われます。「EQ型日本語教師」が生き生きと働く「学びの共同体」としての教育現場の実現こそが、より充実した日本語教育を可能にしてくれます。

・学生の質問に適切に対応できる(正解が与えられるということではない)。

◎求められる人間力
・考え方・物事の対応が**柔軟**であること
・他者への配慮ができる**感受性**を持っていること
・異なる価値観を受け入れる**包容力**があること
・**責任感**を持って物事に当たる力があること
・相互理解のもと**協働**を進める能力があること
・困難な状況においても**誠実**に対処することができること
・**意欲**と**情熱**を持って仕事に当たることができること

1-1-3 「振り返り」で教師力アップ！

では、このような教師に求められている知識・能力を高めていくにはどうしたらいいのでしょうか？「成長しつづける教師」であるためには常に教授活動を振り返り、自分自身を客観的に見つめていくことが重要です。

アメリカの哲学者ドナルド・ショーンは、教育者は「内省的実践家(The Reflective Practicner)」であることが重要だと唱えました。教育実践には、技術的合理性では解決できないものがあり、専門的な知識や技術を習得するだけでは困難な仕事であるからこそ、「行為の中の省察」が重要なのだと述べています。一人ひとり異なる学習スタイルや思考スタイルを持つ学習者。その多様性を前にして、教師は答えを自ら見つけ出し、臨機応変に対応していくことが求められているのです。ショーンは『専門家の知恵(The Reflective Practicioner)』の中で次のように述べています。

> 不確実性、不安定性、独自性、そして価値の葛藤という状況で実践者が対処する"技法"の中心をなすものは、「行為の中の省察」というこの過程全体である。
> 　　　　　　　　　　　　　　　　　　　　　　　　　　　　(同前：78)

さらに「その場での省察と実験という考え方にもとづいて構成された」マサ

チューセッツ工科大学における現職教育プログラムにも触れています。

> この教師プロジェクトでは、研究者は、教師たちの小グループが数学や物理学、音楽の領域における一見単純に見える課題や、ぼんやりと知覚できる行為についての教師自身の直感的思考を切り拓くことを奨励している。参加した教師達はいくつもの重要な発見をする。彼らは自分では「わかっている」つもりでいた事柄について自分が混乱するようになる。そしてその混乱から抜け出る方法を見つけようとする時、学ぶことと教えることについて、今までとは違った形で考えられるようになり始める。
> （同前：115–116）

この「分かっているつもりのこと」「当たり前だと思っていること」を見つめ直すことが重要なのです。そして、そのためにショーンは「状況との対話」と「自己との対話」の重要性をあげています。私がOPIを教師力アップに活用したいと思った理由がここにあるのです。

実は、30分OPIを実施することだけでも、教師力アップにつながります。

相手の発話をつむぎながらのインタビュー展開。何百回やったとしても、ひとつとして同じOPIは存在しません。また、できるだけ被験者の発話を促そうとテスターはインタビューの間中、相手の発話を聞きながら模索しています。30分のインタビューは楽しい雰囲気の中で自然な形で進んでいきますが、実はテスターにとっては真剣勝負そのものです。

インタビューが終わると、次に待っているのが収録したインタビューを聞くことです。OPI実施中に下した判定が果たして合っているのかどうか、もう一度録音したインタビューを聞いてみます。こうして、「30分被験者と真剣に向き合っている自分」にもう一度接し、被験者と共に作り上げていった30分の会話の中で、どう相手と関わっていったかを徹底的に考えることになるのです。

皆さんの中には「授業をした後、ノートをつけ、同僚と話し合い、十分に振り返りをしています」と言う方がいらっしゃるかもしれません。しかし、自分の授業を録画したり、録音したりしているでしょうか？　OPIは、つ

ねに30分のインタビュー全てを収録し、終了後何回か聞き直すという作業をしなければなりません。そういう行為をしているでしょうか。そう考えた私は「テスティングとしてのOPI」以外の活用法、OPIを教師力アップに活かす方法を開発したいという思いに駆られてしまったのです。

また、OPIには授業のための教案のようなものもありません。被験者の発話から話を展開していくのです。そこにはインタビューの筋書きもなければ、予定された質問もありません。だからこそ臨機応変に対応する力が求められ、「出たとこ勝負」の面白さ・怖さがあるのです。

それでは、いよいよ「OPIとは何ぞや？」「OPIと教師力の関係は？」という質問にお答えしていこうと思います。

1-2　OPIを知ろう！

1-2-1　OPIって何？

OPIによって自分自身の言語教育観を根底から揺るがすような経験をしたことをお話ししましたが、では一体OPIとはどういうものなのでしょうか。まずは、OPI(Oral Proficiency Interview)の概略について説明したいと思います。「もうOPIについては知っている」という方は、「テスティング以外のOPIの意義」について考えながら読み進めてください。

OPIとは、話し手がその言語を使って何ができるかを1対1のインタビュー形式で調べる会話試験で、時間は最長30分と決められています。ACTFL(全米外国語教育協会：The American Council on the Teaching of Foreign Languages)で開発され、日本語以外にもスペイン語、フランス語、ドイツ語、中国語、韓国語など多くの言語で実施されている汎言語的な会話試験です。つまりどの言語でも同じ基準で、同じ構成によって実施されるのです。もちろん日本語にしかない特徴もありますので、トレーナー(テスターの養成官)間の話し合いによって、若干の判定基準に関する話し合いは行われています。例えば、敬語使用は英語などの言語と比べ、日本語特有の体系を持っています。そのため、超級レベルになるためには、敬語が使え、さらに砕けた言い方が可能であるということが条件として付けられているのです。

「ACTFL-OPI 試験官養成用マニュアル」には、「OPI とは何か」と題して、次の 10 項目があげられています。

【OPI とは何か】

1. OPI は、発話の長所・短所のパターンを見極めることによって言語を全体的に測定する、**総合的な評価法**である。
2. OPI は、**4 つの主たる評価基準分野**に基づくものである。
3. OPI は、言語の**運用能力**を測定する。
4. OPI の**構成は標準化**されたものである。
5. OPI は、**基準中心**であり、規範中心ではない。
6. OPI は、**相互のやりとりのある、臨機応変で、学習者中心**の評価である。
7. OPI は、妥当性も信頼性もある口頭運用能力の評価方法である。
8. ACTFL-OPI には公式・非公式のものがある。
9. OPI の応用の可能性は無限である。
10. 「ACTFL-OPI」の名称、および OPI のテスト方法は ACTFL に所属するものである。

(マニュアル：11)

■ ACTFL って何？

OPI の詳しい説明に入る前に、〈ACTFL-OPI〉の ACTFL について説明しておきます。ACTFL(全米外国語教育協会・The American Council on the Teaching of Foreign Languages)は、1967 年に設立された非営利団体で、さまざまな言語の教師が参加し、会員は 1 万人と言われています。毎年 11 月には年次大会が開かれ、口頭発表、ポスターセッション、各種 OPI ワークショップも行われます。

また "Foreign Language Annals" や "The Language Educator" を発行し

たり、さまざまなプロジェクト活動を行っています。例えば、1996年にはACTFLの専門委員会のプロジェクトと「National Standards Collaborative Project」が、「ナショナル・スタンダーズ」(Standards for Foreign Language Learning:Preparing for the 21st Century)を発表しました。これは、日本語教育にも影響を与え、特に「5つのC」は、多方面に浸透していきました。2006年にコロンビア大学で行われた日本語国際研究大会においても、「文化・連結・コミュニティー」の3Cに焦点を絞り、「全国学習基準の3C：文化・連結・コミュニティー」というタイトルで興味深い討論会が行われています。

Communications（言語伝達・意志疎通）
Cultures（文化）
Connections（連携）
Comparisons（比較対照）
Communities（地域・グローバル社会）

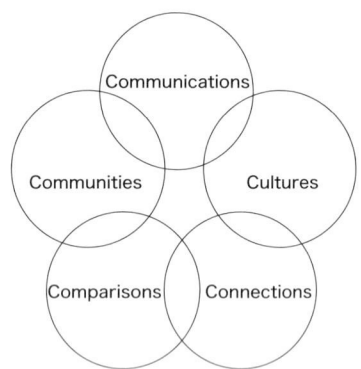

図2　The Five C's of Foreign Language Study (p.28)

5つのゴールは別個に達成されるものではなく、有機的に関係を持ちながら調和のとれた外国語教育を実践することによって達成できるものなのです。
　ACTFLは、このように外国語教育に関して調査・研究をしたり、ワークショップを行ったりしています。そのひとつとしてOPIワークショップを実施しているのです。

■ OPIの特徴は？
　OPIは、評価基準や構成は定められていますが、**質問はあらかじめ決められていないため、テスターは被験者の発話から話を広げていきます。**です

から、被験者は試験対策ができず、テスター側も準備された型通りの質問をするのではなく、被験者とのやり取りの中で次の質問を考え、話を展開していきます。このようにあたかも普通の会話をしているような雰囲気で行われるのが OPI の特徴です。

あらかじめ決められた質問ではなく、〈今、ここで〉を大切にして話を進めていく中で、被験者は自分の生活、交友関係、趣味、人生観などを語り、ある話題について意見を述べ、テスターと意見交換をします。インタビューによる会話試験ではありますが、「被験者の人生をインタビューしている」というある種の緊張感があります。**一つひとつが手作りの味であり、すべての OPI に個性があります。学習者一人ひとり異なる顔を持っていることを OPI は改めて教師に気づかせてくれる**のです。

1-2-2 OPI の評価基準
■レベル

次に、OPI では、どのような評価基準で被験者の能力を評価するのかについてマニュアルの図を参考にしながら見ていくことにします。

図3は、逆ピラミッドになっています。これは、言語運用能力はレンガを積みあげるように初級、中級、上級と伸びていくのではなく、上のレベルに行くにつれて、運用能力の量が増えていくことを意味しています。シャンパングラスは、上に行くほどたくさん入れることができますが、それと同じです。

図4では、主要境界線を越えるということは、何を意味するのかを図説しています。「中級-上」というのは、「上級レベルのタスクがかなりできるが、維持できない」と記されています。ここでは「**維持**」がキーワードとなります。安定してできなければその主要レベルの能力を有するとは認められません。ここでいう「**タスク**」とは、テスターが被験者に対して出すさまざまな質問やロールプレイを意味します。

図5は、ひとつ上の主要レベルのことがどの程度できるかを示したものです。**中級-下**は、上級レベルのことは断片的に出てきます。あたかも心電図のように突然針が上に伸び、またすぐ元の所に下がるといった形を示すもので、峰型と呼ばれています。**中級-中**は、上級のことをある程度こなすこと

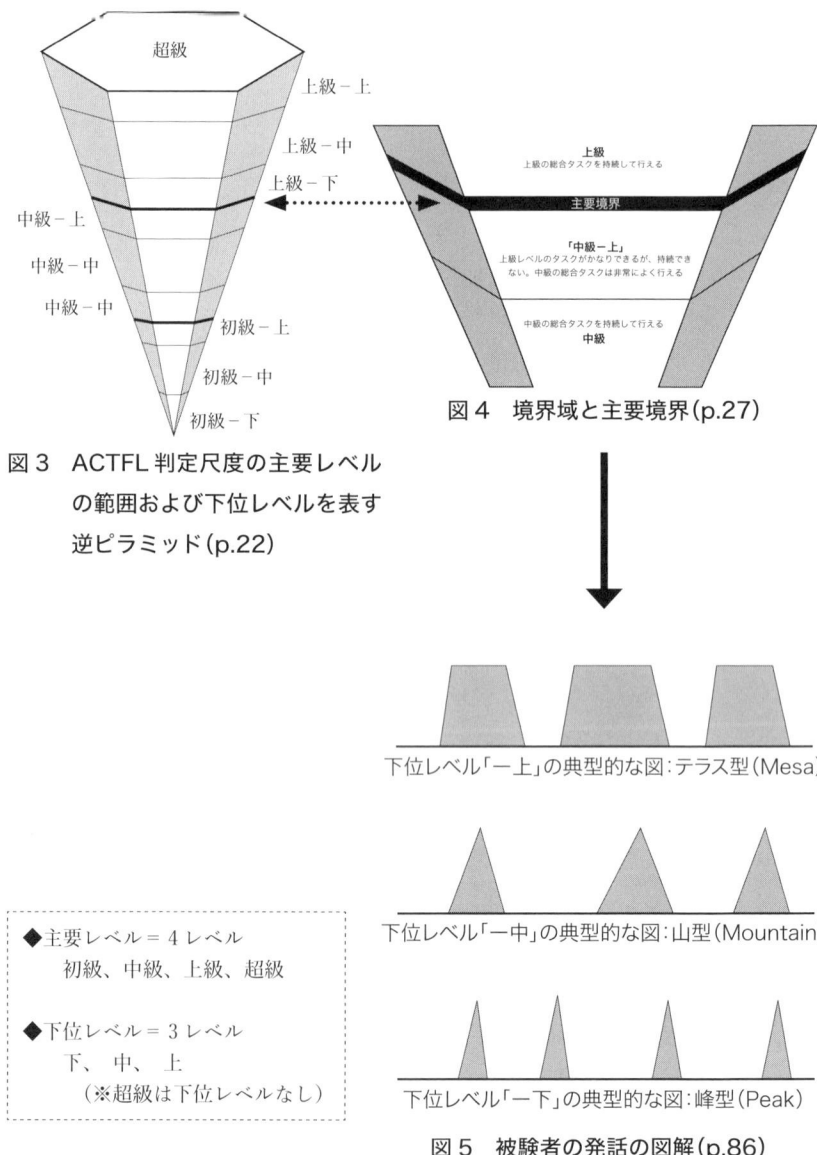

図3 ACTFL判定尺度の主要レベルの範囲および下位レベルを表す逆ピラミッド (p.22)

図4 境界域と主要境界 (p.27)

図5 被験者の発話の図解 (p.86)

◆主要レベル＝4レベル
　　初級、中級、上級、超級

◆下位レベル＝3レベル
　　下、中、上
　　（※超級は下位レベルなし）

が出来ますが、まだ半分にも満たない状態です。これは山型に出ると言います。そして、**中級ー上**では、上級のことがかなり出来るのですが、それを一貫して行うことはできません。つまり上級で求められることを維持することは出来ません。これをテラス型と呼びます。以上のことをまとめると、表2のようになります。

表2　中級における各レベルの特徴

	中級のタスク達成度	上級のタスク	上級の機能との関係	その他
中級ー上	楽にできる	**テラス型**	かなり質の良い部分コントロール	上級と強い関係を持つ
中級ー中	できる	山型	部分コントロール	「中・下」は発話の質と量の違い
中級ー下	何とか維持	峰型 （心電図的）	概念的な理解	

■評価基準

　OPIでは、総合的タスク／機能、場面と話題、正確さ、テキストの型の4本の柱を立て、評価基準を設定しています。これらの基準をもとに評価したのち、総合的な判定として「中級ー上(主要レベル中級、下位レベルー上)」という評価をします。

①総合的タスク／機能

　被験者が日本語を使って何ができるかを見ます。総合的タスクと機能の違いについて山内(2005：16)は、

$$\boxed{総合的タスク＝場面＋話題＋機能}$$

という説明をしています。この総合的タスクは、コミュニケーション能力の決め手として重要です。

②場面と話題

　ある場面、文脈の中でやり取りは行われます。友達同士のインフォーマル

な場面での誘いもあれば、こじれた関係の中で先輩に断りを言う場面もあります。どういった場面や話題でのタスクかが重要です。

③正確さ
　OPIでは「正確さ」について次のような6つの下位項目が記されています。
　　　流暢さ、文法、語用論的能力、発音、社会言語学的能力、語彙

　　○流暢さ＝発話速度、および、談話をまとめる結束法の使用
　　○文法＝形態論、および、統語論上の規則の使用
　　○語用論的能力＝発話意図を伝えるため、あるいは、言語力の不備を補うために、話のやりとりで必要なさまざまなストラテジーを使う能力
　　○発音＝単音とかぶせ音素を発音する能力
　　○社会言語学的能力＝ある特定の文化におけるさまざまな状況の中で、異なるスピーチレベルを使って、適切に言語を用いる能力、および、その文化固有の表現法や慣用句を用いる能力
　　○語彙＝語彙の量と用法の正しさ

OPIでは「発話の質、的確さ、社会言語学から見た許容の程度」を意味します。つまり、被験者が言っていることがテスターにどの程度理解されているのかといった視点でチェックしていきます。レベル別正確さについては次のように考えられています。

　　超級　　誤りがあっても、実質的には、コミュニケーションに支障をきたしたり、母語話者を混乱させたりすることはない。
　　上級　　母語話者でない人との会話に不慣れな聞き手でも、困難なく理解できる。
　　中級　　母語話者でない人との会話に慣れている聞き手には、何度か繰

|初級|母語話者でない人との会話に慣れている聞き手でさえ、理解するのが困難である。|

※冒頭部分:
> り返すことなどによって、理解してもらえる。

初級	母語話者でない人との会話に慣れている聞き手でさえ、理解するのが困難である。

④テキストの型

テキストの型というのは、「被験者が作り出す発話の量と構成面」を指しています。

表3　テキストの型と各レベルの特徴

		特徴
超級	複段落人間	複数の段落を構成する能力がある。
上級	段落人間	話に一貫性や結束性があり、段落を構成する能力がある。
中級	文人間	文の羅列的な要素が強い。
初級	単語人間	習い覚えた単語、句が中心となっている。

　OPIの他の3つの判定基準分野「総合的タスク、場面／話題、正確さ」に比べて、言語形式である「テキストの型」は判定の際に比較的分かりやすいものだと言えます。そのためテキストの型を主たる根拠として判定を下す人がいますが、やはり総合的に判断しなければなりません。中でも総合的タスクの重要性を忘れてはいけません。

　テキストの型でよく議論になるのが、「段落とは何か」ということです。牧野（2001）は「段落は接続詞、省略、反復、照応関係の明示などにより統括され、全体の意味も首尾一貫している複数の文だ」と述べていますが、同時に「はたしてこのようなスタンダードな解釈でいいのかどうか」という疑問も投げかけています。段落については3章で詳しく述べていますので、そちらをご覧ください。

　テキストの型については次の2点について注意が必要です。まず、ひとつ上の主要レベルとの関連です。例えば、初級は「単語人間」ですが、初級-上とは、多くの部分文で話をしているものの、文を維持することはできず、時には単語レベルに落ちてしまうというレベルです。

表4　判定基準－話技能　（マニュアル：41）

運用能力レベル*	総合タスクと機能	場面／話題	正確さ	テキストの型
超級	いろいろな話題について広範囲に議論したり、意見を裏付けたり、仮説を立てたり、言語的に不慣れな状況にも対応したりすることができる	ほとんどのフォーマル／インフォーマルな場面／広範囲にわたる一般的興味に関する話題、およびいくつかの特別な関心事や専門領域に関する話題	基本的言語構造に関してはパターン化した間違いがない。誤りがあっても、実質的には、コミュニケーションに支障をきたしたり、母語話者を混乱させたりすることはない	複段落
上級	主な時制の枠組みの中で、叙述したり、描写したりすることができ予期していなかった複雑な状況に効果的に対応できる	ほとんどのインフォーマルな場面といくつかのフォーマルな場面／個人的・一般的な興味に関する話題	母語話者でない人との会話に不慣れな聞き手でも、困難なく理解できる	段落
中級	自分なりの文を作ることができ、簡単な質問をしたり相手の質問に答えたりすることによって、簡単な会話なら自分で始め、続け、終わらせることができる	いくつかのインフォーマルな場面と、事務的・業務的な場面の一部／日常的な活動に関する、予想可能で、かつ身近な話題	母語話者でない人との会話に慣れている聞き手には、何度か繰り返すことによって、理解してもらえる	文
初級	丸暗記した型通りの表現、単語の羅列、句を使って、最小限のコミュニケーションをする	最もありふれた、インフォーマルな場面／日常生活における、最もありふれた事柄	母語話者でない人との会話に慣れている聞き手でさえ、理解するのが困難である	単語と句

（※注意すべき点：どの主要レベルの場合も、そのレベルに合った場面と話題領域の中で、そのレベルで必要とされている正確さを保ちつつ、そのレベルに要求されるテキストの型を用いて、安定してそのレベルの機能を遂行することができるということを確認して、初めて判定が成立する。従って、被験者がある特定のレベルであると認められるには、該当レベルのすべての基準に照らして、そのレベルにふさわしいパフォーマンスを維持していなければならないのである。）

もうひとつの注意点は、OPIで言う「初級、中級……」は、いわゆる日本語教育機関などで使われている「初級レベル」「中級レベル」と同じ定義で使っていないということです。例えば、教師の中には「このクラスは『テーマ別中級から学ぶ日本語』(研究社)を勉強しているクラスで、このクラスの学習者は中級話者だ」という決めつけをしている人が多く見られます。実は、そういったいわゆる中級クラスには、OPIで言うところの「中級-下」から「上級-下」まで存在していることもあるのです。ここでいうレベルは、すべてOPIの基準に基づいて判定したものを意味します。

　以上４つの判定基準分野について説明をしましたが、次にマニュアルに掲げてある判定基準表を載せておきます。
　４つの主要レベル【初級、中級、上級、超級】に関する特徴(テキストの型は表３を参照)を隣接する主要レベル間での「比較のポイント」をあげておきましょう。テスターの方は、OPIを実施する際に、ポイントをもう一度頭の中で整理してみると、インタビューがスムーズに行くかもしれません。

　○超級：上級　→　抽象性：具体性
　○上級：中級　→　非日常：日常
　　　　　　　　　予期せぬこと：身辺のこと
　　　　　　　　　詳しい説明：簡単な説明
　○中級：初級　→　自発性がある：自発性はあまり見られない
　　　　　　　　　サバイバル能力あり：サバイバル能力不十分

1-2-3　OPIの構成

　OPIは、インタビューそのものは一つひとつ違うものであり、手作り作品ですが、その構成・手法は決められています。表面的には極めて自然に流れているように見えますが、「細かく考慮され、かつ、意識的に構成されたもの(マニュアル：43)」なのです。
　その構成は、４つの段階から成り立っています。

```
1. 導入部(warm up)
2. レベルチェック(level checks)
3. 突き上げ(probes)
4. 終結部(wind down)
```

　導入部は、被験者を落ち着かせ、雰囲気作りをすることが目的です。心理学で言う「ラポール(rapport)」にあたります。「ラポール」とは、お互いに信頼し合い、安心して自由に気持ちを表現したり行動したりできるような関わり合いを意味します。もともとフランス語で「橋を架ける」という意味であることを考えると、「ラポール」とは相手と自分の間に橋を架けることだ

表5　OPIの4つの段階(マニュアル：45)

導入部	反復過程 レベルチェック ←→ 突き上げ		終結部
OPIの最初の段階は、インタビューの導入部である。この段階は、被験者にとって気楽で無理のないと思われるレベルで挨拶や肩の凝らない簡単なやり取り、会話の糸口となるような話で構成される。OPIは、会話ができる中級レベルを想定して始まる。	被験者がインタビューに慣れ目標言語をある程度リラックスして、楽に使っているように見えたら、OPIの次の段階であるレベルチェックに移る。試験官は、あるレベルを特徴づけるタスクができるかどうか観察できるように、いくつかの異なる種類の話題について会話を進めていく。レベルチェックは、被験者の無理なく話せるレベルを見極める質問をする。すなわち、着実に、しかも、正確に処理できるレベルを判定し、そのレベルで必要な言語運用、言語的なタスクや場面を表出させることである。	あるレベルのタスクを話題をこなすことができる確証があれば、次の段階の突き上げに進む。突き上げの目的はインタビューを次の上のレベルに押し上げることによって、被験者の運用能力の上限または限界、すなわち、言語的に何ができないのかのパターンを発見することである。	最後の段階は被験者の運用能力を楽なレベルに戻し、OPIを肯定的な雰囲気で終結させることである。
	＼ロールプレイ／ 交渉や社会生活上の場面の言語処理は、ある特定のインタビューで追加のレベルチェックや突き上げとして使うことができる。		

と言えましょう。被験者とこうした「こころの回路」をつなぐことが導入部でとても重要なのです。

また、OPIでは中級レベルからインタビューを始め、この導入部である程度の「暫定的評価」を下します。また、この導入部は、その後のインタビューをどう進めていけばよいかを知る材料を仕込む良いチャンスでもあります。例えば、趣味などを聞いておき、この段階ではそれ以上突っ込んだ話はせずに他の話題に移ります。そして、しばらく他の話題を展開したのち、以前聞いていた話題を取り上げ展開していくことも出来るというわけです。

第2段階は、**レベルチェック**です。被験者が無理なく自信をもってこなせるレベルを確認することを目的としています。つまり、まずはフロアー、下限を決めます。これが狂ってしまうと、そのあと他のことにも影響が出てきてしまいます。例えば、下限を実際の力よりかなり高い設定をした場合には、そのあと次々に難しいタスクを課してしまい、最終的に下限はどこなのかが分からなくなってしまう場合も出てきます。

第3段階は、**突き上げ**です。突き上げとは、英語の「probe」の訳であり、

表6　OPIの段階と3つの側面(マニュアル：48)

	導入部	反復過程		終結部
		レベルチェック ⟵	⟶ 突き上げ	
心理面	被験者を落ち着かせる。	被験者に何ができるかを示す。	被験者に何ができないかを示す。	一番正確に機能できるレベルに戻し、被験者に達成感を与える。
言語面	被験者に目標言語に慣れさせ、目標言語へ移行させる。この時、試験官は被験者の興味・経験についてのデータベースを構築する。	被験者が十分、楽にかつ正確に、流暢にこなせる言語機能と内容の領域を特定する。	被験者が言語的挫折を起こす言語的機能と内容の領域を特定する。	被験者のできる機能が明らかになり、インタビューが終了することを被験者にわからせる。
評価面	被験者が言語能力のどのレベルであるか最初の見当をつける。	被験者が維持できる最高のレベルを見つける（下限の決定）。	運用能力がこれ以上、維持できないというレベルを見つける（上限の決定）。	

精査することを意味します。フロアーが決まったあとは、突き上げながらその被験者の上限を探っていき、どこで言語的挫折(breakdown)が起こるのかを見ていく必要があります。

　経験を積んだテスターになると、ひとつの話題でレベルチェックと突き上げを何度も繰り返しながら、インタビューを進めていくことができます。この突き上げが終わった段階で、ロールプレイを行います。そこまで行われていた会話モードでは測れないものをロールプレイモードで見ていくのです。例えば「叙述・描写・比較」といったことは会話モードで見ることができますが、「依頼する」「交渉する」といった言語機能は見られません。そこで、ロールプレイが生きてくるのです。

　最後が**終結部**です。突き上げを行って、被験者に言語的挫折を起こすことがOPIでは求められます。それによって上限を確認する必要があるからです。被験者にとって難しい話題、タスクが課せられる突き上げを経て、最後は楽にこなすことができるレベルに戻してインタビューが終わるようにします。被験者が「十分に語ることができた」と感じて終われるようなOPIにするためには、終結部は短いながらも重要な役目をしています。

　このようにOPIの構成の各段階には、それぞれ明確な目的があるのです。不必要なものはなく、この4つの段階は必ず経なければならない過程です。

　時間的には最長30分ですが、マニュアルには以下のように記されています。

　　経験を積んだ試験官は、初級レベルのインタビューなら8〜12分で、中級レベルでは12〜18分で、上級および超級レベルのインタビューでは18〜25分で行うことができる。　　　　　　　　（マニュアル：49）

　また、各段階に要する時間配分は一定ではなく、レベルによって変わってきます。例えば、中級−上では、ひとつ上のレベルである上級のことがどれぐらいできるのかを知るため、突き上げが入念に行われなければなりません。しかし、中級−下の場合には、レベルチェックを十分に行って、果たしてその主要レベルである中級で求められていることが維持できているのかをはっきりさせる必要があります。中級−中というのは「典型的な中級」を意

味しますので、レベルチェックと突き上げとのバランスが比較的とれているインタビューとなります。また一般的に、中級−上は、中級の他のレベル「中級−中／中級−下」と比べて、所要時間がかかるケースが多く見られます。それは、上級のタスクがかなりの部分できているが、しかし維持はできていないということを証明することが必要になってくるからです。

1-2-4　OPIの進め方

次に、実際にどのようにOPIを進めていくのか、実際のインタビューをとり上げながら見ていきましょう。マニュアルには次のように12項目をあげて効果的な発話抽出の原則を説明しています。インタビューを進める上でテスターが気をつけなければならないポイントです。

> 判定可能とされるためには、発話サンプルはOPIの構成に忠実なもので、多岐の話題にわたってはっきりと「下限」と「上限」を提示していなければならない。質問の型と目的、試験官の態度や用いるストラテジー(方略)、質問の型の選び方やその発展のさせ方、ロールプレイの選び方や実施方法といったものは、すべて効果的な発話抽出のために考慮されなければならない要素である。　　　　　　　　（マニュアル：51）

■質問の型

質問も同じような型でするのではなく、**さまざまな質問の型を効果的に使い分ける**必要があります。同じ5W1Hの質問であっても、その難易度は異なります。〈誰が、いつ、どこで、だれと、何を〉といった質問と比べ、〈どのように〉はより難易度が高くなりますし、また〈どうして〉となると、話題によっては難易度がさらに高くなります。

質問の型として、たとえば次のようなものがあげられます。

　　○ Yes/No 疑問文
　　　　日本語は面白いですか。
　　○選択疑問文

【 OPI 発話抽出のための一般原則 】

1. OPI は、試験ではあるが可能な限り会話形式に従う。
2. OPI は、最小限の会話はできるという前提で始められる。
3. 試験官は、被験者が伝えようとしていることに注意を払い、興味を示さなければならない。
4. 話をよく聞くことが、発話抽出成功のためには重要である。
5. 判定可能なサンプルを効果的に抽出するためには、質問の型の選び方が重要である。
6. 話題をひとつのレベル内で十分に展開させたとき、発話抽出が最もうまくいく。
7. 話題をひとつのレベルから次のレベルにらせん状に進行できたとき、最もうまく発話を抽出することができる。
8. ある OPI での特定の話題が、別の OPI での話題とは全く異なることもある。
9. ロールプレイは、普通の会話のやりとりの中では自然に引き出せない言語的機能を抽出する方法であり、ロールプレイを行うことによって発話サンプルは完全なものとなる。
10. 被験者が黙ってしまったからといって、必ずしも発話能力に問題があるということにはならない。
11. 試験官は、被験者の様子を見ながら、使用する言葉や試験官としての態度を調整する必要がある。
12. 判定可能な発話サンプルを得ることができるかどうかは、発話の抽出を効果的に行うことと密接に関連している。

(マニュアル：51)

卒業したら、帰国しますか、進学しますか。
○ 4W〈だれ、どこ、いつ、何〉のある疑問文
　　ご家族はどこにいらっしゃいますか。
○ 1H〈どのように〉のある疑問文
　　どうやってここまで来ましたか。
○ 1W〈どうして〉質問文のある疑問文
　　どうして日本に留学したのですか。
○説明依頼
　　一日の生活について説明してください。

「被験者の発話が少ない」という場合でも、テスターの質問の仕方に問題があるケースが見られます。次の例を見てください。

　　T：ここまでどうやって来ましたか。
　　S：朝ゴルフをして、それで、ここ、来ました。

早朝ゴルフをして学校に来る例はめったにありません。ここで、「どうして」という質問を出すか、「〜について説明してください」といった質問を出せば、面白い話題展開が出来たかもしれません。しかし、テスターは、次のように同じように質問を続けてしまいました。

　　T：ゴルフは<u>どのぐらい</u>するんですか。
　　S：1年前。
　　T：じゃなくて、一ヶ月に<u>どれぐらい</u>しますか。
　　S：多分2回ぐらいね。
　　T：1回ゴルフをするのに<u>どれぐらい時間</u>がかかりますか。
　　S：4時間ぐらい。
　　T：この前<u>いつ</u>しましたか。
　　S：今朝。
　　T：<u>誰</u>と行きましたか。

S：友達と一緒にしました。

被験者の答えは殆ど単語に落ちていますが、こういった質問ではどうしても単語になってしまいがちです。日本語母語話者の会話でも、そういったケースが多々見られます。また、「今朝ゴルフした」ということから始まっているのに、さらに「この前いつしましたか」という質問までしてしまっています。質問の型、有意義な質問をすることが重要であることが、この例からもわかります。

■「待つ」ことの重要性
　いくら質問の型を意識し、意味のある質問を投げかけたとしても、テスターの質問をする仕方に問題があれば、インタビューはうまく行きません。テスターがインタビューをどう進めていくかによって、OPIの発話抽出は大きく違ってきます。せっかく語ろうとしている被験者の話をじっくり聞くことなく、次の質問を切り出してしまうことがよくあります。その被せてしまった被験者の発話の中にキーワードが隠されていたり、そこから段落で話し始めることもあるのです。テスターの聞き方は、インタビューを成功に導く重要な要素となります。
　ここで、テスターの「人の話を聞く姿勢」が求められます。つまり、**じっくり待って被験者に十分に語らせること**が重要です。あるテスターの質問例を見てみましょう。

　　　T：韓国と日本の生活の違いって何ですか。
　　　S：あの、一番違うは、やっぱり食べるもん。ちょっと味が（ここでテスターがさえぎり、次の質問に行ってしまう）。
　　　T：韓国のほうが辛いですか。
　　　S：はい。食べたら、熱いなります。それぐらい辛いじゃないと（ここで、「どんな料理か」という質問を被せてしまう）。
　　　T：そんな辛さの料理は、例えばどんな料理ですか。

被験者の語尾をテスターが取ってしまっています。**たとえ沈黙があったとしても、少し被験者の発話を待つ姿勢**が大切です。

■らせん状に展開させる技術
　次々に新しい話題で質問を重ねるのではなく、**同じ話題でらせん状に展開させていくスキル**は OPI にとって重要です。たとえば上級レベルの場合、次のように展開していきます。

●インタビューの中で既に出てきた話題について触れます。
　「寮に住んでいるということですが、寮生活はどうですか。」

●そのことについて描写するように言います。さらに、同じ話題でより詳しい説明を求めたりします。
　「寮に門限があることについてどう思いますか。」
　「食事付きの寮と、自炊の寮とどちらがいいですか。それはなぜですか。」

●そのことに関連ある特定の出来事について話をするように求めます。
　「食事をきちんと取らないで、サプリメントに頼る若者が増えていますが、それについて意見を聞かせてください。」

超級レベルとなると、いわゆる「トリプルパンチ」が求められます。

●ストレートに意見を聞く
　「女性監禁事件についてどう思いますか。」

●反論して意見を言わせる
　「(家庭の問題という被験者の意見を受け)家庭教育というより、日本社会がそういう犯罪を生むような社会構造になっているのではないでしょうか。」

● 仮説を打ちたて、仮定的な状況について論じさせる。
　「もし警察のトップだったら、どう対処しますか。」
　「もし文部科学省の大臣だったら、教育政策をどう変えますか。」

「トリプルパンチ」という聞きなれない言葉が出てきましたので、マニュアルにある説明を載せておきましょう。

　超級の機能全般にわたって話題が展開できるように系統立った質問(次の枠の中のいわゆる「トリプルパンチ」)を行うこと

最初に	上級レベルで十分に展開(叙述／描写)された話題について、裏付けのある意見を突き上げなどによって、質問を上級レベルかららせん状に(具体的な内容から抽象的なものへと移ることで)進めること。
続いて	被験者の意見に反対してみる—わざと難癖をつけるなどして、述べられた意見に反論する役を演じる。
それから	ひとまとまりの裏付けのある意見についての一連の発話から、仮説を打ち立てる。被験者が複数の結末について詳述せざるを得なくなるような形で、仮説を要求する。

(マニュアル：60)

■ロールプレイの実施
　OPIでは最終部分(だいたい終了前3分の1または4分の1あたり)でロールプレイを実施します。初級-下ではまだ簡単な質問に単語や句で答えるという程度ですので、ロールプレイはできません。しかし、それ以外の場合には実施します。マニュアルでは、「初級-上から上級-中のレベルでは必ず行う」と書かれていますが、日本語の場合には上級-上、超級においても行うことが求められます。OPIは汎言語的な会話試験ですので、日本語の独自性については触れられていません。日本語の場合、超級においては、

1.敬語が使えるか、2.友達等とのくだけた話し方が出来るか、と言ったことが条件として課せられています。

　ロールプレイは、会話のやり取りの中では引き出せない言語的機能を見るために行われます。このロールプレイ実施によって、より的確な判定を下すことができるのです。ワークショップで使用されるロールカードは、レベルごとに分けられて作成されています。

　　中級　先週授業を休んでしまいました。今週テストがあります。
　　　　　友達にノートを借りてください。(1-02)

　　上級　明日、国へ帰ります。空港まで車で送ってくれるように、車を持っている先輩に頼んでください。(2-07)

　　超級　あなたはきのう家賃を払わなければなりませんでしたが、払えませんでした。先月も家賃の支払いが1週間遅れたので、大家さんは怒って電話してきました。事情を説明して、家賃を待ってくれるように頼みなさい。(3-17)

　　※( )の数字は、「日本語OPI研究会作成のロールプレイカード」の番号を示します。1＝中級、2＝上級、3＝超級となっています。

　同じ「頼む」という言語的機能のためのロールプレイでも、難易度が異なります。級友に「ノートを借りること」と先輩に「わざわざ空港まで送ってもらうこと」では頼む内容が大きく違います。また、相手が「クラスメート」か「先輩」か「上司」かによっても、難易度は違ってきます。さらに、超級ロールの「大家さんに家賃を待ってくれるように頼む」というのは、単なる依頼とは異なり、交渉という要素が入ってきます。このように同じ機能でもさまざまなロールプレイを作ることが可能であり、またレベル別に分類して作成しておくことが重要です。例えば「依頼」という機能の場合、ロールプレイの難易度は次のように変えていくことができます。

● 簡単な依頼ができる
　　新しいアパートに引越しましたが、台所の流しの水がうまく流れません。大家さんに修理をお願いしてください。

● 頼みにくいことを頼むことができる
　　スピーチコンテストに出たいと思っています。でも、自分の日本語に自信がないので、先生に見てもらいたいです。先生はとても忙しそうですが、何とか頼んでください。

● 複雑な状況を説明して、相手の気持ちを考えながら頼むことができる
　　C大学に行きたいと思っています。いろいろ話を聞くために、先輩の卒業生Bさんを田中先生から紹介してもらいました。先輩に電話をして、会えるように頼んでください。

1-2-5　OPIワークショップ

　これで、OPIの評価基準、構成、進め方がお分かりいただけたと思います。最後に、テスターになるためのワークショップについて簡単に説明しておきます。

■ OPIワークショップとは

　OPIのテスターになるには、次の3つの段階を経なければなりません。

A. OPIワークショップ受講
⇩
B. 練習ラウンドOPI提出
⇩
C. 認定ラウンドOPI提出

　OPIワークショップでは、トレーナーの指導のもと10人の受講生が4日間かけてOPIの理論と実践を学びます。まさに少数精鋭型「実践重視のワークショップ」となります。使用テキストは『ACTFL-OPI試験官養成用マニュアル』

です。日本語 OPI に関しては日本では(株)アルクが主催し、年に数回実施されています。また、韓国、ヨーロッパなどでも要請に応じて開かれています。

　ワークショップは毎日 9 時 30 分から 18 時まで続きます。講義は朝の 1 時間〜 1 時間半のみ。そのあとは、すべて実践です。

　　○トレーナーによるデモンストレーションとそれに関する討論
　　○デモンストレーションテープのリスニングと討論〈3 〜 4 本〉
　　○受講生のインタビュー練習と評定に関する討論
　　　〈22 本(ひとり 2 回以上実施)〉

「百聞は一見にしかず、されど百見も一験にしかず」という言葉があります。「OPI ってこんなものだ」と何回も聞くより、一度 OPI のデモンストレーションを見たほうがずっと良く理解することができます。筆者の勤務校では OPI への関心が高く、十数人のテスターがいます。またテスター以外の多くの教師が OPI 関連の本を読み、ある程度のことを知っています。しかし、トレーナを講師会に招いてデモンストレーションをしてもらった時の教師の感想は「百聞は一見にしかず」でした。さらに、デモンストレーションを見るだけではなく、ワークショップで実際に自分自身がやってみることで、その何倍も、いや何十倍も得るものがあるのです。まずは体験してみることをお勧めします。次のような面白い結果も報告されていることを考えると、体験の重要性がお分かりいただけると思います。下の数字は、記憶に残る割合を表しています。

聞いたことは、	10%
見たことは、	15%
聞いて見たときは、	20%
話し合ったときは、	40%
体験したときは、	80%
教えたときは、	90%

(吉田新一郎『効果 10 倍の〈教える〉技術』: 27)

ワークショップが終わると、練習ラウンドに入ります。何度も練習をしながら、指定されたレベルのOPIを8件、90日以内に提出しなければなりません。その条件は以下の通りです。

- 「初級-下」または「初級-中」1件
- 「初級-上」1件
- 「中級-下」または「中級-中」1件
- 「中級-上」1件
- 「上級-下」または「上級-中」1件
- 「上級-上」1件
- 「超級」2件

（マニュアル：131）

各レベルの下位レベル「-上」が求められているのは、ひとつ上のレベルで求められていることがかなり出来るが、維持することはできないレベルの判定は、非常に難しい面があるからです。主要境界線を超えるのか、超えられないのかというのは、とても重要です。この練習ラウンドに関しては、インタビューの構成、抽出のテクニック、評価の信頼性の3項目についてトレーナーから詳しいフィードバックがあります。

最後に、認定ラウンドOPI提出があります。期限は練習ラウンドの結果を受け取ってから120日以内となっています。提出OPIの条件は練習ラウンドの時と同じです。認定ラウンドを提出し、審査に合格すればあとは、ACTFL本部から認定書が送られてくるのを待つだけとなります。

■資格認定

トレーナーは、練習ラウンドとして受講生から送られてきた8件のOPIのうち5件について聴き、コメントを書きます。ワークショップ受講生は、インタビューの問題点、判定の揺れ、改善点など詳しく書かれたトレーナーからのコメントシートを見て、次の認定ラウンドに入るのです。

次の認定ラウンドとして送られてきたOPIの8件に関して、トレーナーは4件について審査し、〈抽出法、構成、判定〉と3項目に関してそれぞれ評価を行います。 それぞれの項目が3点満点であり、合計9点満点となります。テスターとして認定されるには、次のような条件があります。

- 合計得点が8点以上であること。
- 「判定」に関しては、3点満点であること。
    参考：0点 = Unsatisfactory　　1点 = Fair
    　　　2点 = Good　　　　　　　3点 = Excellent

■受講生の感想

　ワークショップ受講生の多くが「まさに目から鱗が落ちた心境だ」と感想を述べ、アンケート記入の上位を見ると次のような事柄が挙げられています。

- コミュニケーション重視の授業をやってきたつもりだったが、本当の意味でタスク性を考えていなかったことに気づいた。
- 今まであまりにも"今日の項目"にこだわる授業をしてきた。これからは学生が持っている知識をどう運用能力とすることができるのかを、学生自身が意識できるような授業をしていきたい。
- 教師の質問の仕方で学生の会話力がどこまで引き出せるか、大きく差が出てくるのを目の当たりにして、目から鱗が落ちる思いだった。
- 自分ではそうは思っていなかったのだが、「正しさ」を重視しすぎていたことに気づいた。特に、文法的な正確さに知らず知らずのうちに重きを置いていた。
- ロールプレイの仕方や機能の考えかたなどがより良く理解できるようになった。

　学習者が何を知っているかという知識の量を問うのではなく、日本語を使って何ができるかを重視した日本語教育への関心が、近年高まってきています。つまり、プロフィシエンシー重視の考え方が求められてきているのです。その中にあって、話技能のプロフィシエンシーを測定することを目的としているOPIを学ぶことで、他の技能の見方も変わってきます。OPIは、口頭能力試験としてだけではなく、教師力を伸ばす大きな可能性を秘めたものだと言えます。

百聞は一見に如かず　されど百見も一験に如かず

　4日間のワークショップを終え、練習ラウンド8本、認定ラウンド8本のOPIテープ提出を終え、無事ACTFL-OPIテスター資格を取得した受講生に、私はこんな質問メールを出しました。

　「OPIを受けて教育実践がどう変わりましたか？」

その答えを3つご紹介して次に移りたいと思います。

Aさん
　これで晴れてテスターになることができました。今回資格よりもっと大切なものを得ました。それはさまざまな気づきです。先生がワークショップの時おっしゃっていた「教師根性を捨てる」ことの大切さ、そして自分自身の「教師臭」への気づきもそのひとつです。

Bさん
　話す能力の物差しができた点が良かったと思います。できる人にはもう少し難しいタスクを与えようとか、このタスクだと大変そうだから、この技能を練習して身につけさせればいいのかということが何となく分かってきました。あとは、超級話者の対策というわけではありませんが、いろいろな雑誌や新聞を読んで新しい情報を積極的に取り入れるようになりました。

Cさん
　会話の授業がどうしても「自由会話」と称する「おしゃべりの時間」になってしまっていたので、その解決方法を模索して飛び込んだOPIワークショップでした。

　今は「OPIは問診のようなものだ」と考えています。治療を始める前には、患者の状態を正確に知ることが必要になります。「OPIは日本語学習者の現在の会話能力を正確に測定する方法（のひとつ）なのであって、出てきたデータをどう活用するかは各日本語教師の課題だ」という

のが、現在の私の認識です。

「ワークショップを受けて変わったことは？」というと、「指導方法を変えなければならない」という認識が持てたことです。「なんだ、受講前と変わってないじゃない？」と思われるかもしれません。しかし、そもそも自分の指導方法が悪いという認識はなかったので、このことに気づいただけでも大きな進歩だと思っています。

1-3　OPIで身につく教師力

これまでOPIについて簡単に説明してきました。皆さんは、OPIがどういうものなのか、また、その手法を授業に活かせる可能性があるということも、何となくお分かりいただけたと思います。そこで、次は、教師力の視点からOPIを見ていくことにします。

1-3-1　評価する力―学習者の力を総合的に評価

教育現場で実際に話す力を評価する際に、はたしてどこまで明確な観点や基準をもった評価が行われているでしょうか。「何となくよく話す」「文型の間違いがたくさんある」「発音が聞き取りにくいが、言いたいことは表現できる」といった漠然とした記述方法での評価であったり、A(大変良い)、B(良い)、C(普通)……といった総合評価で判定したりしているのではないでしょうか。

OPIでは、明確な評価基準をもとにして総合的な評価を行います。「学習者が今、ここで何ができるのか」を測定し、そこからその学習者は何が出来て、何が出来ないのかを明確化することは、次の指導につなげていくことができるのです。

評価にはさまざまな目的・機能がありますが、野口(2005: 781)は評価の役割として「フィードバック機能」をあげ、次のように述べています。

> 学習者に関しては、その時点における学習成果を明らかにし、さらにどのような学習を補うべきかなどの情報を返す。すなわち、学習者がより

日本語能力を伸ばすのに役立つ情報を返すものである。

　また、安彦(2002:106)は、評価とは価値づけをしてみた上で、目標と照合して、活動を改善するための情報収集をすること、つまり活動者自身のフィードバック活動だとしています。評価を行う際にはどういった評価の観点や評価基準なのかを明示する必要があります。教育課程審議会答申「児童生徒の学習と教育課程の実施状況の評価の在り方について」(2000.12)においても評価の機能について次のように述べています。

　　評価の機能は(中略)児童生徒のよさや可能性を評価し、豊かな自己実現
　　に役立つようにすることである

　時々「そもそも学習者を評価する必要性があるのか？」という質問を受けることがあります。また、「OPIは学習者を評価の対象として見ている点が、どうしても納得できない」という否定的な意見を耳にすることもあります。これは、評価ということがきちんと理解されていないこともひとつの理由としてあげられます。
　以前雑誌『AJALT』(28号, 2005年)で評価が特集で組まれたことがあります。冒頭に「人がある目的をもって行動を起こすとき、目標の設定とそれに対する現状の把握は欠かせません。そしてこの2つを行った瞬間から、評価という行為が必ずこれについてまわります」と記されています。話す力を伸ばすための会話教育を考える時にも、そこには教師にも学習者にも目標設定が求められ、その中で今どういう状況、段階にあるのかを知ることは重要です。

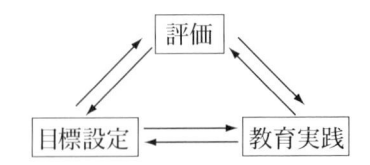

図6　目標設定、教育実践、評価の関係

OPIは会話試験であることから、「上級-上」「中級-下」といった判定を下しますが、なぜ学習者の能力を総合的にそう判断したのかということが明確化され、そこに次のステップへのフィードバックが待っています。何をすれば次の段階へと進めるのかを明らかにすることが評価の本来の意味であるならば、OPIの評価基準をしっかり持って授業を進め、授業実践において学習者の能力を適切に評価できるということは、教授活動をする上で意義あることではないでしょうか。

つまり、OPI的手法を学ぶことで学習者の能力を総合的に判断することができるようになり、教師力を高めることにつながるのです。「今、初級後半のこのクラスで学んでいるから」といったことや、彼らが正確に文型を使いこなすかどうかといった視点ではなく、「日本語を使って何が出来るのか」で判断できるようになります。

OPIは総合的な評価方法ですが、4つの評価基準が存在します。

・言語を使って何ができるかという総合的タスク、あるいは機能
・言語が使われる社会的場面と話題領域
・話し手がタスクをどのくらい上手にこなすかのカギとなる正確さ
・産出されたテキストの型（個々の単語から複段落まで）

OPI的手法を「学習者の今ある姿をできるだけ的確に把握し、それに向き合い共に成長するための手段」と考えてみてください。「発話の長所・短所のパターンを見極めることによって言語を全体的に測定する、総合的な評価法」（マニュアル：11）であるOPIを学ぶことで学習者の能力を複眼的に見ることができるようになります。

教師が学習者の発話や作文を評価する時に陥りやすいのが、「正確さ」に固執してしまうことです。文法の間違い、言葉の使い方の間違いなどが気になり、「日本語を使って何が出来るのか」を軽視しがちです。例えば「今日は〈〜たことがある〉の文型を覚えて、使えるようになってもらわなけれ

ば」という思いで教師は授業を進めていきますが、そこで強調されるのは「正確さ」です。そのためパターン・プラクティスをはじめさまざまな練習が繰り広げられます。それも文法や語彙、あるいは発音上の「正確さ」ばかりが強調されがちです。

総合的な評価をするOPIでは、「正確さ」は4つの評価基準分野のひとつでしかありません。その中に6つの項目があるのですから、文法的正確さの比重は極めて小さいものになります。

OPIの4つの評価基準分野に関して図7のような椅子の絵を書いてみました。4つの分野はどれも重要なものではありますが、その中で特に大切なのが〈総合的タスク・機能〉つまり「日本語を使って何ができるのか」だと言えます。

教育現場では、学習項目の文型や語彙をいかに定着できるか、いかに間違いなく言うことができるようになるかに力を注ぎすぎていることが多いのではないでしょうか。しかし、このように学習者の能力を総合的に見ることで、毎日の授業も違ったものになってきます。「正確さ」に関して、さまざまな観点から見ること、そして各レベルで捉え方を変えることの大切さをOPIから学ぶことができます。

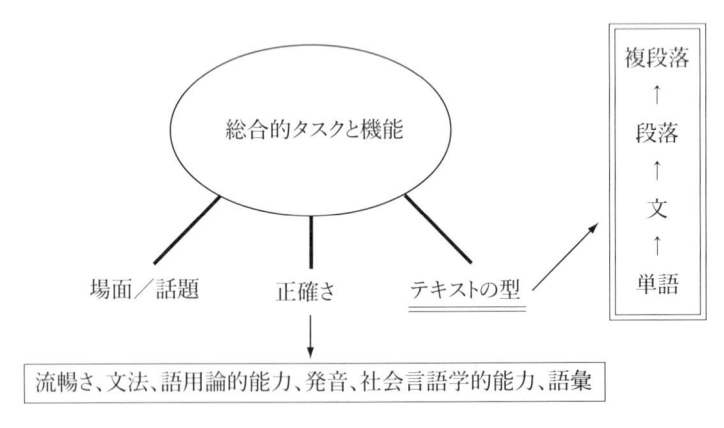

図7 OPIの4つの評価基準分野

つまり単に文型や語彙が間違いなく使えることではなく、コミュニケーション上の視点から判断が下されています。コミュニケーション重視の立場に立った評価をすることで、助詞の使用法が間違っている、動詞の活用が正確ではないといったことにばかり目くじらを立てることはなくなってきます。

　場面／話題は、教育実践においても重要視されるようになりました。しかし、まだまだ十分ではありません。不自然な場面設定や、話題ばかりが先行してしまう例も多々あります。「断る」という機能で授業を進める場合にも、さまざまな場面が考えられます。

●授業が終わって クラスメートのリンさん にお茶に誘われましたが、行きたくありません。断ってください。

●授業が終わって 今日もまた クラスメートのリンさん にお茶に誘われましたが、行きたくありません。断ってください。

●授業が終わって 昨日引越しを手伝ってくれた クラスメートのリンさん にお茶に誘われましたが、行きたくありません。断ってください。

　同じ場面、機能であっても、少し「状況」を変えるだけで、難しさが変化します。また、断る相手はここでは「クラスメートのリンさん」ですが、「先輩」「店長」「社長」と変えていくことによって、また会話の展開が違ってきます。OPIはつねに「場面・話題」を考えながら会話をしていくのですから、OPIを積み重ねていくことで、豊富な事例、データを教師の頭の中のフォルダーにしまっておくことができます。

　言語活動「断る」と一口に言っても、さまざまな場合、段階があります。

●断りの表現が言えるようになる
　　例：先週、授業を休んだ友達のキムさんに、ノートを貸してほしいと頼まれましたが、貸したくありません。断ってください。

●断りにくい相手に失礼にならないように断ることができる
　　例：クラスのキムさんに、来週月曜日の発表を代わってほしいと頼まれました。<u>前に、代わってもらったことがあるのですが、</u>今週は忙しくてとてもできません。うまく断ってください。

●相手の好意を、相手を傷つけずに断ることができる
　　例：**友達のキムさんが探してくれたアルバイトの面接**に、明日行くことになっています。しかし、たった今ナタポンさんがもっと良いアルバイトを紹介してくれました。キムさんにていねいに断ってください。

「テキストの型」とはどんな言語形式を使って話ができるか、すなわち「単語→文→段落→複段落」を判断していきます。これについては次節で詳しく述べることとします。

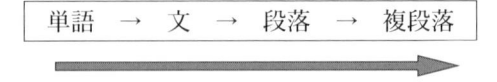

　　　　単語　→　文　→　段落　→　複段落

　このように、「総合的タスクと機能」「場面／話題」「正確さ」「テキストの型」の4つの分野の判断基準で考え、最終的に総合的な評価をするのがOPIなのです。

1-3-2　縦軸思考の重視―全体の中の位置確認

　OPIのマニュアルには「言語習得のための『はしご』としての『ACTFL能力基準』」項目に、以下のようなことが記されています。

　　「ACTFL能力基準」は、運用能力を体系化する上での原則とし、観察可能な言語行動を進歩の物差しとしているので、「言語習得のためのはしご」として使うことができる。それは、「能力基準」が「徐徐に伸びていく言語の発達段階の順序を示しており、外国語教育プログラムを編

成するときに役立てることができるからである」。(中略)さらに、「能力基準」の記述を見れば、学習者が目指している最終ゴールを常に念頭におく助けになる。
(マニュマル：125)

OPIでは初級−下から超級までの10段階に関して、どのように日本語を使うことができるのか、すなわちプロフィシェンシーが明確に記述されています。

教師は、例えば『みんなの日本語』(スリーエーネットワーク)35課を教えているとすると、「〜ば」を定着させ、次は36課「〜ように」を導入し……というように、学習項目の積み上げで考えてしまいがちです。そうではなく、逆に「○○ができるようになるためには、学習項目△△がある」といった発想を持つことが重要です。さらには、**それが学習目標全体のどこに位置するのかといった縦軸で考える**ことも忘れてはなりません。

【文型積み上げ型の発想】

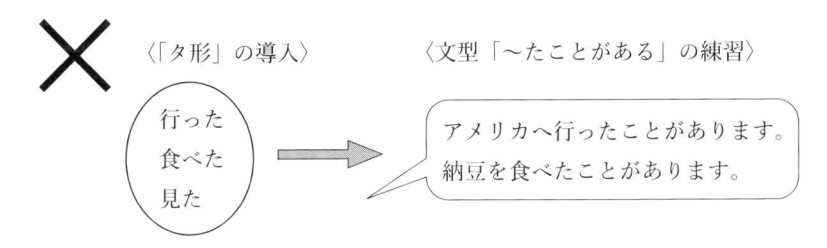

✕　〈「タ形」の導入〉　　　〈文型「〜たことがある」の練習〉

行った
食べた　　→　アメリカへ行ったことがあります。
見た　　　　　納豆を食べたことがあります。

【運用能力重視の発想】

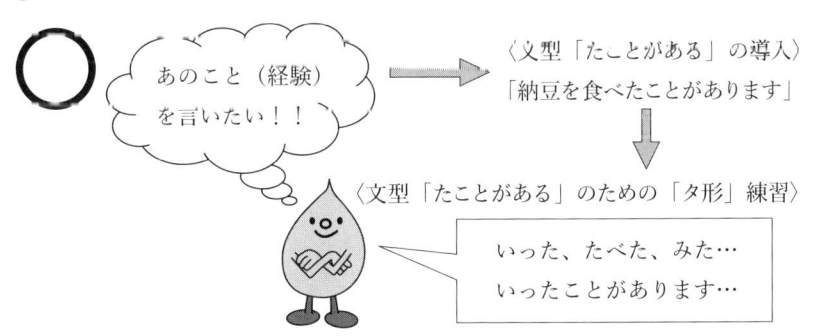

○　あのこと（経験）を言いたい！！　→　〈文型「たことがある」の導入〉
「納豆を食べたことがあります」
　　　　　　　　　　　　　　↓
〈文型「たことがある」のための「タ形」練習〉
いった、たべた、みた…
いったことがあります…

イーストウエスト会話レベル表

		できることの目安	できることの具体例
230 NK9	目標レベル	日本で仕事をしても、困ることなく会話ができる	・卒業式、結婚式などでスピーチができる ・仕事上必要な交渉、会議の司会ができる ・よく知らない人、目上の人、友達、子供などとの話で、自由に言葉の使い分けができる ・かなり専門的な会話ができる ・どんな話題でも議論ができる
230 NK8		大学や専門学校での専門的な会話ができる	・学校、アルバイト先、日常生活において必要な交渉ができる ・相手の気持ちを考えながら(誤解を解いたり、助言をしたり)話をすることができる ・相手や場面に応じて敬語が使える ・映画、ドラマ、ニュースなどについて、詳しく自分の感想・意見が言える ・IT革命、生命操作、司法制度など難しい話題についても、理由を示し議論ができる ・自分の専門分野についてかなり専門的な話ができる
220 NK7	上級	大学や専門学校での基礎的な会話ができる	・トラブルが起きたときうまく対処できる ・相手の気持ちを考えながら(お願いをしたり、断ったり、助言をしたり、謝ったり)話をすることができる ・映画、ドラマ、ニュースについて内容をわかりやすく説明できる ・制度、文化、習慣、考え方などの違いについて比較しながら話すことができる ・料理の手順、道順などをわかりやすく説明できる ・少子高齢化、医療問題など少し難しいことについても意見とその理由が言える
200 NK6	もうすぐ上級	友達と冗談を言ったり、自由に会話ができる	・話しにくいことについて友達に(お願いしたり、誘ったり、断ったり)話をすることができる ・友達と冗談を言ったり、砕けた会話ができる ・自分の好み、希望について相手に説明できる ・血液型、結婚など興味のある話題について簡単な議論ができる ・身近なニュースについて意見とその理由が言える ・食べ物、生まれ故郷、生活習慣について説明できる
170 NK5	中級	日本で友達を作ることができる	・友達にノートを借りることができる ・友達を映画に誘ったり、約束を変更したりすることができる ・友達に簡単なアドバイスが言える ・遅刻・欠席・早退をするとき、それを伝えることができる ・「すみませんが」「時間、ありますか」「ちょっといいですか」などの決まり文句が使える ・苦しかった経験や楽しかった経験について話すことができる
130 NK4	もうすぐ中級	毎日の生活で必要な会話ができる	・切符の買い方など簡単な手順が説明できる ・忘れ物をしたことを説明できる ・お店、銀行、郵便局などで必要な話ができる ・休みの過ごし方について説明できる ・自分の趣味や仕事について簡単な話ができる ・相手のことについて質問ができる
100 NK3	初級	簡単な会話ができる	・自分の家族、仕事、来日した時が言える ・好きなものが言える ・簡単な質問に答えられる(いつ、どこ、誰、何)
80 NK2	初級前半	あいさつ等ができる	・あいさつができる ・出身地が言える ・簡単な買い物ができる
NK1	入門	さあ、出発だ！	名前が言える

また会話能力だけではなく、どの技能においても、**到達目標がどこで、その過程においてどのようなことが求められているのか。現段階では、全体の流れのどこに位置するのか。**こういったことを念頭において授業を進めていくことが大切です。

会話能力に関する学習目標の明示に関する例をあげてみましょう。

イーストウエスト日本語学校では、学習者が入学した時点で「イーストウエスト会話レベル表」を配布します。ほとんど日本語が分からない初級クラスの新入生もいます。そこで配布するレベル表は、日本語以外に10以上の言語に翻訳されたものであり、学習者の母語によって翻訳されたレベル表が配られます。そのレベル表に基づき会話授業が進められ、定期試験もそのレベル表にそって作成され、評価されます(詳しくは後述します)。

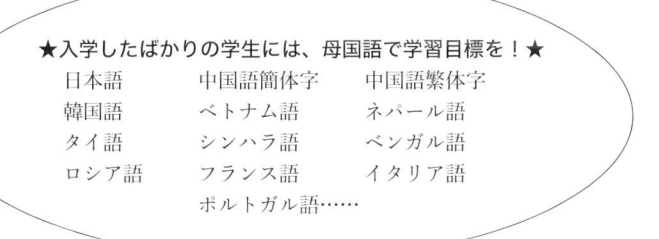

★入学したばかりの学生には、母国語で学習目標を！★

日本語	中国語簡体字	中国語繁体字
韓国語	ベトナム語	ネパール語
タイ語	シンハラ語	ベンガル語
ロシア語	フランス語	イタリア語
	ポルトガル語……	

表7　イーストウエスト会話レベル表

縦軸思考で考える例として、4つの評価基準の中で「テキストの型」を取り上げます。テキストの型、すなわち言語形式「単語／文／段落／複段落」はつねに意識していることが大切です。文を羅列するレベルの学習者を目の前にして、どうしたら段落レベルにもっていくことが出来るのか。接続詞の使用は？　指示語は？　と「その学生がより力を伸ばすために、何が求められているのか」を考えながらの教育実践が可能になります。それがOPIの大きな特長のひとつだと言えます。しかし、実際には「今は初級クラス。段落指導は中級に入ってから……」などと考えて授業をしていることが多いので

はないでしょうか。

> 教師： どうして100円ショップでよく買い物をするんですか。
> 学習者A： 日本では留学生がほしいものが本当に多いです。100円ショップでいろいろなものをたくさん売っています。100円ショップに行くと、いろいろ買えます。とても便利です。

このような羅列文的な発話では上級話者になることはできません。ここに、フィラー（いい淀み）、接続詞、複文使用などを意識化させることが求められます。学習者Aの発話は、教師のアドバイスを受けて、次のように変化していきました。

> 学習者A： 日本には留学生がほしいものが本当にいろいろありますね。特に、100円ショップではいろいろなものを売っているから、便利です。それで、私はよく100円ショップで買い物をしているんです。

次に、同じクラスのBさんの発話を見てみましょう。

> 教師： どうして100円ショップでよく買い物をするんですか。
> 学習者B： やっぱり洗濯するとき、洗剤がいつも必要だから、洗剤をいつも利用しています。スーパーでも洗剤はありますが、スーパーは300円以上です。それで、私の考えではちょっと高いかなと思って、100円ショップの洗剤を使っています。100円ショップは留学生にはとても便利で役に立つと思います。

同じクラス（中級教科書使用クラス）でも、このように発話能力が異なる学生が混在しています。BはAのような羅列文での発話ではなく、段落で自分

の意見を言うことができる能力をもっています。しかし、何とか段落はできているものの、より結束性、一貫性[2]を高めていく必要があります。また、いずれはさらに上の段階複段落でできるようにするための指導も求められます。ところで、学習者Bの発話は教師のアドバイスで次のように変わりました。

> 学習者B：<u>あの</u>、例えば洗濯する時には洗剤が必要です<u>よね</u>。<u>まあ</u>、スーパーにも洗剤はありますが、300円以上<u>なんですよ</u>。私の考えでは、<u>これは</u>ちょっと高いと思います。それで、100円ショップの洗剤を使っています。<u>こんなふうに</u>100円ショップは留学生には本当に便利<u>なんです</u>。

このようにテキストの型ひとつとっても、今のレベルでの課題に目を向けるだけではなく、到達目標を明らかにし、**全体の中のどこに位置し、現状で何が問題なのかを見つめる**必要があります。その中で初級、中級、上級とただレベルを追っていくのではなく、**すべての段階を通じてらせん状、スパイラルに能力が獲得されていくという視点**も大切です。それをOPIの判定基準、OPIそのものが教えてくれるのです。「話題をらせん状に進行させる」ということについて、マニュアルには以下のように書かれています。

> ひとつ上のレベルの突き上げを行うために、その話題の機能を変えることを、らせん状進行という。あるレベルでひとつの話題を十分に展開させたら、次に機能を変えることによって、らせん状にひとつ上のレベルに上げることができる。　　　　　　　　　　　　　　　（マニュアル：62）

注2　一定のまとまりが感じられる単位をテキストと言います。意味的なまとまりは、結束性(cohesion)と一貫性(coherence)によってもたらされます。
　結束性と一貫性について『日本語教育事典』では「結束性がある」とは、文法的手段によってテキストが作られる場合であり、「一貫性がある」とは、運用論的手段によってテキストが作られる場合だと説明しています(pp.181–182)。つまり、結束性とは「意味のつながり」に関係し、一貫性とは「意味のまとまり」に関係するものだと言えます。

さらに、ハンバーガーの話題を取り上げ、初級／中級レベルから、いかにして上級レベルにらせん状進行させ、さらに同じ話題で超級にまでらせん状に進行させていくにはどうしたらよいかについて説明してあります。

○例えば、ハンバーガーの話題の場合、初級／中級レベルでは、食べ物話や友達とお気に入りのハンバーガーレストランへ行く予定について話をしながら導入することができる。
○この話題を変えずに文を作るという中級の機能から、過去の出来事を叙述するという上級の機能に変え、その同じレストランで起こった忘れられない出来事についての話をしてもらうなどの方法で、上級レベルにらせん状に進めることができる。
○さらにこの話題は、段落の長さの談話形式で全部話をさせた後で、今度はなぜ多くの若者がベジタリアンになるのか（ある人々はそれを間違った助言によるものだと考えているが、あなたはどう思うか、それはどうしてか、そのような選択は得策か）、といった議論の形で、同じ話題を超級にまで（具体的な話から抽象的な話に移ることによって）、らせん状に進めることができる。　　　　（マニュアル：62-63）

1-3-3　突き上げ力－「i＋1」でギアチェンジ

　学習者が今持っている力よりも少し上のタスクを与えることで、実力が伸び、授業が活性化していきます。クラッシェン(S.Krashen)は、インプット仮説を立て、学習者の今の実力より少し上のレベルのことが重要だと述べています。学習者が今持っている力を「i」とし、それよりも少し上のもの、つまり「i＋1」のものを与えることによって効果的に学ぶことができるのだと言っています。しかし、どうしても教える際には「今は、35課、〈仮定のバ〉が学習項目だから、このタスク」というふうに考えてしまいがちです。

　OPIで突き上げをする目的は「インタビューを次の上のレベルに押し上げることによって、被験者の運用能力の上限または限界、すなわち、言語的に何ができないかそのパターンを発見すること」だとしています。会話能力を測定するために有効なのは言うまでもありませんが、実は教育実践におい

ても実に有効な手段です。

　山内(2005: 66-68)は、突き上げは「日本語のクラスにおいては、学習者の能力を伸ばしていくための"特効薬"になり得るもの」であると言っています。さらに「『突き上げ』を授業に生かすことこそが、真にOPIを授業に生かすこと」であり、「授業とは、『突き上げ』を中心に構成されるもの」だとも述べています。実際、毎回OPIワークショップを終えた受講生の多くが、「突き上げ力」を授業に活かすことの魅力に気づき、その後実践しているという報告を受けています。

　「突き上げ」は、車の運転で言えばギアチェンジに当たります。ローで入ってセカンドに上げ、そしてサードに切り替えてスピードを上げる。しかし、坂道に差しかかればまたギアをセカンドに落とし……とギアチェンジは運転にとても大切な操作です。実はOPIや授業においても、このギアチェンジがとても大切なのです。しかも、それは運転と同様に、授業でも学習者に気取られることなく自然にあげていくことが求められています。そのギアチェンジ、つまり見事な「突き上げ力」を教えてくれるのがOPIなのです。

　みなさんの授業では、この「自然なギアチェンジ」が行われているでしょうか。「なんだか単調な授業になってしまう」「メリハリがないとよく言われてしまう」という方には、この「突き上げ力」をつけることをぜひお勧めします。

　初級クラスで学習者が「私は暇な時、よく映画を見ます」と言った場合、次に続く質問は「どんな映画を見ますか」「週に何回ぐらい見ますか」といったものが多く見られます。しかし、その先に「i＋1」を考えたタスクをすることで、学習意欲も高まり、メリハリのきいた授業展開が可能となります。求められているのは、学習者が今もっている力より少し難しめの質問です。そこで、もし言語的挫折が起こったならば、少しレベルを下げてみます。このように突き上げとレベルチェックとをうまく使い分けることが授業の活性化につながります。OPIはまさにこの二つの往復で進めていくわけですから、自然に教師力がついてきます。次に例をあげて考えてみましょう。

　　○最近見た映画で一番面白かったのは何ですか。
　　▼　〈何、誰、という質問から突き上げる〉

◎私はその映画を知りません。どんな映画か教えてください。
【ストーリー説明】
〈言語的挫折が起こったら、難易度を下げる〉
◯どんな人が出てきますか。一番好きな人はどんな人ですか
【描写】
〈うまく答えられたら、再度突き上げる〉
◎その人は学校をやめました。そのことについてどう思います
【簡単な意見】

もうひとつ例をあげてみましょう。

◯どうして100円ショップをよく利用するんですか。
【理由説明】
〈「安くてよい」という答えから突き上げる〉
◎でも、安いものを買うと、何か失敗することもあるんじゃないですか。
【意見要求】
〈「失敗があっても安いほうがよい」という意見を受けてさらに突き上げる〉
◎使い捨て文化が進んで、資源の問題が出てくるので、やはり100円ショップはよくないと思いますが
【反論求め】

◎それに、昔からある店が潰れてしまったり、社会的な影響が出ることがあります。そういう意味でも、100円ショップはよくないと思いますが。
【さらに反論求め】

「突き上げ」の際に有効なのが「スパイラルな突き上げ」です。同じ話題で難易度を変えて質問をしていく」ことを意味します。先にあげた2つの例は「スパイラルな突き上げ」ですが、「映画」「100円ショップ」という同じ話題で突き上げを試みています。
　このように同じひとつの話題をスパイラルに「初級→中級→上級」へとあ

げる練習をやっていると、「突き上げ力」がついてきます。OPIのマニュアル(p.64)では、「学校/大学」という話題で、次のような例を示しています。

初級/中級
○今年は何を勉強していますか。
○どのクラスが一番好きですか。それはなぜ(ですか)？
○その先生について、とてもたくさんいいところを話してくれましたね。
　どうしてその先生はいい先生なのでしょうか。
上級
○大学でのあなたの今の生活と高校の時の生活とを比べてみてください。
○どうしてこの大学に入ろうと決めたのですか。そう決めるのにどんな要

【ちょっとひと言】
　　　「突き上げ力」の魅力に気づいた日本語教師Bさん

　最初「突き上げ力」と聞いた時、とても危険だと思いました。それは、学習者との関係性の問題です。自分のレベルより難し目のものを与えてわざわざ挫折を起こさせるとは……。
　でも、OPIをやってそれが間違いだと分かりました。ただ突き上げるから問題が起きるんで、それまでにきちんと関係が築かれていて、ある文脈の中で「突き上げ」がされれば、何も問題ないんです。むしろ、それはメリハリのある授業をする原動力になります。
　結局、教師の力不足だったんです。だいたい、「突き上げ」の元の意味は精査。じっくりその人の力を見極めることなんですから。日本で学ぶ学習者は、日本語の海の中で生活しています。ある意味いつも「突き上げ」状態に置かれているようなもの。教師として「突き上げ力」を身に付けて、授業に活かしたいと思っています。

因とか影響があったんですか。振り返ってみて、正しい決断でしたか。どうしてそう言えますか。

超級
○あなたは、優等生だけれど、勉強と仕事を両立させるのは難しいと言いましたね。どのように両立させているのですか。……それはおもしろいですね。なぜなら、私の知るところでは、いくつかの大学では、成績が優秀な学生は奨学金をもらっていないのに、運動選手だったら大学へ行くために多額の奨学金がもらえるんですよね。このやりかたは、公平だと思いますか。……奨学金など、学生に対する経済的援助を行うのにもっと公平なシステムとはどんなものでしょうか。

1-3-4　質問力－学習者の発話を引き出す質問の仕方

「私のクラスの学生はなかなか話そうとしなくて、困っています。消極的な人が多いからでしょうが、そんなクラスでもうまく話させる良い方法はありませんか」という質問を受けることが時々あります。よく調べてみると、実は、他の先生のときには「元気溌剌クラス」だったりします。こういった場合に多いのが、教師の「持って行きかた」のまずさです。そもそも「話そうとしない」「話させる方法」という表現に、教師が上に立った教師主導の授業風景が目に浮かんできます。

山内(2005: 121)は、良い授業とは「教師のすべての発話がタスクとして意識されている授業」であるとして、教師の学習者に対する授業中の質問や問いかけという「非明示的なタスク」の重要性を強調しています。さらに、その授業中の「非明示的なタスク」こそが、OPIで身に付けることができる最も直接的な技術だと言っています。こういった視点で一度、自分自身の授業における発話を振り返ってみると、大きな気づきが生まれることでしょう。

次に、「教師の質問力によって、全く異なるOPIになった例」を見ていきたいと思います。二人の教師が同じ被験者に対してOPIを実施した例があります。ひとりの被験者に対して同時期に二人のテスターでOPIを実施するというのはなかなか難しく、あまり例がありません。これからお話しする

のは、OPIワークショップ受講生とトレーナーによって実施されたケースです。OPIのワークショップ1日目の午後、まだ十分に理論も聞いていないうちに行った受講生のOPI。そして同じ被験者に対して、その直後にトレーナー(嶋田)がOPIを実施しました。

その結果は、受講生がしたインタビューAの判定は「中級-中」、そしてインタビューBの判定は「上級-中」でした。判定にこのような大きな違いが出た理由は複数考えられますが、主因はテスターの質問の仕方にありました。表2の判定結果は、関西OPI研究会の定例会で実施したものです。

表8　2つのOPIの判定結果

【インタビューA：中級-中　A＝受講生】

	中級下	中級中	中級上	上級下	上級中	上級上
トレーナー	0	2	0	0		
テスター	4	17	5	2		

※トレーナー1名がアンレータブルと判定

【インタビューB：上級-中　B＝嶋田】

	中級下	中級中	中級上	上級下	上級中	上級上
トレーナー				0	3	0
テスター				9	17	4

ちょっと2つのテープの質問の仕方を比べてみましょう。まずインタビューAの出だし部分です。

【インタビューA】
　T1：お名前、教えてもらえますか。
　S1：△△と申します。
　T2：△△さん。はい、ええと。お国はどちらなんですか。
　S2：中国でございます。
　T3：中国。日本に来たのはいつですか。

S3：去年の4月です。
T4：去年の7月。じゃあ1年。
S4：いえ、1年半になります。
T5：そうですね。中国はどちらですか。
S5：長春です。北のほうです。
T6：北のほう。ええと、長春は私は良く分からないんけれども。行ったことがないんで。どんな所ですか。
S6：はい。寒い所ですね。冬だったら、マイナス20度ぐらい。
T7：寒い所。
S7：はい。冬だったらマイナス20度ぐらい。
T8：マイナス20度。夏はどうですか。
S8：東京と同じぐらいです。
T9：やっぱ、暑いですか。
S9：そうですね。

　このあと、2、3のやり取りをしたあと被験者は、「あと、何かないんですか」とテスターに質問を促しています。これにはOPIのデモンストレーションを見ていた受講生達も、ついつい笑ってしまいましたが、OPIはこのままずっと同じような調子で進んでいきました。
　また、質問も一文で答えたら済んでしまうようなものが多くみられます。「教えてください」という説明を促す質問も見られましたが、ここでも被験者の答えを活かすことなく、次の質問に行ってしまっています。これでは、被験者の発話も広がっていきません。もちろんいくつか「長春のことを教えてもらえますか。」といった質問もありましたが、被験者の答えに何かをつなげるのではなく、そのあとには無関係な質問が続きました。
　後日、被験者にフォローアップインタビューを実施し、あの時になぜ「あと、何かないんですか」とテスターに質問したのかを聞いてみました。被験者の答えは次のようなものでした。

　　どうしてこんなことばかり聞くんだろう。決まりきった質問の連続。同

じパターンの質問が続いて答えるのが嫌になりました。もっと私に話させてほしかったです。言いたいこと、たくさんあったんですよ。

質問のための質問が続き、だんだん答える気持ちが薄らいで言ったそうです。インタビューＡの質問を見てみると、

(名前)何→　どちら→　いつ→　どちら→　どんな→　どう……

と、5W1Hの質問が続き、T9に至ってはYes/No質問になっています。T4では「去年の7月、じゃあ1年」と4月を7月と聞き違えています。また、被験者の文末の言葉を取ってつなげることによって、共感性を高めようとしたテスターの意図はよく分かるのですが、このような機械的な繰り返しでは、逆効果になってしまうこともあるのです。

実は、授業でも知らず知らずのうちに同じようなことをしている場合が多いのではないでしょうか。教師が自分では気づかず、同じような質問を繰り返し、平板な同じパターンの発話で終始してしまっている場合が見られます。**質問の型を意識すること**、そして、**お互いに情報を知りたいから聞きあっているのだという雰囲気作り**が重要です。ここでひとつ気づかれたと思いますが、インタビューＡでテスターは被験者とのラポール作りをめざし、被験者の発話の繰り返しを心がけています。しかし、それもただ繰り返すのはあまり効果的ではありません。被験者の発話の繰り返しは「貴方の話を聞いていますよ」というサインになったとしても、話をうまく紡いでいくことには役立っていません。

このあとの、インタビューＡの質問を見てみましょう。

○遊びって、例えばどんな？
○趣味は何ですか。
○カラオケ。日本でもよく行きますか。(Yes/No)
○カラオケでどんな歌を歌いますか。
○中国の歌……。日本の歌はどうですか。

○どんな歌ですか。
　　　○アルバイトは何をしていますか。
　　　○どれぐらいやったんですか。　→等々

　「Yes/No」で答えられる質問や、「どんな」というスタイルの質問が続きます。説明してもらいたいと思っているのだと思いますが、「〜はどうですか」「〜はどうでしたか」という質問は、下手をするとあいまいな質問になってしまいます。例えば、「アルバイトはどうでしたか」という聞き方ではなく、「アルバイトで日本の若者と一緒に働いたと思うんですが、中国の若者との大きな違いはどんな点でしょうか」という質問であれば、意見を述べたり、反論してまたそれに意見を言うという展開にもっていくこともできます。そこで言語的挫折が起こったならば、被験者の上限を見極めることもできるわけです。また、被験者としても「自分の意見が言えた」「あのことが言いたかったけれどうまく言えなくて残念。今度は！」と、次のステップへの動機付けにつながります。
　次に、インタビューBの出だし部分を見てください。

　　T1：お名前を教えてください。
　　S1：△△です。
　　T2：△△さん。お国はどちらですか。
　　S2：中国です。
　　T3：そうですか。中国は広いですけど、中国のどちらですか。
　　S3：長春です。吉林省の長春です。
　　T4：ええと、吉林省って、行ったことないんですが、長春はどんな所
　　　　ですか。ちょっと教えてください。
　　S4：ああ、地理から言うと、中国の北のほうですね。北京の下です。
　　　　冬はすごく寒くて、でも、春になると花が一杯咲いて、とてもき
　　　　れいなみち、まち、町と思います。
　　T5：そうですか。日本でいうとどんな町に似てるんでしょうか。
　　S5：一番近いの所は、福岡ですね。

T6：ああ、福岡？　そうですか。福岡は結構暖かいですけど。でも、長春は結構寒いですよね。
S6：冬は零、零下20度は。そんなに寒い。
T7：ああ、そうですかあ。
S7：考えられないですね、日本人は。
T8：はい。考えられないです。冬は行きたくないですねえ。あのう、ちょっと自己紹介をしてくださいませんか。
S8：○○と申します。去年の4月、長春から日本に留学しました。うん、趣味は、読書とか、本、本じゃない、文章書いたりします。あ、あまりしゃべりたくない、そういう静かなタイプと思う、自分そう思いますけど、先生に、ああ、猫被っている人と言われたごとが、今までも覚えています。

質問をただ次々に重ねていくのではなく、自然な形で被験者の発話から次の質問へとつなげています。また、2人でインタビューを作り上げていくという思いで、話を聞き、質問を重ねようとしています。このあとインタビューBの質問は次のように続きます。

○趣味の中で文章を書くことが好きとおっしゃったんですが、どんな文を書かれるんですか。
　　　　→聞いておいた趣味をここで話題として取り上げる。
○文を書くのが好きな人は読書も好き。日本の作家の中で大好きな人はいますか。
　　　　→小説のストーリーを話すタスクに持っていくため。

○雪国。川端康成ですね。ちょっとストーリーを教えてください。
　　　　→しかし、被験者は、ストーリーを忘れている。そこで方向転換。

○どんな点が印象的でしたか。
　　　　〈テレビ、アルバイトと、話は展開して数分経過〉

○そこで、日本の若い人も一緒に働いていますか。
　　　→若者比較がねらい

○何か嫌なことはありましたか。
　　　→材料を仕入れるための質問

○誤解が生じた時はどうしますか。
　　　→「黙って気をつける」という答えを受けたので、もっと日中比較にもっていきたい。

○普通、中国の人ははっきり主張しますよね。
　　　→日本にいるから自分はしないという答え。

○じゃあ、中国にいるときは自分のことを？
　　　→はっきり主張すると言う答え。

○中国ははっきり主張しますが、日本ははっきり言わないので、誤解されていますが。
　　　→同感という答え。靖国問題も日本人がなぜ行くかを説明しないから駄目だという被験者の主張。

○そうすると、△△さんは首相が靖国へ行ってもいい？
　　　→まず日本人は説明をすべきだという答え。

○しかし、説明しても中国が「でも」と反対することが多いんじゃないですか。

　このように、日中比較から「靖国問題」にまで話が広がりました。しかもこの「靖国問題」は被験者のほうから話題として出してきました。身近な、個人的なことから一般的なこと、社会的なことに……と次第に質問の質を上

げながら、テスターと被験者で話を紡いでいます。

>　アルバイト先の若者比較　〈身近な、個人的な経験〉
>　　　　　↓
>　中国人と日本人の自己表現(主張)について〈一般化〉
>　　　　　↓
>　靖国問題の誤解は日本人の説明能力の無さからという被験者の意見
>　　　　　　　　　　　　　〈社会的な話題で意見を述べる〉
>　日本人が説明しても中国人は「しかし」と言って反論するのが問題。
>　　　　　　　　　　　　　　　　　　〈テスターが反論〉

　さらに、以下のような質問が続き、ロールプレイと終結部でOPIは終了となります。紙面の都合上、被験者の答えの部分は省略します。

>○重慶のサッカーのトラブルも、反日的な教育を受けているからじゃないですか。
>○国に対して不満が行かないように、対日感情を利用しているのでは？
>○すみません、大事な国のことをすみません。13億はひとつの国である必要があるでしょうか。6つぐらいに分けてもいいのではないですか。
>○大きすぎるとやりにくい。だから分けたらどうですか。
>○反日的教育をしないほうがいいと思いますが、もし△△さんが教育省のトップの人だったらどうすればいいでしょうか。日本との関係を利用するか、ひとつの国がまとまって、若者がもっと幸せな生き方ができるのでしょうか。
>○もし教育大臣になったら、どんな教育を考えますか。
>○若い人が出てきたのですが、日本の若者、大学生とか会うことがありますよね。中国の若者と比べて違う点は？
>○日本の若者はハングリー精神がないと言われますが、中国はエネルギッシュ。だから違うと言われますが。

> 【ちょっとひと言】
> 　　OPI が教えてくれた「語ること」の楽しさ
>
> 日本に来てもう 10 年です。私は、日本語でいろんなこと、話します。友だちもいっぱい。子どもの学校の友だちのお母さんとか、近所の人とか。でも、こんな、いろんなこと、話したことありません。自分の考えとか、意見言い合うとか……。今日は、いっぱい話しました。嬉しかったです。私も、こんな話せるっていうか、話したいっていうか……。だって、そんなことないです。また OPI やりたいです。なんか勇気も出てきたんですよ。

　○でも、ニートがいますね。日本で増えてきている。
　○ひとりっ子政策はよくなかったんでしょうか。
　○でも、あの時ひとりっ子政策を出さなかったら発展しなかったんじゃないですか。他の方法はあったでしょうか。もし、△△さんが政治を動かす人だったらどうしますか。
　○もう少し早くひとりっ子政策をしたら問題が起こると、手を打てなかったんでしょうか。

28 分(ロールプレイを含みます)という短い時間で、これだけの質問をぶつけ、反論をし、被験者の意見を引き出しています。的確な質問によって、出来る限り長く被験者に語らせる努力をすることで、判定のための必要な発話が抽出できるのです。さらに**副産物として、「十分に意見を言った」という満足感が被験者に生まれます**。多くの被験者が「こんなに自分の意見を言ったことはありませんでした。OPI は楽しいですね」という感想をフォローアップインタビューで話してくれます。そして、その後クラスでもどんどん積極的に意見を言うようになったと担当教師に驚かれることもあります。

きっとOPIを経験することで、語る楽しさを知ったのだろうと思います。
　「OPIは教育機関で学ぶ留学生やビジネスマンには必要だが、その他にはあまり必要性がないのではないか」という質問を受けることがあります。そこで、OPIで「語る楽しさ」を知った〈日本人男性と結婚したフィリピン人の女性〉の言葉をお伝えしたいと考えました。
　OPIマニュアルにある質問の型の要点をまとめてみると以下のようになります。テスターは質問の型も意識してOPIに臨むことが大切です。また授業を行う際にも、質問の型の意識化は大切なことだと思います。

表9　質問の型

（マニュアル：53–55 抜粋）

	質問の型	例
1	Yes/No 疑問文	授業は、好きですか。
2	選択疑問文	寮に住んでいますか、それともアパートに住んでいますか。
3	事実や情報を求める疑問文	この週末は何をしますか。
4	イントネーション疑問文	その経験は思っていたのとは随分違っていた？
5	付加疑問文	素晴らしい学校ですね。
6	依頼および丁寧な依頼表現	もっと詳しくあなたの見方を説明してくださいませんか。
7	前置き型の質問	ご兄弟が2人いると言ってましたね。もう少し詳しくご兄弟のことを話してくれませんか。
8	仮定的な質問	もし企業内に託児施設ができたら、社員を雇用する際に、企業側が特に優秀な人を集めるのにどのような効果があると思いますか。

1-3-5　傾聴と共感—OPIで学ぶカウンセリング・マインド

　1-3-4で質問力について述べました。**質問力の基本にあるのが聴く力**です。次の会話を見てください。質問の型という点でも問題がある会話例ですが、とくに教師の聴き方という点に焦点を合わせて読んでみてください。

S1：(略)……今はもっともっと日本が好きになって、あともうちょっと日本に住みたくなりました。
T1：本当ですか。日本の何が好きですか。
S2：食べ物とか安い買い物の市、売り場がたくさんあって、あれを見に行くこととか……。
<u>T2：100円ショップとか？</u>
S3：はい。
T3：そうなんですか。それで、いつまで日本にいますか。
S4：今の予定は今年9月まで。
<u>T4：あと、半年？　それからどうしますか？　帰国？</u>
S5：はい。
<u>T5：大学生？</u>
S6：いいえ。もう卒業してきました。
<u>T6：そうですか。はい。</u>

　このテスターに欠けているのは、「相手の話をじっくり聴く」という姿勢です。会話をどんどん進めていきたいという思いが全面に出ています。実は、良い聴き手に必要なのは、相手の話を分かって先走りして話をつないでいくことではありません。**相手の言ったことを分かった上で、相手の発話を促すような聴き方・質問の仕方が出来ること**が重要です。

　<u>T2</u>は、学習者の「安い買い物の市、売り場がたくさんあって」という発言から「あっ、100円ショップのことを言っているな」とすぐ分かってしまい、それを口に出して確認しています。こうなると、S3のように「はい」という答えになってしまいます。ここは、T2は「ええと、それはどんな所でしょうか？」程度で押さえ、学習者から100円ショップという言葉を引き出すことが大切です。

　<u>T4</u>は、「いつまで日本にいるか」という問いに対する学習者の「今年9月まで」と答えを受けて、テスターは「それから、帰国？」と「YES/NO」質問を続けてしまっています。せめてここは「そうですか。そのあとのことをちょっと教えてもらえますか」と言えば、自然に学習者の自由な発話が促せ

たのですが、残念なやり取りとなってしまいました。

　T5 も、「大学生？」という YES/NO 質問を繰り返しています。ここでは、「韓国人で９月卒業というのは、大学休学組なんだろう」というテスターの推測から出た質問となっています。この会話全体に流れているのは、【教師＝質問者、学習者＝答える人】という構図です。学習者の発話をもとにして話の流れを作っていくということと、先回りをして教師が矢継ぎ早に質問を重ねることとは違います。

　T6 は、せっかく学習者が「いいえ」と答え、重ねて「もう卒業してきました」と答えているのですから、ここは「そうですか」とあっさり答えるのではなく、「あ、そうなんですか。ところで専攻は何でしたか」というように話をつなげていくと良かったのではないでしょうか。授業でこんな会話展開をしていませんか。ちょっと自分自身の授業を振り返ってみてください。

　次の会話では、教師のどんな点が問題でしょうか。

　　T1：お国はどちらですか。
　　S1：わたしは台湾から来ました。
　　T2：そうですか。台湾のどちらですか。
　　S2：台湾の南のカオションです。
　　T3：あっ、カオションですか。カオションはどんな所かちょっと教えてください。
　　S3：暑いの島です。
　　T4：島、島ですか。台湾と陸がつながっていません。島なんですね。暑い島。どんなものが有名ですか。
　　S4：台湾で暑いの所、有名の、果物はマンゴーとかバナナとかライチです。
　　T5：ああ、そうですか。ええと、観光地ではどんな所が有名ですか。
　　S5：観光地は海、海でハイショウのスポーツ、多いです。
　　T6：ああ、なるほど。ええと、海のスポーツが多い。有名なんですね。その中で得意なものがありますか。海のスポーツで。

S6：少し、水泳だけ。
　　T7：水泳ができます。はい、分かりました。

　この教師は、中国で長く教えた経験があり、中国語も堪能な教師です。そのため、中国語で言ったことが分かってしまっている点がまず問題点としてあげられます。「カオション」「ハイショウ」という単語をどれだけの一般の日本人が分かったでしょうか。「カオション」は高雄(タカオ)(gaoxiong)、「ハイショウ」は海水(haishui)です。

　このように「学習者が言っていることをすぐ分かってしまう」という点が、日本語教師の長所でもあり、問題点でもあるのです。会話授業や会話試験においては、「分からない振りをして、学習者に言い換えてもらう」という姿勢がとても重要です。それがないと、教師の発話が多い授業、説明がやたら多い授業になってしまいます。

日本語教師根性を捨てましょう！

これは私が日本語教師研修でいつも言っている言葉です。知らずについてしまっている「日本語教師臭」。これにもっと敏感になりたいものです。OPIのマニュアルには次のように書かれています。

- 話のやりとりを行うにあたり、自然な言語を用いるようにすること。話すスピードを落としたり、自分の方から言い換えをしてしまったり、個人的なメッセージのやりとりをしているのに言語の形式にだけとらわれたコメントを言ったりしないこと。
- 有意味な質問(話の流れに沿っていて、相手個人に合わせた内容で、答え方を限定しない質問)　　　　　　　　　　（マニュアル：121）

　T4では、「暑いの島」という答えに対して、教師が島の説明をしています。「台湾と陸がつながっていません」などということは、学習者の口から出てきてほしい言葉です。教師がこのようなことを言う必要は全くありませ

ん。

　T5 では、せっかく学習者から果物がいろいろ出てきているにも関わらず、そのことは取り上げずに「有名な観光地」を聞き出そうとしています。これは、相手の言っていることを十分に聴いていないことを表しています。質問→答え、質問→答え、の積み上げでしかありません。そして、次に出てきた答えが「海でハイショウのスポーツ」です。これでは、一般の人には何を言いたいのか分かりません。

　T6 で「海のスポーツが多い。有名なんですね。」と教師が言い換え、そのまま締めくくりまでしています。

　T7 では、「水泳だけ」と文にならない答えだったのを、何と教師が「水泳ができます。」と言い換えまでしてしまいました。
これは決して特殊な例ではありません。自分自身の授業を録音し、それをスクリプトに起こしてみてください。自分自身の発話の特徴、質問の型、聴く姿勢がよく見えてくると思います。OPI では、常に自分のテープを聴き直し、判定を再確認する作業が付きまといます。自分自身を振り返ることを可能にしてくれるからこそ、OPI を通して教師力アップが図れるのです。

　ここで「聞」ではなく、「聴」という漢字を使ってきました。

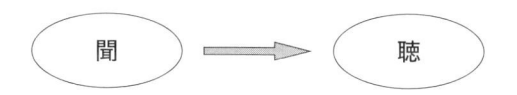

聞　→　聴

　「聞く」とは入ってくる情報を耳で受けることを表します。一方、「聴く」は「相手の話を『耳』で聞いて、『十』、つまり十分に『目（真ん中の部分を 90 度回してください）』で相手の表情を見て、そして『心』に落とすこと」を意味します。教師には、この「聴く」、つまり「聴こうと思って注意して聴く」という能動的な聴き方がとても大切です。そして、OPI の基本をなすのがテスターの「聴く力」なのです。

　「カウンセリング・マインドを持った教師」ということが最近特に言われています。どんなに教える内容が良くても、学習者の心が理解できなけれ

ば、空振りに終わってしまいます。そして、カウンセリング・マインドの基本は**共感と傾聴**です。相手に共感し、耳を傾けて聴くことがコミュニケーションにおいては極めて重要なのです。

　ここで特に重要なのが「待つ」姿勢です。**相手の発言に関心を示し、共感し、耳を傾けるということは、相手の発話を十分に待つ姿勢で向き合っていることを意味します。**実は、「待つ」のが下手な教師が大勢いるのが現状です。「教師は、自分がしゃべりたいようにしゃべる。自分が説明したいように説明する」とよく言われますが、この言葉は教師の一面をよく言い表しています。

1-3-6　自己教育力― 内省から生まれる実践力

　OPIにおいて超級話者とのインタビューともなると、テスターも大変です。彼らに意見を言わせ、その意見にテスターが反論をし、またその反論を引き出す。さらには、「仮説を立てたり、言語的に不慣れな状況にも対応できるか」もチェックしなければなりません。これはトリプル・パンチといわれる【意見→反論→仮説】という展開を意味します。受け身でただ聞いていればいいのではなく、テスター側も簡潔に反対か賛成かを述べなければなりません。また、次にどう話題を展開させればよいかを考える必要もあります。あるベテランのOPIテスターは、「超級話者のOPIをするたびに自分の力のなさを痛感させられます」と述べています。幅広い話題を扱える力、それぞれのテーマに意見を述べることができる知識、判断力。それらを土台としてコミュニケーションしていく力が求められるのです。事前に質問が決められていて、それについて被験者に意見を言わせるといった会話試験とOPIとでは、テスターの負担は大きく異なります。だからこそ、OPIを経験することで教師力が伸びていくのだと言えます。

　　T1：大会社に就職したいというお話ですが、これからは会社の統廃合が進み、先はどうなるか分からない。それより、自分のやりたいことが出来る小回りのきく規模の会社のほうがいいと思うのですが。

S1：いや、M&A の時代だからこそ、大会社にいないと大変なことになるんです。確かに、統合でこれまでの地位や仕事が保証されないという場合も出てくる可能性はあります。特に吸収される側の会社だとそういうケースに当てはまりますよね。あの、でも、やっぱり大会社のほうが待遇もいいし、将来性も高いんです。それに、たとえ吸収された場合でも、うまくすればより大きなチャンスをつかむこともできるわけですよ。

T2：大きすぎると小回りが利かず変化に適応できないという欠点がありますよね。規模は問題ではなく、自分が伸ばせる会社を選択すべきなのではないでしょうか。

S2：規模が小さければ、情報収集力も劣ります。それに、大きな変化に対応する資金力も弱いってことじゃないですか。やはり企業はある規模で展開するからこそ、利益も大きい。中小企業を見ると分かりますが、せっかく良い技術力や人的財産がありながら、それが十二分に活用されていないケースが多く見られますよね。「弱肉強食」っていう言葉があるように、大きい所に食われていってしまう。銀行がいい例だと思います。

T3：いや「弱肉強食」ではなくて「適者生存」こそ大切ですよ。変化の激しい環境にうまく適応できることが大切だと思いますが。

S3：その点は同感です。「適者生存」ということは忘れてはならないですよね。

T4：じゃあ、もし△△さんが経済産業省の役人だとしたら……。

こんな話題展開がされていく中で、「経済のことはちょっと……」「国際情勢はちょっと……」などと言っていては、超級話者の OPI は実施できません。多くのテスターが超級や上級話者との OPI 実施を通して、自分自身を見つめ直していきます。そういう意味で OPI は、教師の総合的能力を高める良いチャンスであると言えます。しかも、OPI は必ずテープに録音し、何度でも自分自身が行った会話試験を聞き直すことができます。いえ、聞き直さなければならないのです。それが、自分を見つめる良いチャンスとなっ

ているのです。

　私も初めて自分のOPIテープを聴いた時は、大きな衝撃でした。そして、自分自身のテープを聴くことの大切さを改めて痛感しました。日本語教師に成り立ての頃は、自分の授業を吹き込み、家に帰って聞き直したものですが、経験年数が長くなるにつれ、そんな考えは消えてしまいました。「内省的実践家」をめざしていたつもりでしたが、どこまで自分自身を振り返っていたのだろうかと愕然としました。

　　○このスピードはまずい。早すぎる。
　　○間の取り方がよくない。
　　○なんと相づちがうるさいのだろう。
　　○テスターがしゃべりすぎている。
　　○何回も被験者の話にかぶせてしまっている。
　　○話題転換が唐突だ。
　　○被験者の発話からうまく紡いで行っていない。
　　○被験者に語り尽くさせていない。

　数え上げたら切がありません。こういう経験を積み重ねる中で、私はOPIの魅力にとりつかれていきました。会話試験としてのOPIもさることながら、教師力を伸ばしてくれるモノとしてOPIに惹かれていったのです。1-1-1で既に述べたようにOPIは、教師とは「舞台に上がった賢人」ではなく「側に付き添う案内人」のような存在であることを教えてくれました。教師が主役になるのではなく、あくまでワキとして行動していくという視点を明確に持つことが重要だと改めて理解することができたのです。もちろん臨機応変に対応できる教師力を持ち、準備を怠ることなく努力し続けた上での「側に付き添う案内人」でなければならないのは言うまでもありません。このようにOPIは私に、「教師としての振り返り力」を与えてくれました。

　そして、OPIを通して会話授業のカリキュラム・デザインだけではなく、全ての技能に関して「言語を用いて何ができるか」つまり、プロフィ

シェンシーを重視した教育実践へと進むことが出来たのです。

【プロフィシェンシーを重視した教育を！！】

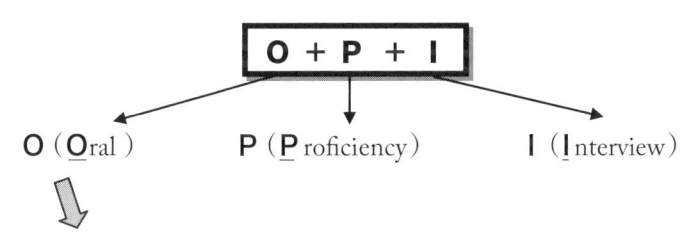

O ＋ P ＋ I

O（Oral）　　P（Proficiency）　　I（Interview）

「O」は話す能力。しかし、「聞く、読む、書く」にもプロフィシェンシーの考え方は重要です。

2　授業に活かすロールプレイ

2-0　読む前にちょっとひと言

　皆さんの中には、「OPIで教師力アップという考え方は分かったが、なぜロールプレイを取り上げることになるのか？」と疑問を持たれる方もいらっしゃることでしょう。また、こんな意見もあるかもしれません。

- ロールプレイがなぜ会話授業に役立つのか分からない
- ロールプレイで授業が活性化するとは聞いているが、どうしてよいか使い方が分からないので、まだ実際にやったことはない
- いつも授業でやっているが、学習者があまり関心を示さない

　『ロールプレイとシミュレーション』(凡人社)では「ロールプレイとは、学習者にとって**意味ある場面**で、ある人物になったつもりでどのように自分のゴールを達成したらよいかを**創造的に考え**、やりとりを**作り出していく**学習活動である」(p.12)と定義しています。
　ある文型を練習したのちに、A、Bという役割を与え、その文型を使ってロールプレイをし、運用能力をつけるという練習方法があります。しかし、ここでいうロールプレイとは、そのような「文型先行型」のロールプレイではありません。まずタスクが与えられ、それを遂行するために自分が持っている日本語力をフル回転し、創造的、主体的に取り組む「タスク先行型ロールプレイ」を指しています。
　「ロールプレイは、そもそも作りごと」という意見を聞くことがあります。確かに、実際の場面そのものではありません。しかし、実生活の中で遭

遇する場面を考えながら準備をし、自然な流れの中でロールプレイをすることで「しょせん架空のこと」という雰囲気は薄れます。教師次第で「ロールプレイを使った授業」が意義あるものにも、「練習のための練習」にもなってしまうのです。

　この章では、ロールプレイの作り方、授業のヒント、実際の授業展開例などを示していきます。これもまた、私がOPIから学んだ手法のひとつです。

2-1　タスク先行型ロールプレイ

　どのようにしたら、学習者がさまざまな場面で日本語を使って自分の言いたいことが表現でき、コミュニケーションをすることができるのでしょうか。ちょっと『みんなの日本語』(スリーエーネットワーク)の「凡例」を覗いてみましょう。練習Aは、文法的な構造の理解、練習Bはさまざまなドリル形式を使って基本文型の定着の強化を図ることを目的としています。そして、練習の応用編とも言うべき練習Cについては、次のように説明されています。

　　④練習　練習Cは文型が実際どのような場面、状況の中で、その機能を果たすかを学ぶ、発話力につなぐための短い会話ドリルである。単にリピートするだけでなく、モデル文の代入肢を変えたり、内容を膨らませたり、さらには場面を展開させたりする練習を試みてほしい。

　もちろんこのような地道なドリルも重要です。しかし、会話力アップのためには、もっと文型から自由になって、学習者が言いたいことを表現したくなるような方法を取り入れる必要があります。

　そういった方法に、ロールプレイ、インタビュー、ドラマ……などさまざまな方法があります。どれもいわゆるドリルとは違った創造性があり、自由に会話を作り出していく面白さがありますが、ここでは、特にロールプレイを授業に活かす方法を考えていきます。みなさんも、ロールプレイを極め、教師としての得意技のひとつにしてはいかがでしょう。

山内(2005: 124)はロールプレイの特徴を次のように述べています。

・教室内の発話者の数を最大にできる手段である
・教室外の場面を教室内に持ち込むことができる手段である

ロールプレイはペアやグループで実施するので、かなり大人数のクラスでも、学習者の発話チャンスは十分に確保できるというメリットがあります。よくクラスの学習者数が多くて、会話の授業が大変だという教師の声を耳にしますが、その困難点はロールプレイを取り入れることで、ある程度解決することもできます。

また、ロールプレイというと、ある文型を導入し、練習をしたあとでその文型の定着を目的として行われるロールプレイをイメージする方が多いのではないでしょうか。例えば、「〜たほうがいいです／〜ないほうがいいです」という文型を導入、練習したあと、次のようなロールプレイを課すことがあります。

> ルームメイトは、熱が高くてセキも出るのに、アルバイトに行くと言っています。今日はアルバイトをやめるようにアドバイスしてください。

文型導入　→　文型練習　→　応用練習　→　会話／ロールプレイ…
（〜たほうがいいです）

これは、既に使う文型が決められている「文型先行型ロールプレイ」です。これだけでは運用能力がつくとは思えません。ここで言うロールプレイとは、「タスク先行型ロールプレイ」です。現実の場面で日本語を使ってコミュニケーションが出来るようになるための練習です。教室内での練習ですが、それは教室外の場面を持ち込んでの練習であり、授業は教室外につながっているのです。

OPIではインタビューの終了前3分の1か4分の1あたりで、ロールプレイを行います。そのため、テスターはOPIで良いインタビューができるように

コミュニティー

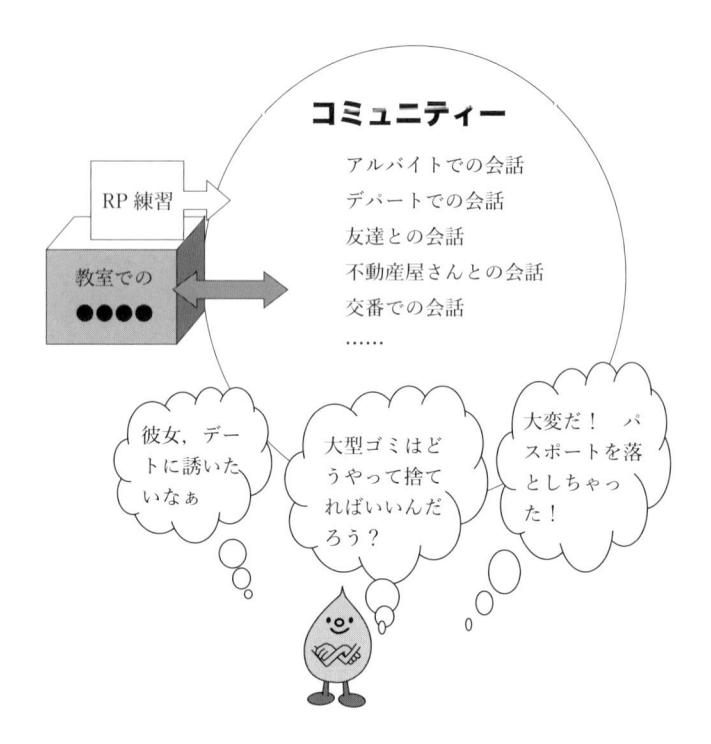

アルバイトでの会話
デパートでの会話
友達との会話
不動産屋さんとの会話
交番での会話
……

RP練習

教室での

彼女、デートに誘いたいなぁ

大型ゴミはどうやって捨てればいいんだろう？

大変だ！パスポートを落としちゃった！

と、既成のロールプレイカードをチェックしたり、自分自身でロールプレイカードを作成したりします。また被験者になったつもりでテスター同士で実際にロールプレイをやってみたりもします。この手法を会話授業にも活かすことが出来れば、ひと味違った会話授業が展開できること間違いなしです。皆さんもぜひ会話授業にロールプレイを取り入れてみてください。それではまず、授業でロールプレイを実施する際に必要な注意点をあげることにします。

■学習者が遭遇すると思われる場面・機能を選ぶこと

　OPIではテスターの役割について考える必要はありませんが、授業では学習者がペアになってやるわけですから、両者にとって遭遇する場面、役割である必要があります。例えば、「医者が患者に注意する」と言うロールプレイをA＝医者、B＝患者で行うとします。その場合、Aの医者役は学習

者にとってあり得ないことではありませんが、やはりロールとしてはBの患者役のほうがずっと意味があることになります。つまり、AもBも学習者が現実に出会う場面のロールプレイのほうが、より望ましいと言えます。

> ?
> 友達の自転車を借りて乗っていたら、おまわりさんに呼び止められました。何か疑われているようです。誤解を解いてください。

このロールプレイは、OPIの時にはテスターがお巡りさんになるのですから、問題はありません。しかし、学習者同士の場合にはわざわざ警官役を演じる必要はありません。できれば、AB両者とも学習者にとってあり得るものを考えたいものです。

■自然な形でロールプレイに入ること

ロールプレイカードを渡し、「このロールプレイをこれからやります。2人で1組になってください」と突然始めてしまうという方はいらっしゃいませんか？　これでは「はじめにロールプレイありき」で、不自然なものになってしまいます。「ロールプレイはわざとらしくて面白くない」という声を聞くことがありますが、これもそういう自然な流れを作ることなく、「はい、ロールプレイを始めましょう」と、カードを配るような授業をやっている先生やそのクラスの学習者から聞かれるセリフです。

OPIにもウォームアップがありましたが、やはりそれなりの「しかけ」が大切です。たとえばこんな導入はどうでしょう。

教師：ねえ、リンさん。トンカツ定食とカツどんと、どっちが好き。
リン：そりゃ、トンカツ定食ですよ。トンカツに濃いソースかけて、白いご飯と食べると、美味しいんですから。
教師：じゃあ、パクさんは？
パク：私は、絶対カツどんです。だって、あのたまごとカツとご飯が交じり合った感じが大好きなんです。ヨウさんは？

ヨウ：私もカツどん。あの一体感、何とも言えないですよね。
　　　　　　→（次々にクラスのメンバーに聞いていく。あるいは学習者同
　　　　　　　士で聞きあう）
　　　教師：私はトンカツ定食よね。やっぱり白いご飯とトンカツは別々に食
　　　　　　べたいから。ところで、ヨウさん。実はね、レストランでヨウさ
　　　　　　んは、大好きなカツどんを注文したのに、カツ定食がきてしまい
　　　　　　ました。さあ、ヨウさん、ウェイトレスに交渉してみてくださ
　　　　　　い。ウェイトレスは、レストランでバイトをしているパクさん、
　　　　　　お願いします。

こんな感じでロールプレイを始めると、学習者も自然にロールプレイの世界に入ることができます。最初のうち教師の質問を聞いて学習者は「あれっ？先生は何でこんなこと聞いているんだろう？」と思いながらも、インフォメーション・ギャップがあるやり取りに惹かれていきます。そこで突然先生からロールプレイ開始の指示が下ります。これにはヨウさんもパクさんもびっくりしますが、二人はとても楽しそうにロールプレイをしてくれました。見ているクラスメートも二人の会話を真剣に聞いていました。

■カードでヒントを与えないこと
　よくカードを持ったままロールプレイをさせている場合が見られます。ロールプレイカードはあくまで導入のためのツールであって、それを後生大事に持たせて練習したり、発表したりというのはあまり意味がありません。カードを見ることで語彙や表現のヒントを与えてしまうことにもなりかねません。また、ロールプレイがいつまでも「架空の世界」だという印象を与えてしまいます。中には、実際、書いてあるとおりに読んでしまうケースも見られます。

> 今週の土曜日、区の国際交流イベントがあります。去年も行ったので今年もぜひ行きたいです。ひとりではさびしいので、ともだちをさそってみてください。

これをカードを見ながらやると、「今週の土曜日……」とそのまま読んでしまい、まるで練習のための練習になってしまいます。時にはロールカードが語彙や文型を与えることにもなってしまうのです。

2-2　ロールプレイカードの選び方・作り方

　ロールプレイカードを授業のたびに作るのは大変です。そこで最初はいくつかの市販の教科書を参考にしてみるのも良いでしょう。ただし、それをただコピーして使うのでは、良い授業は望めません。やはりクラスのメンバーに合ったロールプレイカードを考える必要があります。OPIと同様、一つひとつが手作りロールプレイとなるように、カードもそれぞれのクラスで工夫することが重要です。「現場主義」という言葉がありますが、どんな教科書や教材も、その教育現場に合ったものに作り変え、デザインし直してこそ意味があります。安易に「既存の教材をそのまま使う」ことをやめるだけで、授業はぐっと楽しく魅力的なものに変身します。

> 　<u>学校に</u>　<u>かばん</u>を忘れたようです。<u>クラスメイト</u>のリンさんがまだ<u>学校</u>にいるはずです。電話をして探してもらってください。
> 　　　　　『ロールプレイ玉手箱(仮題)』(ひつじ書房　2008年発行予定)

このようなロールプレイカードがあったとします。これを授業で使う時に、そのまま使うのではなく、下線の部分は変えて使います。

　　学校　　　　　→　レストフン、中野ゼロホール、自宅……
　　カバン　　　　→　上着、携帯電話……
　　クラスメイト　→　ルームメイト、先輩、先生、妹、母……

　カードの単語を少し変えることで、より身近なものになったり、自然なものになります。例えば、ただ「学校」と提示されているところを、先週卒業

式を行った「中野ゼロホール」とすると、とたんに身近な感じが出てきます。また、「携帯電話」をなくして困った経験がある場合には、忘れた物を「携帯電話」にしたほうがよりリアルなものになるでしょう。さらに、相手を変えることで、話し方がくだけた言い方、改まった言い方、敬語を使わなければならない、など難易度が違ってきます。こんなふうに、ロールプレイカードは、ちょっとした工夫でいくらでも、効果的な使い方が出来るのです。

> あなたは、電車をおりました。でも電車のなかにかばんをわすれてしまいました。駅の人に話してください。
> 　　　　　　　　　　　　　（日本語 OPI 研究会作成カード　1-05）

　これは OPI で使用されるロールプレイカードの中級レベルのものですが、これをやる時にも「はい、それでは次にロールプレイをやります。このカードを……」というのではなく、テスターはその前に少しウォーミングアップをしておきます。「△△さん、そのカバン、いいですね。どこで買いましたか」などと少し話をしてからロールプレイに入ると、イメージしやすく、設定も流れも自然なものとなります。
　自分でカードを作る場合には、2-1であげた注意事項を念頭において始めてください。ひとつ良い方法をお話ししましょう。
　「ロールプレイカードは、教師が準備をして授業に臨むモノ」という思い込みはないでしょうか。実は、何のためにロールプレイをやるのかを考えると、次のようなことに気づきます。

　　　♪♪　　そうか！　学習者自身が遭遇する場面を考えながら、
　　　　　　学習者自身が作ればいいんだ！　♪♪

というわけで、私が勤務するイーストウエスト日本語学校では、中級以降の学習者200人にひとり2つずつロールプレイを作ってもらったことがあります。実に面白いロールプレイがたくさん現れました。とても教師では思いつ

かないものもありました。

学習者作1：
学校の寮は他の学校の寮と比べていろいろな条件が悪いです。
校長先生に改善できないかお願いをしてください。

学習者作2：
原宿のある有名な美容院でパーマをかけてみたいです。でも、受付の人は外国人だと分かったから、「日本人と髪が違うのでできない」と断りました。せっかく日本に来たので何とかやってほしいと思っています。うまく頼んでください

学習者作3：
区役所で外国人登録証を作りましたが、私の名前の漢字が違います。係りの人に直してもらってください。

学習者作4：
自転車を買って家に帰る途中、警察官に外国人登録証を出せと言われて、いろいろ質問されました。

学習者作5：
社長から仕事のミスが多いと聞いていると注意されました。他のスタッフが話したようです。店長にそれは誤解で、きちんと仕事をしていることを話して、誤解を解いてください。

教師ではなかなか考えつかないようなロールプレイがたくさん出てきました。教師はこれらのロールプレイカードを見て、留学生の日本生活が垣間見

えたと感想を述べていました。

　しかし、これをそのまま教室活動としてロールプレイをするわけにはいきません。それは、学習者が校長先生、市役所職員、警官役などを練習する必要性はあまり高くないからです。ここからまたいろいろ工夫していくと、効果的なカードが生まれます。

　では、『ロールプレイ玉手箱(仮題)』(ひつじ書房　2008年発行予定)「断る」という機能を取り上げてロールプレイカードの作り方のコツについてお話ししたいと思います。

　一口に「断りのロールプレイ」と言っても、場面や相手との関係によって難しさは異なります。『ロールプレイ玉手箱』では、3つのレベルに分けてロールプレイを提示しています。

★　　断りの表現が使えるようになる

★★　　断りにくいものも相手に失礼にならないように断ることができる

★★★　　相手の好意を、相手を傷つけずに断ることができる

★　断りの表現が使えるようになる
ロールプレイ1　〈友だちの誘いを断る〉

> 授業が終わり、友だちのBさんにお茶を誘われました。今日は行きたくありません。Bさんに話をしてください。

⇩

> さらにレベルを上げるために：
> 友だちのBさん　→　先輩のBさん

ロールプレイ2 〈事情を説明して友達に断りを入れる〉

> 今日、クラスの飲み会があるそうです。参加の返事をしていましたが、急な用事で休まなければなりません。幹事をしているクラスメートのBさんに話をしてください。
>
> ※クラスの飲み会　→アルバイト先の飲み会

⇩

> さらにレベルを上げるために：
> クラスメートのBさん　→　先輩のBさん

ロールプレイ3 〈友だちの頼みを断る〉

> 先週、授業を休んだ友達のBさんに、授業のノートを貸してほしいと頼まれましたが、貸したくありません。迷っています。断ってください。

　「★」のレベルで3つのロールプレイをご紹介しました。それぞれのロールプレイは、相手を変えることでその難易度が変わってきます。また、3つのロールプレイは、同じ「★」のレベルでも、少しずつ難しくなっています。
　ロールプレイ1は「ただ誘いを断る」、ロールプレイ2は「事情を説明して断る」、そしてロールプレイ3では「やりもらい」が入ってくるので、さらに難易度は高くなってきます。
　それでは、次に「★★」「★★★」のレベルのロールプレイの例を見てみましょう。

★★　断りにくいものを相手に失礼にならないように断ることができる
ロールプレイ6〈事情を説明して、断りにくい友だちの誘いを断る＋代案を示す〉

> 来週友だちのBさんは帰国するそうです。放課後、そのBさんに「今週土曜日、思い出に、何人かでお台場に行こうと思っているんだけど一緒に行かないか」と誘われました。でも、その日には大切な約束があります。うまくBさんと話をしてください。

⇩

> さらにレベルを上げるために：
> 友だちのBさん　→　いろいろお世話になった先輩のBさん

★★★　相手の好意を、相手を傷つけないように断ることができる
ロールプレイ9〈相手の好意を、相手を傷つけずに断ることができる〉

> クラスメートのBさんに、今度の土曜日、国の料理を作るから遊びに来てほしいと言われました。以前から約束はしていたのですが、その日はどうしても行けません。ていねいに断ってください。

⇩

> さらにレベルを上げるために：
> クラスメートのBさん　→　いろいろお世話になった先輩のBさん

「断る」という機能で、学習者が遭遇するであろう場面を考え、また難易度を考えながら11のロールプレイカードを作りました。皆さんもいろいろな機能のロールプレイカードを作ってみてください。

2-3 ロールプレイ活用の 10 のヒント

　ロールプレイカード選び、作成が終わったら、次は「ロールプレイを使ってどう授業を展開するか」が課題です。よく行われているのが、ロールプレイカードを出して「それでは、これからロールプレイをします。今日のカードはこれです」と始めるスタイルです。そうなると、「ロールプレイを使って練習をする(ド手をすると「させられる」)」ということになってしまいます。もう一度 2-1 を思い出してください。ここでは「10 の授業のヒント」を紹介し、具体的な授業展開例は次節で説明します。

2-3-1　イラストの活用

　「カツどんとカツ定食とどっちが好き？」と聞きながら話を進め、突然「実はね……」と、注文と違った場面を提示する方法などをご紹介しました。
　次に、イラストを使った効果的なロールプレイの導入法を考えてみましょう。「断る」という機能を学んでもらいたい時には、以下のような 2 つのイラストを用意しています。
　街角でアンケートを頼まれることが時々あるのではないでしょうか。
　「うまく断るにはどうしたらいいのだろう？」と、街頭アンケートに慣れていない留学生は戸惑うことがあります。

1.【街角で】

　次はおいしそうなケーキが並ぶお店の前で、「買って帰ろう」という友達に、

ダイエット中だから何とか断ろうとしているシーンです。

2.【ケーキ屋で】

　このように、ちょっとしたイラストを提示し、それから授業に入るのもひとつの方法です。学校で共有財産としてそれぞれが作成したイラストをプールしておき、適時使用する形を取ると、学校全体での「協働」が進み、とても大きな効果が生まれます。そこでは、「私のクラスではこんな質問が出た」「いや、とんでもない方向に進んでいったんだけど、それがまた良かった」などと意見交換も活発に行われています。『ロールプレイ玉手箱』では、こういったイラストもふんだんに活用しています。

2-3-2　4コマ漫画の活用

　最近4コマ漫画が日本語の授業でも使われるようになってきました。これをロールプレイの授業にも活用していきたいと考えています。イーストウエスト日本語学校では、2005年度より「ロールプレイで楽しい会話授業」というテーマで「ロールプレイ研究班」が活動しています。研究班で作成した資料集は学内全員でシェアをし、ロールプレイカードや資料を授業で使った教師は必ず学内に備え付けられている「フィードバック・シート」に記入することになっています。こうして使用した教師の意見を反映させながら、教材のバージョンアップを図っているのです。

　研究班ではひとつの方法として「4コマ漫画の活用法」を提案しました。たとえば以下の「サザエさん」の漫画を使った授業をご紹介しましょう。

2 授業に活かすロールプレイ　95

　まず漫画を見て話をしてもらいます。次に、2コマ目では「この2人はどのような会話をするだろうか」という問いかけがあります。次の3コマ目は謝罪の場面です。どのような会話となるのか、これも良いロールプレイの題材です。そして最後に「ガラスを割ってもらったおかげでガス中毒で死なずに済んだ」ということから、クラスのレベルによってさまざまな展開が考えられます。

『サザエさん』12巻　(p.6　朝日新聞社)

2-3-3　初級の絵カードの多目的活用

　初級で使う「絵カード」の活用にも触れておきたいと思います。次に示すのは『新日本語の基礎　2』(スリーエーネットワーク)の37課の「しかります」という絵カード(V83)です。これを「しかります」という動詞の導入や文型「受け身」のためにだけ使うのではあまりにはもったいないと思いませ

『新日本語の基礎2』V83の絵カード

んか？「これは○○のための絵カード」という固定観念を捨て、「何でも使ってやろう」という精神が大切です。
　この「絵カード」は先生が生徒をしかっている場面ですが、人物設定、場面設定を少しずつ変化させてさまざまな謝罪のロールプレイとして使うことが可能です。そういった目で初級絵カードを見直してみると、たくさんの新しいリソースが生まれてくることでしょう。

2-3-4　ラジオ放送からロールプレイへ
　ラジオの「コンサートのお知らせ」を録音しておき、それをまず授業で聞いてみます。それから「友だちを誘うというロールプレイ」を実施するという授業展開も考えられます。

①ラジオ放送を聞く
　インフォメーション・ギャップを利用するため、クラスを2つに分け、Aのグループのみラジオ放送を聞く形を取る。Aグループは、この放送を聞きながら、メモを取る。その間、放送を聞くことが出来ないBグループは、

2 授業に活かすロールプレイ　97

ペアになって他の作業をする。(たとえば、ペアになって30秒スピーチ／ショー・エンド・テル等。放送は1分強であるから、ペアのうちひとりが実施することになる)。ラジオ放送は繰り返さないこと。実際の放送は録音でもしておかないかぎり、同じ放送を何度も聞くことはできない。その「消えてしまう音声言語」の聞き取りの難しさを体得してもらう。

【ラジオ放送】
　それでは、ここで「やすらぎコンサート」のお知らせです。
5月13日の母の日に中野区では「やすらぎコンサート」を行います。みなさまと心やすらぐ温かなひと時を過ごしたいと、中野区が企画したコンサートです。
世界と日本の、母を想う数々の名曲を、歌とお琴とピアノのアンサンブルでお楽しみください。
場所は、中野ゼロホール。出演は東中野にある明大中野合唱部の皆さんです。近隣の3つの日本語学校で学ぶ留学生の皆さんによる特別出演も企画されています。皆さまおそろいでお出かけください。
もう一度繰り返します。コンサートは5月13日日曜日、午後2時から4時まで、場所は中野ゼロホールです。チケットは、大人子供ともに2000円。ただし日本語学校に通う留学生の皆さんは、1000円となっています。

---

②ロールプレイ実施

　放送を聴いたAさんがBさんを誘う。それにBさんが答える形でロールプレイを進めていく。

　ABのロールプレイカードが用意されていないため、Bさんはこれからどういうことを A さんから言われるのか全く分かりません。これまでも AB 用のロールプレイカードを用意して、それをお互いに見せないという工夫はよくされています。しかし、ここではBには一切何も知らされていません。Aの問いかけに答え、そこから2人で話を進めていくことになりま

す。このようなインフォメーション・ギャップがロールプレイにも、会話授業にも重要な要素なのだと思います。

2-3-5　2つのボールでロールプレイ

　もう一歩進んだ形での「インフォメーション・ギャップを利用したロールプレイ授業」も考えられます。ちょっとした工夫で会話授業は生き生きしてきます。このヒント5には「思い切ったインフォメーション・ギャップ」があります。

　クラスの学習者を2つのグループに分け、それぞれのグループに全く違う2種類のロールプレイカードを渡します。そして、Iグループは「電話をかけて相手を誘う」、IIグループは「電話をかけて相手に依頼する」というロールプレイに入ります。AさんとBさんはそれぞれ異なる目的を持って電話で話をすることになります。また、このロールプレイにはハプニング性のある「続編」も用意されていますので、お楽しみに！

① 　学習者を2つのグループに分け、それぞれにロールプレイカードを配布する(他のグループのロールカードの内容は教えないようにする)。

Iグループに渡されたロールプレイカード(Aさん用)

今週の土曜日、大好きなアーティストのコンサートがあります。チケットが2枚やっと手に入りました。仲のよい友だちのBさんと一緒に行こうと思っています。Bさんを誘ってください。

IIグループに渡されたロールプレイカード(Bさん用)

国のお母さんが急に入院することになりました。とても心配なので、今週の金曜日の授業が終わってから、国に帰ってお母さんの様子を見ようと思っています。日曜日のアルバイトを、仲の良いAさんに代わってほしいと頼んでください。

2 授業に活かすロールプレイ 99

ここで2人は電話をかけ合うが、お互いに「誘う」「依頼する」という異なる状況での目的がある。

学習者同士の会話例前半のみ

> Ａ：もしもし。Ａだけど……。
> Ｂ：あっ、Ａちゃん。今、電話しようと思っていたところ。
> Ａ：えっ？そうなんだ。実はね、WaTのコンサートのチケット、手に入ったんだ。
> Ｂ：へえ……。
> Ａ：ねえ、一緒に行かない？　一緒に行こうと思って、ペアのチケット買ったんだ。今度の土曜日。Ｂちゃん、バイトないでしょ。
> Ｂ：うん。あのう……。
> Ａ：あれ？　どうしたの？　何かあったの？
> Ｂ：うん。実はね……。国の母が入院するんだ。
> Ａ：えっ！　お母さんが？
> Ｂ：うん。さっき連絡があってね。今朝気分が悪いって……。
> 　　　　　　　　　　　　　　　　　　　　→【続く】

このように会話は進み、結局、
　○ＡさんはＢさんをコンサートに誘うのを諦める
　○ＢさんはＡさんにバイトを代わってもらう(土曜日のコンサートは夜、バイトは午前中だったのでOK)」ということで、この会話は終了する。
　②2時間後母から連絡があり、事態が変わる。

> Ｂさんが金曜日に帰国する準備をしていたら、お母さんから電話があり、「病院で再検査をした結果、心配ない」という連絡が入る。
> Ｂさんはお母さんの元気そうな声を聞き、帰国予定を取りやめる。

そこで、BさんはAさんに急ぎ電話をし、「コンサートに一緒に行きたい」と伝える。

【Bさん用のカード】

> Aさんに電話をして事情を話し、WaTのコンサートに一緒に行きたいと伝えてください。

　生きたコミュニケーションとは、固定的なものではなく、話し手と聞き手で作り上げていくものです。練習をする際にも、ただ「こなしていく」のではなく、変化に富んだ、内容のあるものにすることが大切です。そういった意味ではインフォメーション・ギャップだけではなく、ハプニング性を利用することで、ロールプレイ学習がより一層おもしろいものになります。皆さんも、「インフォメーション・ギャップ」「ハプニング」という2つのボールを使ったロールプレイを試してみてください。

2-3-6　3人で作り上げるロールプレイ

　先ほどの「2つのボールでロールプレイ」をもう一ひねりしたロールプレイを考えてみたいと思います。同じ大学に通う3人の学生の間のロールプレイです。1対1の場合は、相手にだけ気をつかえばすみますが、1対2の場合には、2人の関係や、自分と対する2人との関係にも気を配りながら進めなければなりません。そこに、自分の利害が絡む場合は、会話はなお複雑になります。それでは、次の事例を見てください。

◎Aさん宅を入学予定のCさんが訪れる。
　　　↓
　（Cさんは、留学生センターの先生からの紹介で、Aさんを訪ねた）
　　　↓
　AさんとCさんが話しているところに、Aさんのクラブの後輩のBさんが来る。

↓

Aさんは、Bさんに電気製品をあげる予定にしていたので、Cさんの訪問に戸惑っている。

　　↓

そこで、3人で話し合いを始め、最も良い方法を考える。

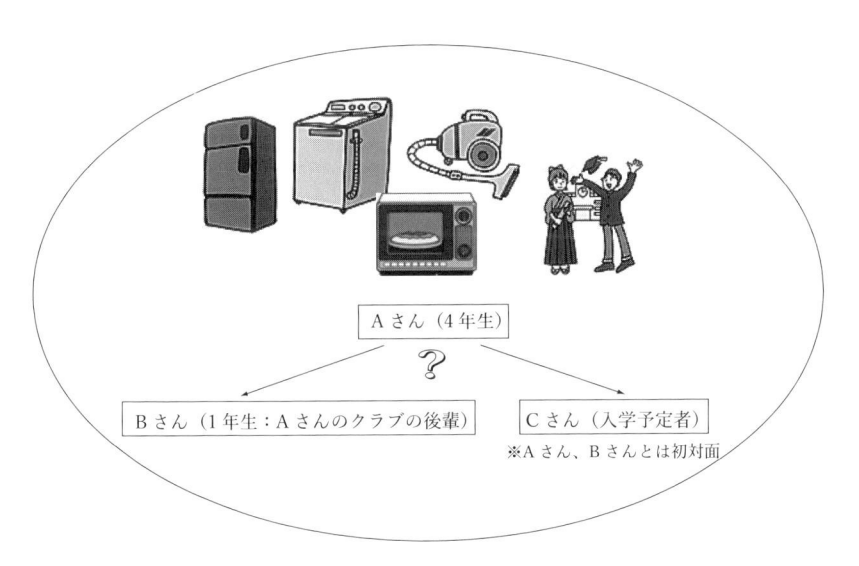

```
Aさん（4年生）
    ？
Bさん（1年生：Aさんのクラブの後輩）　　Cさん（入学予定者）
　　　　　　　　　　　　　　　　　　　※Aさん、Bさんとは初対面
```

<u>Aさん</u>＝後輩に電気製品をあげる約束をしている（大学4年生で卒業間近）。

　22歳の留学生です。もうすぐ大学を卒業して国に帰ることになっています。日本は物価が高いので、洗濯機や、掃除機、冷蔵庫、レンジなど、電気製品は先輩からもらって、それを使いました。まだそんなに古くないので卒業したあとは、前からほしがっていた後輩にあげると約束しています。その後輩は今度の日曜日に、これらの電気製品を取りに来ることになっています。

Bさん＝先輩から電気製品をもらえるのを楽しみにしている。しかし……。

> クラブの先輩のAさんが卒業して国に帰ることになりました。送別会の席で、これまで使っていた電気製品をすべてあげると言われ、約束の日にAさんの家に行きました。

Cさん＝先生から情報をもらって、電気製品をもらうためにAさんの家を訪問する。

> 国で1年間日本語を勉強し、大学で学ぶために日本に来ました。日本で生活するのは初めてなので、冷蔵庫や、掃除機などを買わなければなりません。またひとり暮らしなので電子レンジがほしいと思っています。
> 留学生担当の先生から、国は違うけれど、同じ寮に卒業間近な学生がいるので、電気製品など、高いものは譲ってもらったらどうかというアドバイスをもらいました。そこで、その先輩のところに行きました。

グループによってさまざまな展開がありました。

- 約束済みだからと、Cさんに断ってしまうケース
- CさんがBさんに優先権を渡して、分け合うケース
- Cさんはとりあえず引き上げ、BさんとAさんで話し合ったあとで決めるケース

3人という少し複雑な状況でのロールプレイだったために、依頼、アドバイス、交渉などさまざまなロールプレイが展開されました。アドバイスも、「その場でどうするか」だけではなく、「リサイクルセンター活用法」などにも話が発展していったグループも見られました。このロールプレイには、見も知らぬCさんが訪れてきたことにAさんは驚き、また、Bさんも見知ら

ぬ先客に驚くという意外性があり、学習者はその意外性を愉しみながら、それぞれ話を展開していくところに、このロールプレイの面白さがあると言えます。

2-3-7　ロールプレイからディスカッションへ

ロールプレイをしたあとで、ディスカッションにもっていくことも出来ます。例えば、先ほど紹介した「断る」のロールプレイ9を実施した後で、次のように展開することもできます。

①ロールプレイ9（★★★）〈友だちの好意に対して、傷つけないように断る〉

> クラスメートのBさんに、今度の土曜日、国の料理を作るから遊びに来てほしいと言われました。以前から約束はしていたのですが、その日はどうしても行けません。ていねいに断ってください。

実際にロールプレイをやった結果、あるペアでは「パターン①」のようなやり取りが行われました。それについて学習者同士で話し合いをしてみました。

・どんな印象を持ったか。
・今回はだめだったが、またBさんを誘いたいと思わせるような会話にするにはどうしたらいいか。
・自分たちはどういう展開だったか。

【パターン①】
> B：ねえ、Aさん、今度の土曜日、暇？
> A：えっ、どうしたの。
> B：実は、私の国の料理を作ろうと思うんだけど、来ない？　何人かに声をかけようかと思ってるんだけど。

> A：うわっ、ごめん。その日は朝からバイトなんだ。(断り)
> B：えっ、そうなの。せっかく、おいしい料理、作ろうと思ったんだけどな。
> A：悪い。また誘って。

ペアでの話し合い、クラス全体での話し合いを経て、「パターン②」のような会話例が生まれました。

【パターン②】

> B：ねえ、Aさん、今度の土曜日、暇？
> A：えっ、どうしたの。
> B：その日ね、私の国の料理を作ろうとおもうんだけど、来ない？何人かに声をかけようと思ってるんだけど。
> A：えっ、そうなの。残念。せっかくなんだけどその日はちょっと。(断り)実はバイトなんだ。(事情説明)でも、何作るつもりだったの？
> B：ほら、前から私の国のプルコギって料理食べたいって言ってたじゃない。
> A：うん、えっ、それも作るの？
> B：そう。あと、キムチチゲとか。
> A：わ、すごい。で、誰誘うの？
> B：まだ声はかけてないんだけど、同じクラスのCさんとかDさんとか誘おうかなって思っているんだけど。
> A：そっか。いいな。もう少し前にわかっていたら、代わってもらったんだけど。(クッション)その日ちょうど、アルバイトの数が足りなくて。本当にごめん。 せっかく誘ってもらったのに。(謝罪＋クッション)
> B：でも、しょうがないよね。また作るから。

> A：わっ、ありがとう。その時また誘って。今度は絶対行くから。
> 　（クッション）
> B：わかった。

ここで「クッション」という言葉が使われていますが、これは人と人との関わりにおいてクッションの役割を果たす表現を意味します。清(2006: 76)はクッション表現について次のように述べています。

> クッションの役割を果たすので「クッション表現」と名づけたものとして、相手への配慮を表す「おかげさまで」「お世話になります／なっています」「今後ともよろしくお願いします」などが挙げられます。これらは、実際に相手から恩恵を受けていなくても、受けているものとして相手に交わす挨拶のため、外国人にはなかなか使いこなせない表現です。

2-3-8　学生の質問からロールプレイへ

> アン：先生、質問があるんですけど。昨日、バイト先で注文間違えちゃったんですよ。いくら謝っても許してくれないんですよ。それで、「店長呼べ」って言われて、店長が来て終わりましたけど。
> 教師：そう。じゃあ、ちょっとそれやってみよう。私がお客さんになるから。

というように、学習者から出た質問に対して「日本ではねえ……」などと教師が答えるのではなく、その場でどんな様子だったのかをロールプレイでやってみるのもひとつの方法です。アンさんにとって知りたい気持ちは強く、他のクラスメートも、「アンさんはどんなふうに応対したんだろう？」と興味津々です。

> 客：ねえ、私が頼んだのは「天どん」なんだけど。これ、「カツどん」でしょ。
> アン：あの、ご注文は「カツどん」になってますけど。
> 客：はっきり「天どん」って言いましたよ。
> アン：あ、そうですか。すいません。今から取替えます。
> 客：もう30分も待ったんですよ。もう時間なんてないですよ。何とかしてください。
> アン：いえ、すぐ作りますから。すいません。
> 客：<u>ちょっと店長、呼んできて。</u>
> アン：すいません。少々お待ちください。

ここで、なぜお客さんは「店長を呼んできて」と言ったのかをみんなで話し合います。また、「すいません」というアンさんの表現についても活発な議論が交わされました。

- すみません
- 申し訳ありません
- 申し訳ございません

ここでは「申し訳ございません」を選択すべきところですが、アンさんは最後まで「すみません」で通していました。そしてもうひとつ大切な点がお辞儀の仕方でした。お辞儀の習慣のない国から来たアンさんは、ほとんど頭を下げずに言葉だけで「すいません」と言っていたのです。そこで、「語先後礼」というマナーについてクラス全体で考えてみました。相手の目をしっかり見て、「本当に申し訳ございませんでした」と謝罪してから、深々と頭を下げる。これを [語先後礼] と言います。「同時礼」ならともかくアンさんには思いもよらぬことでした。このロールプレイはアンさんをはじめクラスメートの頭にしっかりと入り込みました。

次に、アンさんの代わりに他の学習者2人を代表選手として、もう1度

ロールプレイをしてもらいます。そして、最後に教師がアンさん役、学習者がお客さんになり、もう1度ロールプレイを行います。アンさんの質問から、ロールプレイをし、そこから出てきた表現について学びます。そのあとは、お辞儀文化、日本文化についての話し合いです。

このように学習者のちょっとした質問からロールプレイを活用し、メリハリのある授業展開が可能となるのです。

2-3-9　絵コンテからロールプレイへ

10枚の絵コンテをバラバラにしてくばります。その中から好きな絵コンテを6枚選び、紙に貼り付けてストーリーを作ります。これはストーリーを作っていく「絵コンテ劇場」という活動です。

この「絵コンテ劇場」の面白さは、同じ10枚の素材を使いながら、そこから学習者一人ひとり違ったものを作り上げていくところにあります。そこには、インフォメーション・ギャップがあり、新しい発見が生まれます。

20人いれば、20通りのストーリーが出来上がります。選ぶ絵も違えば、使い方(絵コンテの順番)も違うのですから、とても個性的なものが出来上がります。一枚の絵コンテの解釈もさまざまです。

ここで、⑨の絵からスタートした3つの例の「出だし部分」をご紹介しましょう。

Aさん：　「ママ、生きるってどういうこと？」
　　　　　「それは、自分で考えることなのよ。」
　　　　　「そうかあ……」

Bさん：　「太郎、あなたはね、実はうちの子じゃないのよ。」
　　　　　「えっ？　ママ、どうしてそれを言ってくれなかったの？」
　　　　　「それはね、おばあちゃんに聞いてごらん。」

Cさん：⑨「ねえ、テル君。カレー作ってるんだけど、たまねぎないの。買ってきてくれない？」

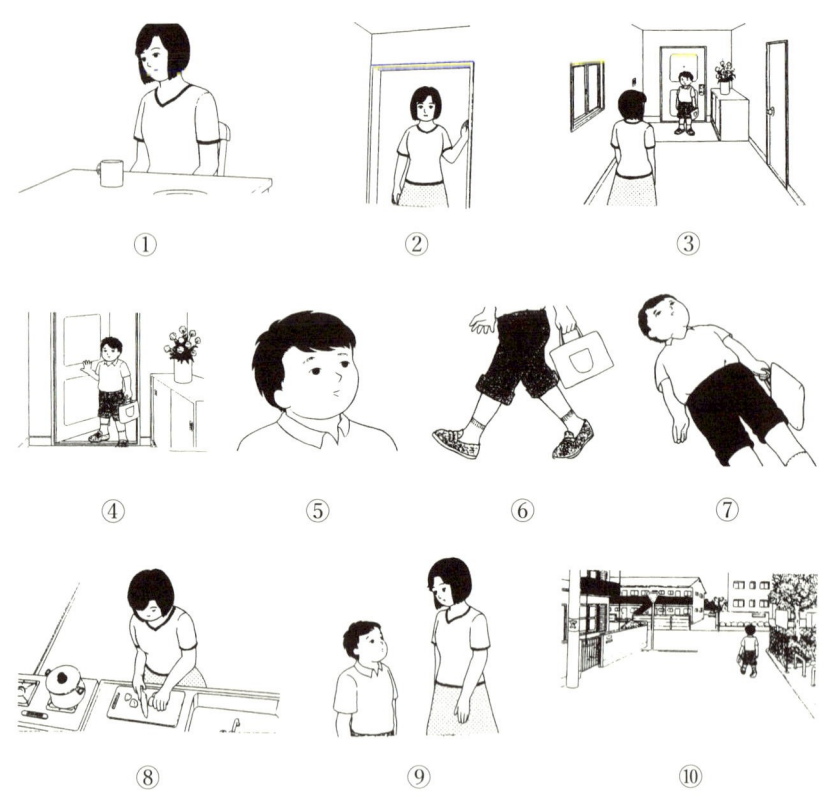

中村純子「映像文法入門」『メディア・リテラシーを育てる国語の授業』pp.169–181

　この絵コンテの授業は、ストーリー作成だけでも十分に楽しい授業になりますが、そこからロールプレイ授業にもっていくこともできます。ストーリーによって、「謝罪」「許可」「依頼」というように、その文脈・場面にあったロールプレイにつなげるわけです。
　同じような絵コンテを今度は友だち同士で作ってみると、違う文脈・場面を生み出すことができるでしょう。イーストウエスト日本語学校では、次のように新たに絵コンテを作成し、使用してみました。ストーリー作りが始まり、「面接試験」「恋愛」「大学受験」などのテーマでストーリーを展開し、「ア

ドバイス」のロールプレイを始めたペアもありました。

　しかし、「女性2人」の絵コンテは、テーマに多様性はあったものの、限られたストーリー展開に終わりました。それはなぜだと思いますか？　ここで、ちょっと「男の子と女性の絵コンテ」と、「女性2人の絵コンテ」を比較してみてください。女性2人は、とても楽しそうな表情で描かれていますが、「男の子と女性」の表情のほうはどうにでも取れるような表情で描かれています。ですから、受け取る側が自由にストーリーを展開していくことができるのです。小道具のこんなちょっとした違いからも、授業展開に大きな違いが出てきます。

2-3-10　流れの中のロールプレイ

　さまざまな形での「書く・話す」の技能を統合した形でのロールプレイ実践も可能です。次の例を見てください。

◆教授にメモを残す。

あなたは大学4年生です。今日は、卒業論文を担当教官に出す日です。約束の時間に担当の教授の研究室に来ましたが、教授は留守です。30分待ちましたが、教授は戻ってきません。仕方がないので、メモを残して家に帰ることにしました。

どんなメモを置いて帰りますか。　　→「メモを書く」

◆自分のミスに気づく。それを修復するために行動する。

家に帰って手帳を見て、驚きました。実は、約束の時間を間違っていたのは自分自身でした。約束は「今日午後1時」でしたが、研究室に行ったのは「午後3時50分」でした。

　　→「ロールプレイ」をする

ロールプレイ1－A
急いで教授にお詫びの電話をかけてください。

※教授は、すぐに受け入れるのではなく厳しく注意し、再度約束をしてください。

ロールプレイ1－B
急いで教授にお詫びの電話をかけてください。

※教授は留守でした。留守電にメッセージを残してください。

ロールプレイ1－C
急いで教授にお詫びの電話をかけてください。

※奥さんが出ました。メッセージを残してください。

ロールプレイ2
このことを、親しいサークル仲間に伝えてください。

この展開のポイントは、次の3点にあります。
- 実際の生活を考え、「流れ」の中でロールプレイを考える。その場面だけを切り出したようなロールプレイでないものを考える。
- 相手との関係性を重視したロールプレイを行う。
- 技能の統合を考えたロールプレイを行う。

2-4　ロールプレイを生かした10の授業展開例

　2-3では、ロールプレイを実施する際のちょっとしたヒントについてお話しました。「始めにロールプレイありき」といった考えや、既成のロールプレイカードをただ使うのではなく、さまざまなアプローチがあることがお分かりいただけたと思います。

　次に、10人の現場の教師の授業展開例をご紹介しましょう。ロールプレイ学習を進める上での何かの役に立てていただければと思います。また、これは全てイーストウエスト日本語学校で行われた事例です。どうぞご意見やご質問をお寄せください。講演やワークショップの場合には、直接のやり取りができますが、書物となるとそうはいきません。しかし、書物でも何らかの双方向の発信受信ができないものかと考えました。その結果、考えついたのが、この「現場教師の授業展開例」の提示でした。本書がきっかけとなって、また新しい研究会や勉強会が生まれることになれば、こんな嬉しいことはありません（嶋田アドレス：kazushimada@acras.jp）。

２４１　学習者から「出てきたもの」を活用した授業展開（西部由佳）
■取り上げた理由
　いつもこのクラスはロールプレイ授業で非常に盛り上がります。それは、十分な準備をして授業に臨むものの、その場で学習者から出てきた発話を大切にして、授業を進めていくことに理由があると思います。変化に富んだロールプレイ授業展開例として取り上げました。

■実施者による授業報告
1. イラストを提示して話し合いをする(許可求めの場面)
　①学習者にイラスト1の場面説明を求める
　②みんなでイラストのふき出しを考える
　　　「ここ空いてますか」「ここ、いいですか」
　　　「座ってもいいですか」等
　③「〜てもいいですか」等の表現を板書する
　④イラスト2(バイトを休む)についても同様
　　　「〜ので、〜てもいいですか」
　⑤簡単な許可求めの場面をいろいろ提示して、その場で言ってもらう。
　　　駅のトイレを借りたい
　　　映画館に忘れ物をしてきた

2. ロールプレイカードを配布し、ペアでやってみる
　(場合によってはロールカードの内容変更・それぞれペアでABのロールをどちらがするか等ロールプレイ実施に関して学習者で決めていく)

　　①「許可を求める」に関する『ロールプレイ玉手箱』のロールプレイカードの中から、「ロールカード2★」を選択し、このクラス用に下線の部分を『ダビンチコード』と変えておく。

【授業で実施ロールプレイ①】

　　R2　★　〈友だちに借りる許可をもらう〉
　　最近話題の小説を友だちのBさんが持っていると聞きました。
　　借りて読みたいです。放課後、Bさんに話してください。

　　　　　　　　　　↓

　　あなたが読みたかった「ダビンチコード」の本を、友だちのBさんが持っていると聞きました。借りて読みたいです。
　　Bさんに話してみてください。

参考:「許可を求める」

★	簡単な許可を得ることができる
★★	相手が迷っていたり、言いにくいことについて、何とか許可をもらうことができる。
★★★	相手の迷惑を考えながら許可を求めることができる。

②ロールプレイカードを配る直前学習者に「今一番何を借りたいか」と質問をしたところ、[『デスノート』のDVD]という答えが返ってきた。そこで、『ダビンチコード』を『デスノート』に変更する。

> あなたが読みたかった『ダビンチコード』の本を、友達のBさんが持っていると聞きました。借りて読みたいです。
> Bさんに話してみてください。

　　　　　　　　　　　『デスノート』に変える

3. その場でペアを指名し、2組ロールプレイをやってもらう。終了後、フィードバックを行う。
　　（よくクラス全員が前に出て発表しているケースがあるが、その必要はない。何のために前に出てやるかを考えること!）

　　　　　　　　　　　⬇

たとえばこんな小さなハプニングが起こった。

【ケース1】

> A:Bさん、『デスノート』持っているって聞きましたが。
> B:はい、持っていますよ。
> A:あの、ちょっと読みたいんで、借りてもいいですか。
> B:いいですよ。
> A:明日借りてもいいですか。
> 　　　　　　（省略）

終了後、「これは誰と誰の会話だと思いましたか」と質問をする。
　　　　答え：お互いにあまりよく知らない人同士の会話
　　　　　　　　↓
　　　「親しい友達同士の会話にしてみてください」

【ケース2】

> A：ねえ、Bさん。『デスノート』のDVD持ってるって聞いたんだけど。
> B：持ってるよ。
> A：すっごく見たいんだけど、借りてもいい？
> B：えっ、だめだよ。
> A：えっ、どうして？
> B：だって、Cさんに貸す約束したから。
> A：じゃあ、いいよ。

クラス全体で「この状況でどうやったら借りることができるか」について話し合い、案を出してもらう。
　　案：「じゃあ、次に借りてもいい」
　　　　「Cさんが終わったら、貸して」

4. ロールプレイの難易度を上げ、再度実施する。
　終了後、フィードバックを行う。
　　　　友達にDVDを借りる
　　　　　　　　↓
　　　　先生に教科書のCDを借りる
　　　　※教師と学生とのロールプレイなので、前置き表現や敬語の使い方にポイントを置く

　　　　表現：今、よろしいですか。

今、ちょっといいですか。
教科書のCD、お借りしてもいいですか。
借りたいんですが、よろしいですか。
貸していただいてもよろしいでしょうか。など

5. 関連したロールプレイを実施する。
  終了後、フィードバックを行う。
  ロールプレイ①でAさんが『デスノート』を借りることが出来ました。そのAさんが、他の友達に代わってBさんに聞いてみるという場面。

【授業で実施ロールプレイ②】

> あなたはBさんに『デスノート』を借りていますが、同じクラスメートのDさんが見たいと言っています。Dさんの代わりに聞いてみてください。

ペアでやってもらう。
  参考：友だち言葉がとても上手なペア
    「△△さんが、〜っていうけど、貸してもいい？」
表現確認
    前置き：「〜のことなんだけど
    許可求め：貸してもいいですか(貸す、借りるの表現確認)
          貸してあげてもいいですか。　　（教師が導入）

【授業で実施ロールプレイ③】

> Bさんのアパートに『デスノート』を返しに行きました。ルームメートのEさんしかいませんでした。Bさんは、近くのコンビニへ行ったそうです。Bさんに話もあるので、待ちたいと思います。Eさんに話してください。

ペアでやってもらう。
学生からの表現：ここで待ってもいいですか。
教師が表現導入：ここで<u>待たせてもらって</u>もいいですか

（～させてもらう）

その他の場面を導入
「△△先生の机の横に、年末パーティーのための道具を置いていきたい」
置かせてもらってもいい
→置かせていただいてもいいですか
　置かせていただいてもよろしいですか

■授業終了後の「振り返り」

　この授業の反省点としては、40分弱の時間では少々盛りだくさんだったことがあげられます。やはり1コマ、50分はほしい内容です。ポイント表現なども多すぎたので、2度に分けてもよかったかもしれません。
　以前から、「こんな答えが返ってくるだろう」と予想して学生にした質問に対して、横道にそれてしまうような答えが返ってきた場合、「うん、そんな答えもあるけど……。でも、これは……。」と軌道修正しながらも、学生のせっかくの答えに「NO」と言っているようで、授業の流れを止めてしまうような気がしていました。
　今回の授業を通して、学生の答えの中に、さまざまな授業展開の可能性が含まれているなという気づきがありました。「友達言葉で話す部分で丁寧に話してしまったペア」については、クラスのみんなに、会話の場面に応じて待遇表現を変える大切さを、また、「貸して」と頼んだ人に「だめだよ」と突然断りを入れたペアは、「1度断られ、頼みにくい状況の中でいかに頼むか」という新しい場面を提示してくれました。
　また、これはクラスのみんなが想定外の場面だったため、授業の中にとてもよい緊張感が出、教師も含めみんなが一緒になって考える授業になりました。「ロールプレイの授業はリアル感がなくて、なんだか学生が乗ってこない」ということをよく聞きますが、学生が作り出す

> 会話を教材に授業が展開していくと、また違ったリアル感、緊張感がでるものだとこの授業を通して感じました。学生の発話はいろいろな教材になるんだなと実感しました。　　　　　　　　　　（西部由佳）

■嶋田からのコメント

　授業報告を見て、あまりの内容の多さに驚きました。ここは、展開の様子・時間経過を見ながら、うまく減らしていく工夫がほしい場面でした。

　しかし、学習者から出てきたことを巧みに活用し、そこから発展させて行った点は、高く評価できます。これが臨機応変に対応する力であり、OPI が説く「出たとこ勝負」の大切さです。西部講師の言葉にもあるように、「学生が作り出す会話を教材に授業が展開していくこと」は非常に重要なポイントです。

　また、ロールプレイも違う種類のものをするのではなく、ひとつの基本ロールプレイカードから、少しずつ変化させていった点がとても良かった思います。

2-4-2　ストーリー性のあるロールプレイ実践（森節子）
■取り上げた理由

　ロールプレイにストーリー性を持たせたこと、つまりある流れの中でロールプレイを展開していった点はなかなか面白いと思いました。また、学習者はロールプレイ授業と気づかずに進めていっている点など、興味深いロールプレイ授業展開をしています。

■実施者による授業報告

　授業のポイントは、「ロールプレイにストーリー性を持たせること」、「話す相手によって、使う言葉に気をつけること」である。また、ロールプレイ授業では、次のことを注意しながら実施している。

　　・ロールプレイを実際のハプニングとして経験してほしい。
　　・ロールプレイを自然の流れの中で実施したい。

授業を実践するにあたっては、「少し口の重い人を助けるために、口慣らしとしてシャドーイングを実施する」など幾つかの工夫をした。

実際の展開は以下のとおりである。

【AさんとBさんと、友達同士】
Ⅰ．駅で①

駅で待ち合わせをして、お昼ごはんを一緒に食べる予定。そこでハプニングが起きた。

以下のシートを使って話し合いをする。まずは(　　)の中に何が入るかを考える。次に友だち同士の会話に作り変える(丁寧体と普通体の違い)。

```
A：(　　　　)、大変です！
B：(　　　　)、どうしたのですか。
A：定期券を忘れてしまいました。
　　Bさん、先に行ってください。定期券を取りに帰りますか
　　ら。私は、あとから行きます。
B：いいえ、いいですよ。ここで、待っていますよ。
A：(　　　　)本当ですか。すみません。
　　(　　　　)急いで行ってきますね。
B：はい。
```

この会話文では「フィラー」に注目してもらうことも、学習項目のひとつである。

Ⅱ．駅で②

しばらくBさんが待った後、Aさんが戻って来る。Ⅰと同様のことをする。

```
A：Bさん、お待たせして、すみませんでした。
```

> B:(　　　　)、すごく早かったですね。ずっと走っていたのではないですか。息が切れていますよ。大丈夫ですか。
> A:はい、大丈夫です。
> B:では、行きましょうか。

ここでは、Aさんの気持ちを考えて自由に話を進めるように考える。

Ⅲ．レストランで①
やっとレストランに着いて注文しようとする。Ⅰ、Ⅱと同様。

> A:何にしますか。
> B:私はハンバーグにします。Aさんは？
> A:(　　　　)私はアサリのスパゲティにします。

Ⅳ．レストランで②
Aさんのところに来たのは、海老のスパゲティだった。店の人に「注文したものと違う」と言って、アサリのスパゲティと取り替えてもらう。ここでは、会話シートは見ずに、実際にやってみる。また会話の相手が友人ではなく、店員であるということにも注意して、言葉のレベルの使い分けを意識させる。
（会話例：学習者同士のロールプレイの進み具合によって提示する場合がある）

> A:あのう、すみません。
> B:はい、なんでしょうか。
> A:アサリのスパゲティをお願いしたんですが……。
> B:えっ？　そうですか。申し訳ございません。すぐにお取替え致します。
> A:ええ、お願いします。

> B：お待たせしました。アサリのスパゲティでございます。大変申し訳ありませんでした。
> A：いいえ。ありがとうございます。

　　　　　　　　↓　食事終了

これはⅠ、Ⅱと同様、会話シートを見せる。

> A：今日は私が払います。ご迷惑をかけてしまいましたから。
> B：いいえ、いいですよ。じゃあ、割り勘にしましょう。
> A：そうですか……。でも……。
> B：気をつかわないでください。少し待つぐらい、たいしたことではありませんから。
> A：そうですかあ。じゃあ、お言葉に甘えて……。

Ⅴ．レストランで③

　レジでお金を払おうとしたが、Bさんは財布を持って来ていなかった。Aさんに事情を話して、お金を貸してほしいと頼む。ロールはA、Bともに学習者同士で行う。モデル会話は用意しておくが、学習者のロールプレイに合わせて授業を進める。

> B：あの、Aさん、すみません。
> A：どうしたんですか。
> B：あのう、お財布を忘れてしまいました。
> A：ああ、電車には定期で乗ったので気がつかなかったんですね。
> B：すみませんが、お金を貸してもらってもいいですか。
> A：もちろんです。でも、今日は私が払いますよ。
> B：本当にすみません。
> A：いいえ、気にしないでください。お互い様ですから。
> B：ありがとうございました。次は私がご馳走します。

モデル会話文は、わざと「不自然な会話」に仕立ててある。機能が果たせればいいというのではなく、どういう関係の人たちの会話なのかを考え、「親しい友達」の場合は、くだけた会話文になるように、みんなで考えていく。また、フィラーや終助詞、こなれた表現などもここで学ぶ。例えば、レストラン③の会話は次のような会話文に改めることができる。

> B：あの、Aさん、ごめん。
> A：えっ？　どうしたの？
> B：あのね、なんか……。お財布忘れちゃったみたいなの。
> A：えっ？　あ、そうか。電車には、定期で乗ったから気がつかなかったんだ。
> B：うん。ほんとに申し訳ないんだけど、お金、貸してもらってもいい？
> A：もちろんよ。でも、今日は、やっぱり私が払うよ。
> B：うん、本当にごめんね。
> A：ううん、気にしないで。大丈夫、大丈夫。お互い様だって。
> B：ありがと。じゃ、今度、私がおごるからね。

■授業終了後の「振り返り」

> 　最初のロールプレイは、教師である私がウェイトレス役をしました。毎回違う反応をするように努力したので、学生は、毎回反応が違うことにとても興味を示してくれました。
> 　それを見て、学習者がロールプレイをやる時も、他の人がやったロールとは違う受け答えをしようとするので、内容が充実したものになりました。その結果、教師が準備したモデル会話よりも良いものができました。
> 　最初の10分、シャドーイングを取り入れたことも、うまく行った一因だと思います。ちょっとした仕掛けで違ってくるものですね。

また、シリーズ性を持たせたロールプレイ実践でしたが、ハプニング性を出すように工夫しました。その結果、学習者は「えっ?」と意外性に惹かれていったように思います。そういうことから、「一体次はどういうロールプレイ?」という期待感を持続できたことが良かったと思います。
　教師は「ロールプレイを活かした授業をする」という明確な目的をもって授業に臨みますが、学習者にはそれを感じさせないように工夫することが大切だと思います。 　　　　　　　　　　　　　（森節子）

■嶋田からのコメント
　ロールプレイは学習者同士、ひとり余ったら教師と……などという固定観念にとらわれずに、「教師対学生」でロールプレイをやってみせ、さらに教師が多様な会話例を見せるというのは、とても良い発想だと思いました。
　「さあ、教科書の会話例を覚えて」などという授業ではなかなか味わえないロールプレイ授業です。「ロールプレイはしょせんニセモノ」と批判をする前に、教師がその場面をうまく活用する努力をしてみることが大切だということを教えてくれる授業展開例でした。

2-4-3　学生の経験差を活用した「グループで学ぶロールプレイ」（酒井祥子）
■取り上げた理由
　「学習者のレベル差が大きいクラスで授業をどう展開したらいいのか」といった質問をよく受けます。この授業は、そのレベル差を学習者の経験差で補うことによって、レベル差をマイナスにしない工夫をしています。どんなことでも、授業を支える要因にすることができる良い例です。

■実施者による授業報告
　同じクラスの中でのレベル差が大きいために、指導が難しい場合がよく見られる。この授業例は学習者のレベル差が大きいクラスで、OPIで言うと「中級-上」から「上級-上」の学習者が存在している。会話授業でもさまざまな工夫が求められるが、学習者の経験差をうまく利用してロールプレイ

を活用した授業を実施してみた。

1. ニーズ調査

会話授業を始めるにあたって、初日に「実際の会話で困った場面」について学習者にアンケートを取った。その結果、最もニーズが高かったのが「アルバイトの面接試験」だった。

2. ロールプレイカードの作成

ロールプレイカード①【説明　好み・条件を説明する】

できれば、友達と同じところでアルバイトをしたいと思っています。自分の希望を友だちに説明して、そこは自分の希望に合うかどうか聞いてください。

ロールプレイカード②【アドバイスする】

語学学校のアルバイト講師採用面接にTシャツを着ていこうとしているルームメイトにアドバイスをしてください。

3. 授業のために準備したもの

アルバイトニュースの求人広告を拡大したもの(前に張り出す)
　　コンビニエンスストア、ファーストフード店、居酒屋、
　　牛丼屋など学生のアルバイト先として多い店を6種類用意。

4. 授業の流れ

①導入・グループ分け(8分)
　　アルバイトをしているかどうかに関して質問
　　　　　　↓
　　アルバイトをしている人(3名)に質問
　　　　「今日は、皆さんから希望があった『アルバイトの面接の場面』を

　　　　　ロールプレイでやってみたいのですが、店長さん役はできますか。」
　　　　　　　　　↓
　　３名とも OK という答え。そこで、どの店の店長が良いかを質問
　　　　　　　　　↓
　　次の３つを選択
　　　　　A. コンビニ　　B. ファーストフード　　C. 居酒屋
　　　　　　　　　↓
　　A～C のどの店でバイトをしたいかを他の学生に質問。
　　　　　　　　　↓
　　クラス全員のグループ分け終了
　　　　　A＝4人　　B＝5人　　C＝5人

②模擬面接の手順説明　＆　全体での話し合い(7分)
　○店長役の学生とバイトをしたい学習者が対面するように座る。
　　他の学習者もその場にいて、やり取りを聞く。

　○どんなことが質問されると思うか。全体に問いかけをする。
　　バイト経験者の答え＝働ける時間帯。どのぐらい収入がほしいのか。日本に来てどれぐらいか。日本語はどれぐらいできるのか。などなど。

③模擬面接とアドバイス(ひとり5分×4人(Aは3人)　25分)
　○店長役の学習者はひとりずつ面接を行う(3～5分)
　○時間で面接を終了し、採用するか否かを決定する。
　○聞いていた学習者と店長は、もっとこう言えばよかったのではないかというアドバイスをする。
　　　　（例：緊張しすぎないほうがいいよ。
　　　　　　　もっとゆっくり言っても大丈夫だよ。
　　　　　　　相手の目を見て話をしたほうがいい。)

④質問からディスカッションへ(5分)

○全員の面接が終わり、そろそろまとめに入ろうとした時、学習者から質問が出た。
　「時給はいつ聞けばいいんですか？」
○これは良い質問なので、逆にどう思うかについて学習者に意見を出してもらった(ディスカッション)。
○2つの意見に分かれた。
　　1)一番聞きたいことなので、初めに聞きたい。
　　2)自分だったら、質問が全部終わって、店長と良い感じで話を進めている時に聞く(ここにしたいと思った時)。
○経験者に「実際どうしたか」と質問する。
　　1)自分は聞かなかった。
　　2)求人欄に書いてあったので大体分かっていたし、まだ自分が働けるかどうか分からないのにお金のことを口にするのはどうかと思う。

⑤まとめ(5分)
　ひとりずつ感想を聞く。
　　　　　(例：これで面接を自信を持って受けられそうだ。
　　　　　　　落ち着いて話せばよいことが分かった。
　　　　　　　そんなに難しくない。
　　　　　　　店長役＝最後に全員が採用されてよかった)

■授業終了後の「振り返り」

　やはりロールプレイは学習者が遭遇する場面であり、必然性のあるものを選ぶことが大切だと思います。それで、学習者に店長役をやってもらうことには迷いがありました。しかし、教師がひとりで店長役をやるには限界があります。また、できるだけ学習者に発話機会を……と言う点でも、教師が店長役をするのは問題です。その時、「そうだ。アルバイトの店長役はバイト経験者ならできる。」と思いつきました。

> 実際にやってくれた3人に聞いてみると、「たくさんしゃべって、口が疲れました。でも、本当に楽しかったです」という答えが返ってきました。
> その答えを聞いてほっとしましたが、そう言っても、店長役の3人はかなり大変だったと思います。理想を言えば、ひとつのグループ（4〜5人）に経験者が2人ずついればよかったと思います。
> また、店長役の口調が横柄な感じだったのがちょっと気になり、そのグループの面接を受けた学習者に「面接を受けた店の店長はどんな感じを受けた？」と訊ねてみると、「こわい」「きつい」という返事が戻ってきました。
> そこで、「どこをどう変えればいいのか」と質問してみました。例えば次のような答えが得られました。
>> 「今日はどっから来たの？」と語尾を強く言うのが何か嫌な感じがしました。今日初めて会ったんだから、やさしく丁寧に「どこから来ましたか？」と聞いて欲しかったです。
>
> このように、店長役の学習者に対するフィードバックも可能となりました。
> ロールプレイというと、「ペアで」と考えがちですが、グループで取り組むことも出来る授業例となりました。　　　　　　　　（酒井祥子）

■嶋田からのコメント

この授業実践には三つのヒントがあります。

- 学習者のニーズに合った授業を行う
- 学習者の経験を活用する
- ロールプレイはペアで、という固定観念を捨てる

学習者のレベル差や来日年数の違い、学習目的の違いなどもマイナスの要因と取るのではなく、「全てを活用してしまう」という積極的な取り組みが授業をさらに面白いものにしていくのではないでしょうか。

2-4-4　学習者のレベル差を利用した授業展開（西川幸人）
■取り上げた理由

　クラス内の学習者の中にある差を利用した授業展開例をもう1例ご紹介しましょう。先ほどは経験差、今回の例は学習者のレベル差です。これは選択授業「会話クラス」での実施例です。選択授業では、さまざまなクラスから集まってできるクラスであることから、実力の差が大きいことがよくあります。このクラスの場合、OPI判定「中級－中」から「上級－上」までの学習者が勉強しています。こういったクラスを持つ先生方のヒントになればと思い、取り上げてみました。

■実施者による授業報告

　レベル差が大きいクラスでのロールプレイ実施例である。

```
Ｉグループ　中級－中2名
Ⅱグループ　上級－下1名上級－中5名
Ⅲグループ　上級－上4名(参考：日本語能力試験1級合格者)
```

1. 前回の会話授業は「三日ぶりに学校に来たクラスメートMにあいさつをする」がテーマだったので、今日の授業では「Mをどこかに誘ってみる」を会話の話題として提示する。

2. 第一段階は、グループによって作業はそれぞれ違うものにする。
（グループは3つに分ける）

　　Ｉグループ：ロールプレイシート(B5用紙を使用し、表の面にはロールプレイ、裏面には模範会話例を書いたもの)を配布し、ペアでやってみる。

　あまり会話力のないⅠグループには、難しいと感じた時にチェックできる

ように、ロールプレイシートの裏面に模範会話例が書かれたシートを配布する。できれば見ないようにしてほしいが、学習者によっては、裏面を活用するように指示する。

ロールプレイシート(表の面)

<u>原宿</u>に行ってみたいです。ひとりで行くのはちょっとさびしいので、<u>友だち</u>を誘っていっしょに行く約束をしてください。

（裏面に模範会話例があるロールプレイシートは、Ⅰグループにのみ配布する。Ⅱ、Ⅲグループの裏面は白紙）

ロールプレイシート(裏の面)
会話〔誘う〕

A：Bさん、今ちょっといい？
B：いいけど、なに？
A：なんかさあ、原宿とか興味ある？
B：ええ、原宿…。なんで？
A：うん。ちょっと行ってみようかなって思ってるんだけど、いっしょにどう？
B：う～ん。一度は行ってみようかなって思ってたけど……。
A：じゃあさ、今度の土曜日とか、空いてる？
B：土曜日ねえ～。土曜日はバイト。
A：そうか。じゃあ、日曜日は？
B：日曜日？空いてるよ。
A：じゃあ、行ってみない？
B：いいね。行く行く。
A：じゃあ、日曜日に、中野駅の改札の前、11時でどう？
B：いいよ。そうしよう。
A：あ、そうそう。南口の改札の前ね。
B：わかった。じゃあ、11時、中野駅南口の改札で。

Ⅱグループ：2人と3人のグループとなったので、3人グループは次のようにして実施する。

XがYを誘った直後に、Zが二人の話に入ることができるようにZがXに「どんな話を二人でしていたのか」を聞き、XがZも誘うように指示する。さらに、2つのグループの誘われる側に「どうして原宿に行くのか」を聞く形を取るように指示する。

Ⅲグループ：ロールプレイシートのMを「友だち→10歳年上の友だちまたは先輩」に変更して実施するよう指示する。つまり、最も実力のあるⅢグループは、相手をかえることによって、ロールプレイの難易度をあげるように工夫してある。

3. 前に出てロールプレイをやってもらう。順番としては、

Ⅰグループ　→　Ⅱグループ　→　Ⅲグループ

で行う。それぞれ終了後に、フィードバックを行う。また、Ⅲグループの1つのペアには、ロールプレイ中に即興で教師が「友だち役」で加わり、さらに即興性を持たせるようにする。それは、Bのレベルを変えても難なくこなせるレベルの学生がいる場合は、予期しない形で教師が入ることでどんな場面でも対応できることを目指しているのである。このように、誘うというロールに待遇表現と即興性を持たせることで、上級レベルの学生には易しすぎるロールでも難易度をあげることができる。

■授業終了後の「振り返り」

　ロールプレイシートの裏表に情報があるのは、Ⅰグループの学習者がロールプレイ中に言い方を忘れた時、ちらっと見られるようにという配慮からです。授業中、Ⅰグループが授業中、たとえうまくいかなくても過度の気後れを感じないようにしたいといつも気を配っています。

> 代表ペアが前に出てやる場合、終了後に必ず拍手を忘れないようにしています。特に、実力的に厳しいIグループには大きな拍手をします。ロール自体は易しいので、Ⅱ、Ⅲグループは自由にストーリーを作って展開していきます。
> 　学習者がロールプレイ中、とても役に立つ表現、ちょっと日本語っぽくない表現などをメモしておきます。それをロールプレイ終了後板書し、フィードバックします。
> 　Iグループには機能表現を中心にしたフィードバック、ⅡとⅢグループにはさまざまな表現をフィードバックします。またⅢグループは、即興で入ることで予期せぬことにも対応できるような力を身につけてほしいと思っています。それはよく出来る学習者には、さらなるレベルアップを図ってほしいからです。
> 　　　　　　　　　　　　　　　　　　　　　　　　（西川幸人）

■嶋田からのコメント

　学習者のレベル差に関する教師の悩みをよく耳にします。しかし、教師の取り組み方で、いかようにも授業展開が可能であるという良い例です。学習者が困難を感じるであろう場面を想定しての「裏面への会話例記載」や、上のレベルの学習者には難易度をあげてロールプレイを実施するなど、さまざまな工夫が見られます。こういった教師の配慮は他の授業にも重要なことだと思います。

2-4-5　ディスカッションから入るロールプレイ（中尾明子）
■取り上げた理由

　適切ではない会話例を示すことで学習者の気づきを促すという仕掛けで、この授業は展開しています。「どこに違和感を感じるのか」を話し合うのは意味あることだと思います。これもひとつの手法として、会話授業以外にも活用していきたいものです。

■実施者による授業報告

　ここで紹介する授業例は、よくある「ディスカッションをしてからロール

プレイ」という授業とは、ひと味違うものである。
　たとえば「断る」という機能をロールプレイで練習するとする。上級ともなると、かなり難易度の高い「断る」というロールプレイでも難なくこなしてしまう。そこで次のような視点がなければ、コミュニケーション教育としては大きな問題だと考える。

・相手に嫌な気持ちをできるだけ与えない表現で断ることができたか。
・断られた相手の気持ちを害することなく、気持ちよく会話を終えることができる表現だったか。

あるクラスでは次のような展開でロールプレイ授業を進めてみた。
　まず教師がシートを作り、クラス全体で「受け手の気持ち」を考えることにした。そのあとロールプレイに入っていった。もちろんこれを反対にするという選択肢も考えられる。

1.『ロールプレイ玉手箱　断る』使用
R11〈友だちの好意に対して、傷つけないように断る〉難易度は〔★★★〕。

> あなたはアルバイトを探しています。友だちのBさんが探してくれたアルバイトに決めようと思っていたら、クラスメートのCさんがとてもよいアルバイトを紹介してくれました。Bさんにていねいに断ってください。

教師は次のようなシートを提示する。

> 例1
> A：あっ、Bちゃん。こないだのバイトなんだけど。やっぱりやめていい？
> B：えっ、どうして？
> A：実はね、あのあと、クラスの友だちのCちゃんがバイト紹介してくれて……。で、そっちにしようと思って、ごめんね。

> B：えー、そうなんだあ……。別にいいけど。
> 　①Bさんは、Aさんの話を聞いてどんな気持ちになったでしょうか。
> 　②このあと、AさんがBさんにまた何か頼んだ時、Bさんは喜んで助けると思いますか。

この①②と、またどこを直したらより良い表現になると思うかを、まずクラスで話し合う。そのあと、例2のシートを提示する。(「学習者がよく間違って使っている表現」「違いはあまりないが、より良い表現」などを選んでもらう。)

> 　　　　　　　　　　　　　例2
> A：〔あのう／え〜っと／ちょっと〕Bちゃん、こないだのバイトのことで、ちょっと話が〔あるのよ／あるけど／あるんだけど〕、今、＿＿＿＿＿＿＿＿＿＿＿＿＿？
> B：うん、いいよ。なに？
> A：＿＿＿＿＿＿＿＿＿、ちょっと〔言いたいんだけど／悪いけど／言いにくいんだけど〕、あのバイト〔断ろうかと／断ろうかな／断るかも〕……。
> B：えっ、どうして？
> A：実は、あのあとクラスの友だちのCさんから別のバイト、紹介してもらったんだ。
> B：へえ、そうなんだ。
> A：Bちゃん〔に紹介してもらった／が紹介してくれた〕バイトも、とっても良かったんだけど、Cさんのバイトは＿＿＿＿＿＿＿＿＿＿＿＿＿＿＿＿＿＿＿＿＿＿。
> 　（Bさんが「それなら仕方がないなあ」と思えるような理由）
> B：ああ、そうなんだ。でも、あのバイト、友だちに頼んで紹介してもらったんだよね。
> A：え、そうだったの。＿＿＿＿＿＿＿＿＿＿＿＿＿。でも、＿＿

> ＿＿＿＿＿＿＿＿＿＿＿＿＿＿＿＿＿＿＿＿。
> 　　　　　　　　（上の理由をもう一度説明する）
> B：そうかぁ。じゃあ、しょうがないね。
> A：ほんとうに＿＿＿＿＿＿＿＿＿＿＿＿＿＿。〔いっしょ
> 　けんめい／せっかく／ごくろうさま〕探して〔くれた／も
> 　らった〕のに。その友だちにも〔よろしく言って／謝って
> 　／謝っておいて〕もらえる？　今度、おわびに＿＿＿＿
> 　＿＿＿＿＿＿＿＿＿＿＿＿＿＿＿＿＿＿＿＿＿＿＿＿。

例2のシートをクラス全員でやったあとで、次のロールプレイに入る。

R11のバリエーション

> あなたは次の土曜日、友だちのBさんに、日本人の友だちを紹介してもらうことになっていました。ところが別の友だちのCさんから、土曜日のライブのチケットが余ったから、いっしょに行かないかと誘われました。それはあなたの大好きな歌手のライブなので、どうしてもライブに行きたいです。Bさんに土曜日の約束を断ってください。

■授業終了後の「振り返り」

> 　ロールプレイをする際に、まずロールプレイカードを見せ、「このロールプレイをこれからしましょう」と言う導入ではなく、さまざまな工夫をしてロールプレイ授業が行われています。多分、みなさんの中には「ディスカッションから入るロールプレイなんて新しい方法じゃない。よくやっていることだ。」という方もいらっしゃることでしょう。でも、ここではちょっと違う方法で「ディスカッションからロールプレイへ」という道をたどりました。

> ロールプレイを先にしてから表現を学ぶ場合、覚えてもらいたい表現が出てこない可能性があります。例えばフィラーなどは、学生の側からは出てくることが少なく、間違って使うことさえありません。教えている教師側もそこまで指摘しなかったり、忘れてしまったりします。
> また、ロールプレイ先行型の場合、ある学生が間違った表現をして指摘しても、そのあともう一度ロールプレイをしなおす時間は与えられないことがほとんどです。今回のように表現を学んだあとでロールプレイをすると、その表現の定着が図れると思います。学生も「うまくなった」気分になれるのではないでしょうか。 　　（中尾明子）

■嶋田からのコメント

　タスク先行型ロールプレイでは、まずはロールプレイをやって、そこから出てきた表現や語彙を拾うことになります。しかし、そこには「習い覚えた文型や表現のためのロールプレイ」ではない「はじめにタスクありき」の良さがあります。

　この授業例は、まずは「問題となる表現を含んだ会話例」を提示し、それを考えたのち、同じロールプレイの変形バージョンを使って実際にロールプレイを実施しています。時には、こうした「問題のあるもの」を見せることで、学習者の気づきを促すという手法もあるのだと思います。

　教師は、「この方法しかない」ではなく、いろいろな切り札を持っていて、それを使い分けていくことが大切ではないでしょうか。

2-4-6　読解からロールプレイへ（有山優樹）

■取り上げた理由

　読解からディスカッションという展開はよく見られます。ここでは、新聞記事を使いながらも、巧みにインフォメーション・ギャップを利用し、相手に情報を伝え、そこから自分の意見を言い合うという授業展開になっている点が面白いと思いました。

■実施者による授業報告
  1. 授業のねらい
    ①実際の会話場面が設定できる
    ②ロールプレイのロールを自らが決められる
    ③②をすることによって、ロールの中で自分の意見を述べることができる
    ④読んだ情報を他者に説明したり、引用して相手に伝える練習ができる

  2. 準備
    新聞や雑誌記事を用意する
       賛成・反対など2人のロールにギャップができるものを選ぶ。
       または、記事の中で2つのものが比較されているものなどがよい

  ★「奉仕活動の必修化　どう思う」『読売新聞　土曜茶論』(2004年11月20日夕刊)
     東京都教育庁は「奉仕活動」を都立高校の必修科目にする方針を固めた。(当時)この「奉仕活動」を必修化することに賛成か、反対かについて読者やタレント、有識者が意見を寄せている。

  3.「しかけ」を作る
    より現実場面に近づけるために、新聞を少し拡大しただけで、そのままペアに渡した。ただし、実施したクラスのレベルや読解が目的ではないことを考慮し、いくつかの語彙にルビをつけ、賛成か反対かについて意見が述べられている部分に線を引いた。また、記事内容を話す際に語彙が足りない学習者もいると感じたので、積極的に記事の中から語彙を取って使うようアドバイスした。

  4. ロールの設定
    ロールカードは一切ないが、準備として文章を読み、ロールA・B(または賛成か反対か)のどちらの立場に立つか決めてもらった。また、これは意

見交換ではく、ロールプレイなので、2人は友だち同士であること、どちらか一方または両者が新聞を読んでいて、友人と会ったときにその記事について話をするという設定はした。例として喫茶店で記事を思い出して話すというものを出した。その際、2人が同じ意見にならないように言った。(同じ場合はペアを変えることにした)

5. ロールプレイの進め方
　①記事に目を通し、自分の立場を決める。(5分)
　②その後、約10分間話してもらった。話の盛り上がりをみて延ばす。
　③数ペアに発表してもらい、振り返る。
　④学習者の「気づき」を共有し、次の課題とする。
　　対立を解消し、気持ちよく話すためにはどうしたらよいか、その点について考えながら<u>もう一度ロールプレイをする。</u>
　⑤上記の課題が解決できるよう、再度チャレンジする。(最初から全てはしない)(15分)
　⑥再度発表し、課題を達成した場合は、そのペアの表現を皆で共有する。
　⑦話し相手にどんな表現を使い、どんな配慮があれば話が気持ちよく終われるのか考えてもらう。
　　　ここからは新聞記事から離れ、<u>「どうしたら相手の意見を受け入れ、妥協点を見つけ、気持ちよく話しが終われるか」</u>にロールプレイの練習を変える。
　⑧再度ロールプレイ(10分)
　⑨最後に数ペアに発表してもらう。
　　　そこで、どれだけ気持ちよく終われたか、聞いていてどのような気分か学習者に問いかけ、意見が対立する際に、歩み寄り、気持ちよく話を終わりにする表現や方法について考えた。
　⑩少し時間が余ったら、今度は違うトピックで練習する。

5. 学習者のロールプレイから
　【導入部分の会話例】

2 授業に活かすロールプレイ

　休みの日に何をしているか
　子どもと遊んだりするボランティアをしている。
　そういえば、この間、ボランティアの記事を読んだ。必修化について書かれていた。
　自分は〜と思うけど、あなたは？

〈賛成派の意見で多かったもの〉
　学校で紹介するのはいい　機会を与えるのは必要

〈反対派の意見で多かったもの〉
　内申書に書かれるのが動機なのはおかしい

〈学習者から出た表現〉
　反対意見を言う：「それはそうかもしれないけど」
　　　　　　←教師のアドバイス：「何か冷たくないか？」

しばらく、こればかりで話が対立したままの状態が続く

- 教師のアドバイス：〈少し相手に配慮しよう〉「そういう考え方もあるね」「ああ」「確かに」
- 教師のアドバイス：〈「表現」に気をつけるだけでなく、表現プラス、自分の意見もきちんと言おう〉
　「(‐さんの意見は)確かに。(でも，私が)気になるのは…」
　「考えてみたら○○さんは内申書(…反対なんだね。)そこは私も…でも、…」
　「(対立している　または、今回話題の)問題は○○だね。(そこに絞って話す)」
　「(反対意見の中にある自分が賛成できるポイント)ボランティアを紹介するのはいいと思う…」

■授業終了後の「振り返り」

　　記事は一方にだけ渡してもよかったと、終了後思いました。一方が情報を知らない他方に説明するというタスクに重きを置くのなら、記事を両者に渡す必要はありません。こういった配慮も授業展開には大切です。
　　また、新聞の内容を正しく伝えられることに越したことはありませんが、それが目的ではなく、話している間に生まれる摩擦をどうやって解消するかがカギだと思いました。それに合わせて、ロールを設定し直していけばいいですし、実際会話というものは話題が次々と変わっていくので、その変わった内容の中に学習者が上手く解決できない部分があれば、そこを取り上げて全体で共有していけばいいのではないでしょうか。
　　学習者の希望の中に「日常会話」「友だちとの何気ない会話」を練習したいというものがあります。日ごろから授業の中では自分の意見を言うことは多いものの、生活の中でそのような練習をする機会はあまりありません。新聞記事はそのネタを提供するものになり得、ロールプレイは、実際の場面に近づけることができるのではないでしょうか。
　　ロールプレイの中に出てきた課題は、学習者自らが出くわすものであり、それを次の課題としていくことができました。教師がひとつのテーマ（例えば「断る」など）についてロールを与えるのではなく、自由な会話の中で、何が言えて、何が言えないのかに気づき、学習者自らが次のロールを設定して行くという方法もあると実感できた授業展開でした。
　　以前から新聞などを使って「読み物」→「グループで話す（ディスカッション）」という流れで授業を行っていましたが、単にその話題について思ったことを話して終わりになってしまっていることが多かったように思います。そのような中で、「どうしたら読んで知った情報やそれに対し思ったことを自分の言葉にして話せるのかなぁ…」と考えているうちに、インフォメーション・ギャップがあれば、ロールプレイになるのではないかというひらめきがありました。

> また、日ごろからグループや全体で何かについての意見を求められ、答えることはあっても、一人ひとりの会話の練習といった実感は伴っていないようでした。そして、クラスが「型にはまったものはできるが、そこに自分たちの意見や生きたアイデアを入れることができない。」というような共通の課題を持っていました。このようなことを考えていく中で、今回のような「読み物からロールプレイ」の授業が出来あがっていったのです。
> 　　　　　　　　　　　　　　　　　　　　　　（有山優樹）

■嶋田からのコメント
　ただ対立する意見を述べ合うのではなく、「どうしたら相手の意見を受け入れ、妥協点を見つけ、気持ちよく話が終われるか」ということをポイントとして考えた授業であった点も良かったと思いました。
　授業展開の中で、教師が内省をしながら進んでいっていることが、フォローアップインタビューでよく分かりました。そういう意味でも、今回のフォローアップインタビューは実り多いものとなりました。

2-4-7　学習者の自発性を重視したロールプレイ（市川昌子）
■取り上げた理由
　初級のワークシートを使っての面白い授業展開例だと思います。ここまで中級や上級レベルの授業実践でしたが、4件続けて初級の例をご紹介します。これは、『新日本語の基礎』準拠のワークシートであり、敬語学習のあと、敬語の運用能力をつけるためのものでした。授業では、当初単純なロールプレイをする予定だったのですが、教師が何も指示をせず自由に学習者の発話を促すという方式を取ったことから、思わぬ授業展開となりました。

■実施者による授業報告
1. ペアを作り、ワークシートをもとに人物設定をしたあとで、学習者同士で自由に会話をしてもらう（ワークシートの本来の活動目的は「家庭訪問

140

の際の決まり文句を使って会話をする」である)。

ワークシートは『続・クラス活動集131 －『新日本語の基礎Ⅱ』準拠』(スリーエーネットワーク)の50課である(50－4.家庭訪問　ワークシート　p.232)

2. ペアで発表をする(今回は、それぞれのペアで大きな違いがあるので、全ペアに発表をしてもらうことにする)。その結果は、以下のような内容であった。

  1. ペンフレンド
  <u>2. 先生と卒業生</u>
  3. おじいさんと孫
  4. 修理に来た人と家の人
  5. 先生と学生
  6. 高校の同級生
  7. 舅と婿

教師としては、「先生と学生」「上司と部下」「先輩と後輩」の3つのパターンのみを考えていたが、自由なロールプレイをすることで、思いがけない授業展開となった。

3. 敬語が出たきたのは、2番、3番、5番であった。ここでは、2番の例を詳しく述べることとする。
   ①設定：10年ぶりにイーストウエストの教師に会う。
   　　　　教師の家を訪問する。
   　　　　箱根の遠足の写真を見ながら、おすしをご馳走になる。

1
　学生：久しぶりです。
　先生：あ、イさん。久しぶり。元気だった？
　学生：はい。いつも元気です。先生はどうだったんですか。
　先生：わたしもいつも元気だったよ。
　学生：あ、お邪魔します。
2
　学生：先生、小さいけど、わたしの心を集めたプレゼントです。
　先生：えっ？　そんなにありがとう。
3
　先生：ご飯、まだでしょう？何かいいかわからなくて、わたしが好きなすしを準備したよ。
　学生：わぁ。おいしそう。僕、おすし大好きですよ。いただきます。
4
　学生：長年が過ぎて、写真を見るから懐かしいですね。
　先生：そうだね。3年ぐらい過ぎて懐かしいな。
5
　学生：あ、今日はありがとうございました。お邪魔致しました。

> 先生：ときどき遊びに来て。帰るときに気をつけてね。

　このような教師と卒業生という設定でのロールプレイが発表された。それをクラス全体で「どう感じたか」「どこが良かったか」「どういう点が気になったか」など話し合った。その際出てきたのは以下のような表現である。

　　○先生はどうだったんですか
　　○わたしもいつも元気だったよ
　　○何かいいか分からなくて……
　　○長年が過ぎて写真を見るから……

　なお3番の「おじいさんと孫」に関しては、日本ではあまり考えられないが、ペアが韓国人学生であったため、明確な敬語使用の場面となった。このロールプレイを使って、文化に関する話し合いに持っていくことができ（例：韓国語は絶対敬語、日本語は相対敬語など）、さらにふくらみのある授業展開となった。

■授業終了後の「振り返り」

　教師は授業の前に準備したものを、その場のクラスの雰囲気で変えることがあると思います。これはまさにそのひとつでした。
　このロールプレイは、絵によって場面設定がしてあるので、人物設定を学生が自由に変えられるようにしました。ロールプレイの発表を聞いて、学生の想像力の豊かさに感動しました。人物設定にバリエーションがあったことで、それぞれの発話スタイルの微妙な違いをフィードバックできた点がとても良かったと思います。まさにタスク先行の醍醐味を味わうことができたロールプレイの授業でした。

（市川昌子）

2 授業に活かすロールプレイ

■嶋田からのコメント

　今回使用されたワークシートは『続・クラス活動集131―『新日本語の基礎II』準拠』にあるものです。その活動集を見ると、運用能力を付けるための活動ではあるものの、タスク後行型であり、既に敷かれたレールの上を走るような練習になっています。今回の授業例のように、既存のプリントや資料集、活動集なども指示などに捉われず、教師自身が自由な発想で授業展開をすることが大切なのではないでしょうか。

2-4-8　学習者の気づきを活かすロールプレイ（澤田尚美）
■取り上げた理由

　次の例は、「模範例を示す」という発想を破った授業展開です。教師が教える日本語授業ではなく、「学習者が考え、話し合い、そして体験する」授業こそが学習者のこころに残る日本語授業ではないでしょうか。実践したのは、初級後半クラスでした。

■実施者による授業報告

1. ロールプレイカードは見せず、まずは学習者に意見を聞いてみる。

【依頼のロールプレイカード】

今度の日曜日、あなたはアルバイトがありますが、大切な約束があります。同じアルバイトの友だちのBさんに頼んでください。

⬇

　○大切な約束があるのに、仲の良い友だちにアルバイトを代わってと言われたらどうしますか。
　○それが、お世話になった先輩だったら、どうしますか。
　○一度代わってもらった友だちだったらどうしますか。

2. 次に、教師が「見本」(一方的にお願いしている例)」を提示する。
　そして、それについて話し合う。

・西山さんはどんな気持ちになったか。
・この場合、どうすればいいか。

【提示例】

```
アンナ：西山さん、今度の日曜日、アルバイト代わってくれま
　　　　せんか？
西　山：えっ？
アンナ：わたし、ちょっと日曜日、大切な約束がありますか
　　　　ら、アルバイト、休みたいんです。
西　山：ええっ。でも、日曜日の休みは久しぶりだし……。
アンナ：これは私の大切な約束です。ですから、休みたいです。
西　山：うっ、ううん……。
アンナ：お願いします。私があとで店長に言いますから、心配
　　　　しないでください。
西　山：えーっ……。
```

3. 最後にロールプレイをしてもらう。

　このような授業展開をした結果として、さまざまなロールプレイが生まれた。一例を示すこととする。

```
アンナ：西山さん、今、いいですか。
西　山：うん、いいですよ。
アンナ：あの……今度の日曜日、アルバイトを代わってくださ
　　　　いませんか？
西　山：えっ。
アンナ：実は……。わたし、ちょっと日曜日、大切な約束があ
　　　　りますから、アルバイト、休みたいんです。
西　山：あっ、そうですか。でも、日曜日は、わたし、休みは
　　　　久しぶりだし、ちょっと……。
```

> アンナ：あとで、ご飯をおごってあげます。お願いします。今
> 　　　　度、西山さんがアルバイト、休みたいと思った時、昼
> 　　　　でも夜でも、いつでもかわってあげますから。
> 西　山：じゃあ……。
> アンナ：お願いします。わたしがあとで店長に言いますから、
> 　　　　心配しないでください。

■授業終了後の「振り返り」

> 　初級の会話の授業では、「モデル会話」を教師側から示すことが多いと思いますが、今日は敢えて「頼み方が強引な会話」を学生に提示してみました。そうすることで、自分たちが普段使っている表現などを振り返ることができるきっかけになるのではないかと思ったからです。
> 　最初は、「特に変なところはない」と言っていた学生たちも、ペアで読んで一緒に考えていくうちに、「ん？こんな頼み方をされたら、アルバイトを代わりたくない」と言っていました。そこから、どうやったら相手に気持ちよくお願いができるかということを考えることができました。表現だけでなく、会話の流れなどにも目が行くようになっていました。
> 　　　　　　　　　　　　　　　　　　　　　　　　　　（澤田尚美）

■嶋田からのコメント

　ある意味で2-5の「ディスカッションから入るロールプレイ」に似た展開です。「模範例」を出すのではなく、「問題がある例」を提示し、「どこが適切でないのか」を話し合うというスタイルをとっています。2-5は、上級クラスでの実施でしたが、今回は、初級でもこのような試みができるというサンプルになりました。初級では、どうしても「モデル会話」を提示しがちですが、このような方法で、クラスの活性化を図ることもひとつの方法です。初級段階から、ただ伝わればいい日本語ではなく、相手の気持ちを考えながら、会話力をつけていきたいものです。

2-4-9　カード作成から始めるロールプレイ授業（田坂敦子）
■取り上げた理由

　『みんなの日本語』30課あたりで行うロールプレイ授業例としてご紹介したいと考えました。また教師が用意したロールプレイではなく、授業の中で学習者がロールプレイカードを作ることから始めるという視点が面白いと思いました。ロールプレイには、どう展開していくか決まっていない臨機応変さが要求されますが、ロールプレイそのものは教師によってお膳立てされたものになりがちです。その点を改善したいと考え出した授業展開例として取り上げました。

■実施者による授業報告

　ロールプレイ授業というと、教師から与えられたシチュエーションと役割にしたがって、会話をする練習になりがちである。確かに、あらかじめせりふが決まっているシナリオドラマなどにくらべて学習者の発話の自由度は非常に高くなる。しかし、発話の自由度が高いと言っても、会話のシチュエーションが教師から一方的に与えられたものである以上は、不自然さは残ってしまう。その不自然さをできるだけ少なくするために、どのようなシチュエーションを設定すればよいか工夫が求められる。

　そこで、教師が一方的に情報を与えてロールプレイをさせるのではなく、ロールプレイで使う情報を作るところから学習者にやらせてみてはどうかと考えた。つまり、ロールカードを学習者に作らせるということである。それにより、学習者が本当に話したい気持ちになり、やりとりがよりリアルなものになると考えたのである。

　なお、実施したのは『みんなの日本語』30課を学習しているクラスである。

1. 活動計画
　タイトル「いっしょにあそびにいきましょう」
①プレタスクとして、クラス全体で「休日の過ごし方」についておしゃべり。話の内容を「休日に遊びに行くとしたらどこへ行ってみたいか」という方向に誘導する。

② 学習者を3、4人のグループに分け、グループごとに休日に遊びに行くプランをたてる。まず、場所を決め、ガイドブックや情報誌などを使って具体的な計画を立て、計画表を作成する。待ち合わせ時間、どこで何をするか、何を食べるか、予算はどれくらいか、など。具体的に決めさせるのは、資料をよく見て、行きたいというイメージをリアルにさせるためである。
　それぞれのグループが違う場所に行くことになるよう誘導する。
　ここまでの作業は、ロールプレイではなく、グループでのタスク活動である。ここで作った計画表がロールプレイカードになる。
③ 異なるグループの学習者同士でペアを作る。それぞれ、自分のグループで作った計画表をもつ。
④ 会話の設定を提示する。
　　設定:「休日に、このペアで一緒に遊びに行くが、それぞれが違う計画を立てている。互いに自分の計画を相手に伝えあい、どちらの計画がよいか決める。あるいは、話し合って、新しくよりよい計画をたてる。」
　※会話で注意させたい点。
　　　1. 意見の異なる相手の発話を頭ごなしに否定しない。相手の計画をきちんときく。その上で失礼にならないように気をつけながら自分の計画をアピールする
　　　2. けんか腰にならない。
　　　3. お互いが満足できるような結論を導く。
　とくに、1については、どのような表現をすればよいかを指導する。
⑤ 各ペアでどのような計画ができたか発表する。
⑥ 会話のふり返りを行う。

2.　実際の様子
　実際の教室ではどのようなやりとりがあったかを紹介する(④)。
　計画表ができたところで、異なるグループの学習者同士でペアをつくり、まずは、あえて細かい指導をせず、次のような設定だけ与えて会話をさせてみた。

教師からの指示①
「今度の休みに、この友達と一緒に出かけます。どこへ行きますか。何をしますか。そして、一緒に、どこへ行きますか。相談して下さい。」
例えば、以下のようなやりとりがあった。

【ペア1-①】
A：一緒に遊びに行きましょう。Bさんはどこへ行きたいですか。
B：渋谷のクラブへ行きたいです。一緒に行きましょう。
A：クラブはちょっと……。私はお台場へいきたいです。買い物したいです。行きましょう。
B：私はクラブが好きです。クラブは楽しいですよ。行きましょう、行きましょう。（笑）
A：んー、クラブはちょっと……。買い物が好きですから。クラブは好きじゃない。
B：え？　クラブはいいですよ。買い物はちょっと…。

【ペア2-①】
A：私は、友達の家へいきたいです。
B：私は動物園に行きたいです。
A：私の友達の家へ一緒にどうぞ。私は友達を紹介します。（とても元気な口調で）
B：（苦笑）
A：友達の家へ一緒に。楽しいです。
B：ああー、うーん（苦笑）。
A：○日、10時に△駅で会いましょう。そして、〜線で行きます。
B：（苦笑）……

　お互いが自分の言いたいことを言い合っているだけ、あるいは、元気の良い方が押しつけるだけになっているペアがほとんどだった。それぞれが、事前に具体的にプランを作り、行きたいという気持ちになっているので、簡単

には譲れないという思いを持っていた。この点は、やりとりに現実味をもたせるために、ねらったポイントであった。

次に、もう少し細かく指示を与えたうえで、【ペア1】のひとりを使って、教師が短くモデルを示した。

教師からの指示②
「『私のプランはこれです、いいです、行きましょう。あなたのプランは駄目です』では、失礼でしょう？ 楽しくないですね。一緒に行きたいですか？ けんかになりますよね。ていねいに、よくわかるように説明しましょう。そして、友達のプランも聞いてください。それから、けんかをしないで、いちばんいいプランを二人で考えてください。二人ともうれしいプランを考えましょう」

モデル
教師：Bさんはどこへ行きたいですか。
B　　：渋谷のクラブへ行きたいです。一緒に行きましょう。
教師：クラブですか。いいですね。クラブが好きなんですか？
B　　：ええ、楽しいから。
教師：そうですか。それもいいですね。でも、クラブは夜ですよね。昼はどうしますか。
B　　：昼は、寝ます(笑)。
教師：寝るのもいいですが、天気がいいですから昼も遊びましょうよ！私はお台場へ行きたいんですが、どうですか。クラブもいいですが、買い物も楽しいですよ。昼、買い物して、クラブは夜…。
B　　：(笑)眠い。

モデルでは、相手の発話に対し、「それもいいですね」「楽しそうですね」のように肯定し、それから、自分の案を出すように話をもっていくと、けんか腰にならないと気付かせるようにした。さらに、そのための表現にどんな

ものがあるか、学習者に考えさせながら、確認、および紹介をした。学習者からまず出たのは「すみません、〜はちょっと…」である。これは初級のかなり早い段階で指導する表現なのですぐに出てきた。しかし、これを連発しているのも失礼な印象を与えると説明し、そのほかの表現をピックアップした。「それもいいですね。でも〜」「それなら、これはどうですか」「〜もいいですが、〜も」「じゃあ、こうしましょう」など。

その後、再び同じペアで会話をやり直させた。その結果、【ペア1】【ペア2】の会話は、それぞれ、以下のようになった。

【ペア1－②】
A：一緒に遊びに行きましょう。Bさんはどこへ行きたいですか。
B：渋谷のクラブへ行きたいです。一緒に行きましょう。
A：クラブは…。楽しいですか。
B：楽しいですよ。
A：んー、はい(笑)いいですね。でもクラブはちょっと…。私はお台場へいきたいです。買い物したいです。
B：買い物は…そうですね。いいですね。でもクラブはもっと楽しいです。私は昼寝たいです。夜遊びたいです。(笑)
A：んー…、ああ、Bさんは音楽が好きですか。クラブは音楽ですね。
B：はい。好きです。
A：お台場で、音楽のイベントがありますよ。ここで(資料を見せる)音楽の、ライブがあります。無料で午後4時からです。
B：ああ、無料はいいですね(笑)。
A：昼、寝て、夕方、お台場で、このイベントに行きましょう。そして買い物しましょう。
B：買い物…何を買いますか。
A：服を買いましょう。○○(ショッピングモール)で、あとで、それを着て、クラブへ(笑)。
B：いいですね〜。

A：クラブはどこですか。
B：渋谷の、これ。(資料を見せる)地図は、これですから、お台場から、電車で……。

このように、持っている情報を提供しあい、二人が歩み寄って、会話を進めていくことができていた。Aさんは、お台場でどのようなことができるかをあらかじめ調べてあったので、現実的なよい提案をすることができた。

【ペア2－②】
A：私は、友達の家へ行きたいです。
B：友達ですか、いいですね。私は動物園に行きたいです。
A：動物園ですか。いいですね。私も好きです。でも、パーティーはどうですか。新しい友達と会うことができます。私が紹介します。
B：そうですか。何をしますか。
A：友達と会って、いろいろ話します。おいしい食べ物を食べて。
B：いいですね。でも…
A：友達の家は遠いですから、いつも行けません。休みの日しか会うことができません。行きたいです。
B：そうですか…私は、動物園で、夜、花火がありますから、見たいです。この写真、きれいですね。日本で花火を見たいですから…。
A：花火はいいですね。じゃあ、友達の家で花火を(笑)。
B：え〜、できますか。大丈夫ですか？ どこですか？
A：埼玉県です。
B：あ、埼玉県。あ、この動物園も埼玉県。
A：え！(笑)ああ、じゃあ、友達の家へ行って、夜、花火を動物園で見ましょう。
B：それもいいですが、Aさんと友達と私と、動物園で会いませんか。
A：いいですね(笑)。駅はどこですか。 ……

Aさんの友達が埼玉県にいるというのは本当のことだったようである。ど

う歩み寄ればよいか困っていたが、場所が近いと言うことがわかり、解決策を見つけたときの学習者は二人とも満足げでうれしそうで、発話が俄然活発になった。このやりとりを見て、「満足感」の重要性を改めて感じた。

■授業終了後の「振り返り」

　この活動は、ペアで話す前に自分達で計画表を作ることにより、教師が一方的に「あなたは横浜に行きたいです。横浜でチャイナタウンに行きたいです。友達を誘って下さい」のように指示するよりも、発話が自然に、活発になることをねらいました。実際に学習者が自分で選んだ場所について、資料を調べて作った計画表なので、相手に反対されると自然に反論したくなるし、相手に賛成してもらいたくて一生懸命話すのではないかと考えました。この点は、成功でした。資料などを見た後で話したので、自分の計画について実際に相手よりもよくわかっており、本当のインフォメーションギャップがありました。

　設定を現実に近づけたいと思いましたが、教室活動の限界で、そもそもの「休日に一緒に遊びに行く」という設定が所詮架空のことです。そのため、現実的でない発話が出てしまうこともありました。「それはお金がかかる」という反論に対して「私はお金持ちでお金はいくらでもあるからいいんです」と返す等です。できたら、本当に校外学習のプランを立てるなど、でかけるところまでが現実であるようなものにできたらいいと思いました。

　また、この活動をはじめて行ったときには、歩み寄ってよりよいプランを作るということではなく、どちらかの意見を選ぶ、というふうにしてしまったために、手順4の注意点が守られていないペアが少なくありませんでした。勝敗をつける方がやる気が出るかな、と考えてそうしたのですが、お互いに引かず、けんかのようになってしまい効果的ではありませんでした。「そんなのだめ」「こちらのほうがおもしろいからここにしましょう」のような、相手の意見を尊重しない強引な表現が出てしまいました。どちらかの計画に決める、というのでは

なく、歩み寄って、よりよい計画を作る、というふうにした方が、現実的でうまくいきました。
　この活動は、二つの教室活動を合わせたようなものなので、時間が掛かりました。ここまで時間をかけないにしても、一方的にロールを与えるだけではなく、与えられたロールについてある程度のスキーマを活性化させておくことは、ロールプレイにおいても有効だということが改めてわかりました。
(田坂敦子)

■嶋田からのコメント
　初級レベルのクラスでは、習い覚えた文型を使って、その文型の定着を図るようなロールプレイ授業が多く見られます。その中にあって、より自然な形でロールプレイに入り、必然性を重視した良い授業展開例となっています。
　教室という限られた空間で、できるだけ実生活とリンクさせたロールプレイにしたいという思いから、さまざまな工夫がなされている点が評価できます。しかし、授業後の振り返りにも「時間がかかりました」とあるように、限られた時間でどこまで実施可能かが課題ではないでしょうか。

2-4-10 「20年後の自分」を考えたロールプレイ授業(永田晶子)
■取り上げた理由
　『みんなの日本語』15課終了のクラスでの実践例であることから、「こんなテ形を習ったばかりのクラスでも実施可能なのだ」ということを知っていただきたいと思い、取り上げました。このレベルでは同じような会話展開になりがちですが、こういった設定の場合には、インフォメーション・ギャップも十分に利用できる授業が期待できます。

■実施者による授業報告
　20年後の自分を表現し、ロールプレイから作文にリンクさせた授業を試みた。語学学校で必ず勉強する「家族について」の会話や作文授業では、成人の

学習者が両親・兄弟のことを話したがらないことや、作り話をするのにも抵抗があり、結局話が長く続かないことを考慮して、「20年後の私」という設定で誰でもリラックスして話せる場を考えた。

また、日頃の授業では教師の質問に答えることが多くなりがちな学習者の「質問力」を伸ばすため、ワークシートを使い、出来るだけ多くの「質問」を協力して考える時間をとった。

1. ロール　　　「20年後、同窓会で会ったクラスメートと、家族や仕事、仲の良かった友達についてなど、いろいろ話す。」
2. クラス構成　①16人(韓国11人　台湾2人　　タイ2人　　中国1人)
3. レベル　　　初級『みんなの日本語』15課終了後
4. 授業時間　　40分(ロールプレイのみ)
5. 授業の流れ

① 20年後の自分のイメージを持てるように、将来の夢について、話を始める。続いて20年後に、久しぶりに会った友達に「どんなことを聞いてみたいか」「どんな話をしたいか」など話を進め、他の学習者と協力してワークシート「質問の木」に書き込む。話の内容によって語彙を導入。「同窓会」「ロール」の説明。

ロールカード
A：今、2027年です。EW日本語学校の同窓会で友達に会いました。家族や仕事、仲の良かった友達についてなど、いろいろ聞いてください。
B：今、2027年です。EW日本語学校の同窓会で友達に会いました。友達の質問に答えてください。また自分について、いろいろ話しましょう。

---

②隣の人とペアになり、お互いに20年後の自分になりきって話す練習。(「仲の良かった友達」の情報を得る。)

③2組、席で発表

　挨拶、質問の仕方、答え方、近況の話し方など15課までの文型を使っていくつか全員で練習。「そうですか」「いいですね」「すごいですね」など相づちの練習。

④全員が立ち上がって、自由にペアをつくり、話し始める。

⑤相手を変えて話をする。

⑥話が終わったら、何組か発表してもらう。

6. 注意した点

　クラスに何を質問しても、「どこも／なにも～ません」「わかりません」などと答えてしまい、話し続けることが苦手な学習者がいたので、ペアでロールプレイをしてモデル会話発表の後、練習時間をとった。また、内容については20年後のことなので、夢のような話でもいいし、何よりも楽しく「話のキャッチボール」が続くようにしようと言ってから始めた。

7. 学習者のロールプレイ実践例

　A：こんにちは。久しぶり。足は大丈夫ですか。

　B：(痛かったのは)20年前ですから、今は大丈夫です。

　A：あ～、そうですか。結婚していますか。

　B：いいえ、まだです。仕事が忙しいですから、まだ結婚していません。

　A：今何をしていますか。

　B：今、MBCラジオで働きます……いえ、働いています。

　A：へえ。すごいですね。

　B：Aさんのお仕事は何ですか。

　A：私は沖縄で小さい喫茶店をしています。(沖縄～！と歓声)

　B：後で、遊びに行きたいです。

　A：行きましょう。

　B：結婚していますか。

　A：ええ、結婚しています。娘がひとりいます。

　B：娘は何歳ですか。

　A：10歳です。え～と、Eメールがありますか。

　B：ありますよ。

A：教えてください。私が後でメールを書き？　書きます。メールをします。
　　B：ありがとう。
【フィードバック】
　　「娘は何歳ですか」→「（あなたの）娘さんは何歳ですか」
　　「メールが／携帯のアドレスがありますか」
　　「メールを書きます」→「メールをします／メールを送ります」
　　「アナウンサー」「プロデューサー」カタカナの言葉
　　親しい友達についての質問「～さんに最近会いましたか。」「～さんを覚えていますか」など。
8．ロールプレイ実践後に書いた作文例
　活動の後、以前同レベルで書いていた「私の家族」の代わりに「2027年の私」という作文を書いた。現実ではないものの、ロールプレイで十分話をした後なので、抵抗なく書くことができたようだ。また、ワークシートの質問のまとまりに答えることでひとつの段落になるため、まとめて書きやすかったのではないかと思う。

学生A「20年後の私」

　わたしは今48歳です。わたしは日本のおきなわに住んでいます。10年前に結婚しました。わたしの家族は3人です。主人と娘がひとりいます。娘は8歳です。かわいいです。
　わたしはおきなわできっさてんをしています。とてもたのしいです。毎日新しい人に会いますからさびしくないです。おきなわの海はきれいです。わたしは水泳が好きですからきれいな海で時々泳ぎます。おきなわの生活は楽しいです。
　イーストウエスト日本語学校で勉強しましたから今日本語がへたじゃありません。外国語に話すことはおもしろいです。あとでヨーロッパへ行きたいです。そこでほかの外国語も勉強したいです。

学生Ｂ「20年後の私」

　わたしは今韓国のプサンに住んでいます。しごとはMBCラジオのほうそうきょくで働いています。プロデューサーです。わたしがつくったばんぐみはにんきがあります。まだ、けっこんをしませんが、こいびととともだちがありますからさびしくないです。また、しごとがたのしいですからこうふくです。

　わたしはりょこうがとてもすきです。昨年の休みにベニスへ行きました。来年の休みは日本へ行きたいです。日本の１年間はとてもおもしろかったです。そして、いろいろ思い出しています。その時、A9クラスのともだちとせんせいと会いたいです。これからずっとげんきにいきています。

　ロールプレイをしたペアが、その後書いた作文を読んでみると、実際に話をした内容から進んでさらに詳しく、具体的なものになっている。例えば、Ｂさんの仕事については「作った番組は人気があり、仕事が楽しいから幸福」だと20年後の自分の姿を自然な日本語で表現している。また、ロールプレイには出てこなかったが、趣味の旅行についても書かれている。20年後に視点を移したことで、「昨年はベニスへ」「来年は日本へ」、そして、「20年前の日本での留学生活は楽しかった」と、自由に未来と過去の思い出をつなげて書く練習となっていると言える。

　「て形」相当の学習者が書く作文は、どうしても「私の１日」「休日」など、時間軸にそって行動を並べたり、実際にあった出来事を並べて最後に感想を書いたりと、「自由度」が低いといつも思っていたが、今回学習者の作文を読むことで、日本語の力の差こそあれ、皆オリジナリティのあるものになっていることが分かった。

　Ａさんの作文では、「沖縄」での生活を上手に形容詞を使って表現している。ロールプレイで場面設定がしっかりできたことで、「書かされる作文」ではなく、現実に近いものになったのであろう。

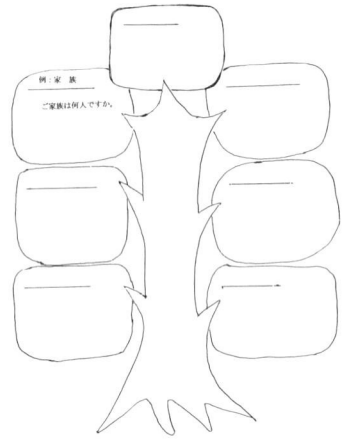

【ワークシート】　質問の木　質問を考えましょう。

例：家族
ご家族は何人ですか。

参考文献：
「日本語クラスアクティビティ50　5年後の同窓会」ask
インターネット「日本語教材図書館みんなの日本語教材配布室」http://n-lab.kir.jp/library/download/index.html

■授業終了後の「振り返り」

　　友達の「将来の姿」に驚きの声が上がったり、ユーモアのある答えに大爆笑になったり、ひとつとして同じものがない会話に全員が最後まで集中して取り組むことができました。「20年後」の学習者は「政府高官」だったり、「韓国と日本とヨーロッパで働く有名なインテリアデザイナー」などさまざまでした。
　　このレベルでの会話練習では、「自分の言葉で、オリジナルで！」と声をかけても、既習項目が限られるため、だいたい同じような展開になってしまうことが多く、学習者がお互いに教えあったり、情報を得たりすることは少ないのではないでしょうか。今回のロールプレイでは、「同窓会」という場面設定なので、話し相手をかえて繰り返し練習することができました。そのため、間違いにも自分で気付き、少なくなっていったようです。

家族について話すことも、自然な形で練習できたと思います。現実の家族について話すことにはいろいろな問題もあると思いますが、20年後となれば、「理想の家族」を語っても不自然ではありません。「奥さんは頭がいいです。それと、素敵な人です。」という答えには、すぐ「どこで会いましたか。」と質問が出ましたし、「独身です。」と言った学習者も「少し寂しいですが、友達や恋人がいますから。仕事が忙しいですから。」とか「運命的な出会いがありませんでしたから。」など上手く受け答えをしていました。また、学習者が同じ国の場合でも、今回の場面設定では、本人も家族も世界各地に住んでいますから、話も自然に続いていきます。

思っていた以上に効果があったことに、「家族の呼び方」が意識されるようになったことがあります。「私の家族・あなたの家族」といった絵カードを使ったり、質問を繰り返して練習をしてきましたが、頭では分かっているけれど間違いが多かった項目です。繰り返し家族について質問したり答えたりするうちに、強く意識されていき、後半には間違いも自分で言い直すことが多くなりました。

今回のロールプレイの授業を終えて、初級前半であっても、場面設定や話題によっては、実年齢にあった会話練習ができるのだと改めて考え直し、無理だと決め付けることなく、授業に取り入れたいと思いました。また、ロールプレイで「話す」ことだけではなく、「書く・読む・聞く」ことと合わせて日本語の力を伸ばす授業をさらに考え、可能性を広げていきたいと思います。　　　　　　　　　　（永田晶子）

■嶋田からのコメント

　初級を始めたばかりの『みんなの日本語15課』レベルでの授業展開としては、とても良い例だと思います。振り返りにもありますが、「このレベルだから、これだけしか文型・語彙を知らない。だから、この程度のことしか……」といった教師側の思い込みは避けなければなりません。そういう意味で示唆に富んだ実践例でした。

また、ロールプレイ実践例や作文例は、授業見学は出来ないものの、どういう授業が展開されたかを想像させてくれる良い材料だと思います。今後もこういう授業例の共有化、授業実践の記述化を進めていきたいものです。

3　OPIに基づく会話試験開発

3-0　読む前にちょっとひと言

　1997年にOPIのワークショップを受けた私は、何とか勤務校のカリキュラムを変えたいと考えました。しかし、学習者が日本語を使って何ができるかを重視した授業を学校全体として実施したいと思ったものの、なかなか教師の意識改革はスムーズには進みませんでした。文型積み上げに慣れてしまっている教師たち、日本語能力試験を目前にして知識の詰め込みに必死になっている教師たち。そんな中で一歩一歩OPIをベースにした会話授業を進めていきました。その時、ひらめいたのが「会話試験そのものを変えれば、授業も変わるはずだ」ということでした。ワークショップの最後に牧野トレーナーはこう言われました。

　　私は、学校を見に行くとまずその学校で使っている試験を見るんです。それでどういう教育をしている学校かがよく分かります。「試験が学習者を作る」ということを忘れてはなりません。それほど試験は大きな役割を果たしているのです。

　それから私の孤独な挑戦が始まりました。ひとりで「既習者のためのプレースメント試験としての会話試験」を開発したり、会話試験の評価項目を見直したり、さまざまなことに着手しました。そのうち学内にもテスターが増え始め、ついに10人を超えるまでになりました。そこで、私は新しいことを始めることしたのです。それは、OPIテスターを中心に会話試験研究班を作ることでした。試験開発や教科書作成は、それぞれの言語教育観や哲

学までも問うことになります。そうしてできた会話試験は、学内教師とのやり取りを経て、今日に至っています。まだまだ改善しなければならない点もありますが、その改善する過程において、また学校全体として教師力アップを図ることができるのだと思います。

それでは、皆さんにイーストウエスト日本語学校で開発した会話試験をご紹介することに致します。

3-1　会話レベル表に基づく会話授業

イーストウエスト日本語学校では、会話レベル表を作成し、それに基づいて会話授業を行っています。まず新入生が入学して来ると、「イーストウエスト日本語学校会話レベル表」を配布します。上級話者なら日本語版でも問題ありませんが、新入生の多くは初級レベル。そこで、学習者の母語に訳されたレベル表を渡します。本書では54ページに日本語、さらに巻末に英語、韓国語、中国語(簡体字、繁体字)、ベンガル語、シンハラ語、タイ語、ネパール語、ベトナム語、ミャンマー語、ロシア語、ポルトガル語版を載せておくことにします。

新入生は【入門　さあ、出発だ！】から始まる会話レベル表を前に、決意を新たにします。学習者にとって、目標を持つことは重要です。さらに学習過程において「自分が今、全体のどの位置にあるのか」を知ることはとても大切です。

イーストウエスト会話レベル表は2002年に「口頭表現能力研究会(メンバー：西川(寛)、西部、山中、山辺)」によって作成され、その後、教務が引き継ぎ、数回の改訂を経て現在に至っています。

初級における文型積み上げ方式の問題点として、運用力がつきにくい点が上げられます。基礎的な知識なくして、運用力がつかないのはもちろんですが、「今日は、この項目を勉強する。これを導入をして、練習をし、定着したら、次の項目に……」というやり方ではコミュニケーション能力はなかなかつきません。

例えば、『みんなの日本語』19課で「タ形」が導入され、「～たことがある」

という文型を学びます。これは「タ形」という形を覚え、それを定着させるために「〜たことがある」を学習するような形になっています。そうではなく、経験を話すためには「〜たことがある」を使うと言いたいことが言えるようになる。だからタ形が必要となる、という発想が必要なのです。この課でこれを勉強すると、日本語を使って何ができるようになるのか、ということを明確にすることが重要です。会話レベル表は、教師にも学習者にも「何ができるか」を意識化するのに役立っているのです。

OPIのマニュアルでは次のように述べられています。

・この項目はどのような機能を果たすのか。この学習項目を用いて、学習者に何を「する」ことができるようになってほしいのか。
・この特定の機能を学習者はどれだけ自分のものにしているだろうか。さらにどのような機能練習を補足できるだろうか。
・例えば、質問をするという機能を次の課で再び取り上げるとき、どのようにすればよいのか。結果として、積み上げ式指導法は、らせん（螺旋）的指導法に変更されることになる。（p.123–124）

イーストウエスト会話レベル表を紹介しましたが、それぞれの教育現場で独自の会話レベル表を作っていくことが望ましいと思います。学習者の背景、学習目的、学習期間など実に多様です。その中にあって画一的なスケールを使用するのではなく、自分達で作り上げていくことこそ意味があるのではないでしょうか。また、スケール、スタンダードなどを出来上がったものと考えるのではなく、つねにより良いものへと改善を続けるものとして捉えることが重要です。「そこに完成して、存在するもの」ではなく、つねにみんなで考え、使ってみて、また考え直してみる、といったプロセスそのものが重要だと言えます。

今回、イーストウエスト日本語学校で作成し、現在も引き続き使用しているモノを提示しましたが、それを叩き台として新たなスタンダード、レベル表をお作りください。そしてまたそれぞれのモノを発信していただければ、お互いに議論を交わすこともでき、教育機関を超えた協働が可能になるので

表1　イーストウエスト会話レベル表　　抜粋(NK6 & NK7)

		できることの目安	できることの具体例
NK7	上級	大学や専門学校での基礎的な会話ができる　　B	・トラブルが起きたときうまく対処できる ・相手の気持ちを考えながら(お願いしたり、断ったり、助言したり、謝ったり)話をすることができる ・映画、ドラマ、ニュースについて内容をわかりやすく説明できる ・**制度、文化、習慣、考え方の違いについて比較しながら話すことができる** ・料理の手順、道順などをわかりやすく説明できる ・少子高齢化、医療問題など少し難しいことについても意見とその理由が言える
MK6	もうすぐ上級	友達と冗談を言ったり、自由に会話ができる　　A	・話しにくいことについて友達に(お願いしたり、誘ったり、断ったり)話をすることができる ・友達と冗談を言ったり、砕けた会話ができる ・自分の好み、希望について相手に説明できる ・**血液型、結婚など興味のある話題について簡単な議論ができる** ・身近なニュースについて意見とその理由が言える ・食べ物、生まれ故郷、生活習慣について説明できる

※「A」は、授業例Aの最初に目指した「できること」、「B」は授業をスパイラルに展開する中で次に目指した「できること」という意味です。

はないでしょうか。

　イーストウエスト日本語学校では、この会話レベル表を基に会話授業を組み立て、それに沿った会話試験を実施しています。さらに、その会話試験を実施するにあたって、会話試験官を対象にして学内ワークショップを開きます。このように、授業と試験と教師研修が三位一体で行われることをめざしているのが、当校の会話指導です。

　では、開発した会話試験を説明する前に、授業実践例をいくつかご紹介したいと思います。まずは、前述した「イーストウエスト会話レベル表」の一部を示し、レベル表との関係を説明しながら述べていくことにします。

■新聞記事を活用した会話授業—「NK6 → NK7」
A「血液型、結婚など興味のある話題について簡単な議論ができる。
↓
B「制度、文化、習慣、考え方の違いについて比較しながら話すことができる」

「会話シート：働く女性に優しい社会の実現へ」を使って、グループ・ディスカッションをする。以下のように話題がスパイラルに上がっていくようにする。すなわち「自分自身のこと」から「個人と社会との関係」「社会的な視点」へと広げていく。ディスカッション終了後、意見文作成にもっていくことも考えられる。

①理想の家庭観(過去の経験から未来の家庭像へ)　　〈自分自身〉
　⇩
②夫婦の役割(世の中の動きと、自分の考える夫婦像)　〈個人と社会〉
　⇩
③求められる社会制度(個別の事柄から社会的な事柄へと話題転換)
　　　　　　　　　　　　　　　　　　　　　　　〈社会的〉
　⇩
④意識の変化(より抽象的なことについての話し合い)　〈社会の意識〉

【授業展開例】

> 『少子化を乗り越え、新しい社会へーフランスの成功例』

女性が子供を産む数

	1995年	2004年
日本	1.42人	1.29人
フランス	1.66人	1.94人

問1　結婚して子供を産んだ場合、働く女性にはどんな役割が生まれるか。
　　　　就職後：
　　　　結婚後：
　　　　出産後：

　　　奥さんが子供を産んだ場合、男性にはどんな役割が生まれるか。
　　　　結婚後：
　　　　子供が生まれた後：

問2　あなたが描く①理想の家庭観はどんなものか。

問3　あなたが描く①理想の家庭観での②夫婦の役割と、現実に目にする②夫婦の役割を比較してみて、何が違うのか話してください。

会話シート①「理想の家庭観」を導くために

↓

①「理想の家庭観」についてペアで話し合う。

↓

①②に関して、理想と現実の違いを比較して、グループで話し合う。その後全体でシェアする。

↓

問4 働く女性にとって子供が負担にならない③<u>社会制度</u>や社会はどうあるべきか。	③に関して、グループで話し合い、発表する(質疑応答)。
問5 子供を女性としての生き方を制約する「負担」とみなさない④<u>意識</u>を女性が持てる社会を作れるか。	④に関して、グループで話し合い、発表する(質疑応答)。
問6 「結婚」して「家庭」をもった「夫」「妻」という制約された考え方に代わる新しい考え方(生活スタイル)はどんなものか。	ディスカッションを発展させる。発表する(質疑応答)。
問7 ユニオン・リーブル(union libre フランス語)というシングル社会的家庭観と、自分の国の家庭観とを比較して、シングル社会的家庭観は自分の国で受け入れられると思うか。	新聞記事「フランスはなぜ『子だくさん』?」を読んだ後話し合う。

【授業で使用した新聞記事　読売新聞　2007年1月28日】

以上、「会話レベル表」からいかに普段の授業で会話授業を展開していくかについて説明しました。こういったことを常に意識しながら授業を組み立てていくことで、「突き上げ」を活用しながら学習者の運用力を伸ばしていくことができるのです。

　このように何を知っているかではなく、何ができるか、つまりプロフィシェンシーを重視した授業は、会話授業に限りません。読む、書く、聞く、すべてにおいてプロフィシェンシーを重視した教育をめざしていくことが重要です。

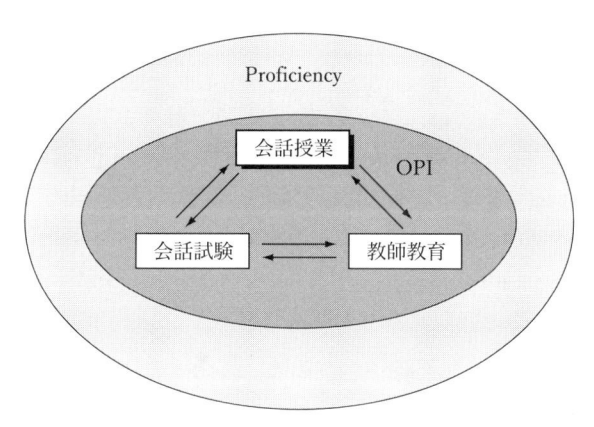

図1　イーストウエストの会話教育

3-2　シングルスケールの会話試験

　会話試験は「1対1のインタビュー形式」で、ひとり10分間行われます。試験の流れは以下のとおりです。

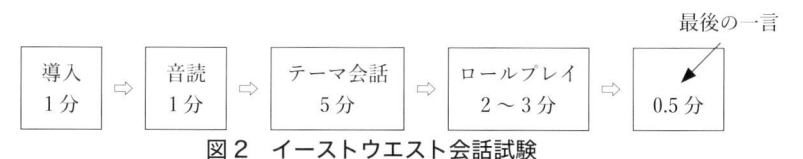

図2　イーストウエスト会話試験

これは OPI をベースにして作られています。その類似点と相違点をまとめると以下のようになります。

表2　OPI とイーストウエスト会話試験との比較

項目	EW会話試験	OPI	EW会話試験の特徴等
導入	○	○	形式は OPI とほとんど同じパターン。「音読」がある点が大きくことなる。
音読	○	×	
会話	○【テーマ会話】	○【レベルチェック⇔突き上げ】	
ロールプレイ	○	○	
終結部	○【最後のひと言】	○	
所要時間	一律10分	30分（最長）	実用性は増大
レベル	シングルスケール	10段階	シングルスケールに挑戦
テスター資格	必要なし	OPIのテスター資格	EW学内研修とリンク

「導入」部は、学習者との信頼関係作り、つまりラポール作りが目的です。この試験はクラス単位で行いますので、大体のレベルの見当はついています。ですから、OPI と違う点として、「会話ができる中級レベルを想定して始まる」ということは特にありません。

「音読」があるのが、この試験の大きな特徴のひとつです。よく会話試験の評価に際して、音声面が特に取り上げられることがあります。この試験では、「音読」という箇所でのみ音声チェックをし、あとは他のことに集中して評価を行おうという目的で「音読」が作られました。また、会話試験を通して教師も学習者も、「音読」の重要性を再認識するという教育への波及効果もねらっています。

「テーマ会話」は、この会話試験の主な柱であり、ここでは音読で使用したテーマを中心に話を展開していきます。突き上げを積極的に行い、学習者がどこまで話せるのかを見極めます。

「ロールプレイ」は、たとえば「励ます」という機能に関して7〜10種類のロールプレイカードを用意しておきます。その中から1枚選択し、実施します。

「最後のひと言」は、良い関係で会話試験を終わらせるための終結部で

す。会話試験では突き上げを積極的に行い、学習者の上限を見極め、言語的挫折をチェックしていきます。そのため学習者に「一番正確に機能できるレベルに戻し、被験者に達成感を与える(マニュアル、48ページ)」ことが必要になってきます。

それでは、どんな内容の試験なのかを分かりやすくするために試験問題の一例を記載することとします。

> 2005年度前期　会話試験　上級70
> （実施クラス　M2～M8　上級クラス）

1. 導入
   ウォームアップとして1分ほど話を聞いてみる。
   話題例：故郷、趣味、アルバイトの内容、日本での生活など。

2. 音読
   学習者にカードを渡し、20秒ほど黙読したのち音読をしてもらう。

【音読カード】

> 日本の法律では、結婚したら夫婦どちらかの姓を選びます。現在、夫婦の大半が夫の姓を選んでいます。女性の社会進出にともない、結婚前の姓が使えるように法律を改正すべきだという主張が出てきました。しかし、まだ夫婦が別々の姓を選べるまでには至っていません。

3. テーマ会話
   音読で出たテーマから始めます。どのぐらいの長さで、どのように話を展開することができるかを見ます。学習者の能力に応じて教師のほうから反論したりして、突き上げを行うことが重要です。

話題例(あくまで例であり、学習者の発話からつなげていってください。)
○あなたの国では姓についてどうなっているのか。
　(夫婦の名字、子供の名字など)
○どうして家族の名字が同じほう(違うほう)がいいと思うのか。
　〈それぞれの場合について、反論する〉
　<u>同じほうがいい</u>
　〔反論〕・結婚して名前が変わると手続きが面倒、
　　　　・名前が変わると仕事に支障をきたす等
　<u>違うほうがいい</u>
　〔反論〕・家族としての一体感がない等
○日本人と話をしていて、結婚しても夫婦の姓は元のままで変わらないと話したら、とても驚かれた場合、日本人にどう説明するか。
○あなたの国の法律や制度で、変えたほうがいいと思うものがあるか。
　(その法律の説明から、どのように変えればいいか、その理由、その効果などを話してもらう)

4. ロールプレイ
　「励ます」　評価点は70点(3.5倍する)
　※初級20を1としているので、上級70は(70 ÷ 20 = 3.5)素点を3.5倍して計算する
　ロールプレイカードの中から1枚選んで渡し、読んでもらう。
　読み終えたら、机の端に置くように言う。

　会話の相手が落ち込んでいる(反省や後悔を見せつつ)のに対して、相手の気持ちを理解しながらどのように励ますことができるかが、ポイントです。相手を励まして、前向きな気持ちにさせることができたら、タスクが達成したとみなします。教師は励ましをすぐに受入れずに、まだ気持ちが変わらない様子をまず見せること。相手の励ましの内容と言い方が十分だと思えたら、「おかげで気持ちが晴れた」というようなことを言ってロールプレイを終えます。

カード①

> あなたの友だちはアルバイト先に好きな人がいます。その友だちが好きな人を映画に誘いましたが、断られました。友だちの気持ちを理解しながら、友だちが元気になるように励ましてください。

※
・教師の役割
　　　教師＝同じアルバイト先のスタッフ（田中たかし／ゆう子）
・教師へのアドバイス
　　　いつ、どんな状況の時に誘ったのか。誘ったとき、どのように断られたのかなど、説明してください。
・終了
　　　最後は「ここでロールプレイを終わります」と言い、
　　　ロールプレイが終わったことが分かるようにカードを返してもらいます。

5. 最後のひと言
　　　気持ちよく会話試験が終えられるようにします。
　　　　　例：今日はこれからどうしますか。
　　　　　　　明日は土曜日ですが、どんな予定ですか。
　　　　　　　（出てきた話題を取り上げて）年末パーティではどんなことをする予定ですか。等

※【ロールプレイカード】

カード②

> アルバイト先の友だちが、店長にお客さんの接客の仕方が悪いと怒られました。友だちが怒られた状況を理解して、元気を出して働けるように励ましてください。

お客さんと、どんな場面で接していて、店長に怒られたのかなど、説明してください。

カード③

> 第一希望の大学の試験に落ちてしまった友だちが、元気を出して他の道が考えられるように励ましてください。

第一希望の大学こそが今の自分にとって一番いい大学というように、少しかたくなな考えを持っている学生を演じてください。

カード④

> スピーチ大会に参加して入賞できなかった友だちが、とてもがっかりしています。友だちの気持ちを理解しながら、友達が元気になるように励ましてください。

内容も良かったし、発音もよかったこと。あんなに練習したから絶対優勝できると自信を持っていたのにと、ひどく落胆している学生を演じてください。

カード⑤

> あなたの友だちは奨学金を申し込みましたが、結局もらえませんでした。がっかりしている友だちの気持ちを理解しながら、友だちが元気になるように励ましてください。

成績も学習態度も自分では申し分ないと自信を持っていたなどというように、ひどく落胆している学生を演じてください。

カード⑥

> 交際をしていた彼(彼女)に振られてがっかりしている友だちの気持ちを理解しながら、友だちが元気になるように励ましてください。

彼には優しくしていたつもりで、最初は自分に何か原因があるとは思っていないという状況で会話を始めてください。

カード⑦

> 新学期のクラス分けで、ひとつ下のクラスになってしまった友だちが、落胆しないで元気に頑張れるよう励ましてください。

勉強に集中できず、成績がひどく悪かったためクラスが下がったという状況で話を進めてください。

ロールプレイカードの準備に当たっては、すべてのカードの難易度が同じようになるようにしなければなりません。7〜10枚のカードを準備するのは、ひとつには試験が終わった学習者が、試験を待っている学習者とロビーなどで接触することにより情報が漏れ、ロールプレイの内容が分かってしまうことを防ぐためです。

また、教師へのアドバイスがあるのは、この会話試験はOPIのようにワークショップを受け資格認定をされた教師が実施するわけではありません。学内ワークショップを受けた教師誰もが実施可能となるように記述がされています。

参考までに、試験実施の概要を記すことにします。毎回試験作成者は、音読文とロールプレイを新たに作成します。そのこと自体が作成する教師にとっては研修そのものとなり、また、試験のための学内ワークショップで多くの教師が、新しいテーマを「いかにスパイラルに展開させていけばよい

か」について話し合いをし、ロールプレイの検討をします。つまり、「試験や教材を既にあるものと考えるのではなく、常に新たなものを作り出していく」という考え方が基本にあるのです。

では、2005年度と2006年度の試験内容について一覧表を記しておきます。

表3　会話試験一覧

【2005年度　前期試験】

	クラス	ロールプレイ	音読文	ロールプレイ
上級80	M1	4倍	遺伝子操作	誤解を解く
上級70	M2-M8	3.5倍	夫婦別姓	励ます
中級60	M9-A1	3倍	人間関係	事情を説明し許可を求める
中級50	A2-A5	2.5倍	温泉	苦情を言う
初級40	A6-A7	2倍	富士山	理由を言って依頼する
初級30	A8-A9	1.5倍	私の部屋	簡単な説明と感想を言う
初級20	A10	―	好きなこと	誘う

【2005年度　後期試験】

	クラス	ロールプレイ	音読文	ロールプレイ
上級80	M1	4倍	忠臣蔵	交渉する
上級70	M2-M8	3.5倍	少子化	丁寧に断る
中級60	M9-A1	3倍	携帯電話	迷っている相手を誘う
中級50	A2-A5	2.5倍	お辞儀	悩んでいる相手に助言する
初級40	A6-A7	2倍	交通機関	忘れ物・落し物を問い合わせる
初級30	A8-A9	1.5倍	父の趣味	理由を言って断る
初級20	A10	―	うちの近く	簡単な助言を求める

【2006 年度　前期試験】

	クラス	ロールプレイ	音読文	ロールプレイ
上級 80	M1	4 倍	死刑制度	説得する
上級 70	M2-M8	3.5 倍	メディアと情報	筋道を立てて助言する
中級 60	M9-A1	3 倍	100 円ショップ	頼みにくいことを依頼する
中級 50	A2-A5	2.5 倍	結婚式のスピーチ	事情を説明して依頼する
初級 40	A6-A7	2 倍	伊豆	約束を変更する
初級 30	A8-A9	1.5 倍	日本の四季	簡単な許可を得る
初級 20	A10	—	日本の生活	簡単に依頼する

【2006 年度　後期試験】

	クラス	ロールプレイ	音読文	ロールプレイ
上級 80	M1	4 倍	IT 革命	インタビューする
上級 70	M2-M11	3.5 倍	現代若者フリーター像	頼みにくいことを丁寧に依頼する
中級 60	A2-A4	3 倍	回転寿司	事情を説明して謝罪する
中級 50	A5-A7,A9	2.5 倍	ペット	断りにくいことを断る
初級 40	A8,A10,A11	2 倍	カップラーメン	助言を求める
初級 30	A12	1.5 倍	手紙	誘って約束する
初級 20	—	—	—	—

注：Mは午前クラス、Aは午後クラスを表します。M1 から数が増えるにしたがって、レベルが下がっていきます。音読文、ロールプレイは、試験のつど教務スタッフの会話試験班が作成しています。

　ここでは、2005 年度前期試験〔上級 70〕の会話試験をご紹介しました。この試験は、上に示したように毎回作り変えられます。また、それぞれレベルによって音読文、テーマ会話のテーマ、ロールプレイが異なります。次にレベルの違いを見ていただくために、「70」の前後の音読文とテーマ会話を記載します。

　まずは、中級 60(2006 年度前期)の音読文およびテーマ会話例をあげることにします。

> 100円ショップのお店にはさまざまな商品が並んでいます。どれも100円とは思えない品質のものばかりです。100円で思う存分買い物が楽しめるので、人気があります。お店にはいつもお客さんがおおぜいいます。

⇩

- 100円ショップでの経験
  （よく買うもの、買ってよくなかったもの、お勧めの商品など）
- よく買う理由。良くなかった理由(少し反論)
   安価な商品→安いものは使い捨てされやすいのではないか。品質が悪いのではないか。など
- スーパー、デパートの商品との比較
- 国で成功しているビジネス。その成功理由。
- 激安ショップが社会に与える影響。

次は、上級80(2006年度後期)の音読文およびテーマ会話です。

> 日本におけるインターネット元年は1995年と言われている。たった10年ほど前のことなのに、我々はもはやそれ以前の生活を実感として想像しがたくなっている。会社での仕事や友人とのつきあいなど、インターネットがなかった頃と現在とでは全く変わってしまったと言える。

⇩

- インターネットの技術革新によって便利になったこと　　（説明）
- ネット社会についてどう思うか。　　（意見）
- ネット社会出現による社会的問題について(不正侵入、詐欺、情報流出)　　（説明）

- 映像や音楽をコストゼロで複製し、それを交換できるシステムと著作権の問題　　　　　　　　　　　　　　　　　　　　　　（意見）
- ネットの中で匿名で自由に意見が言えることが社会的貢献を生み出したか(内部告発など)　　　　　　　　　　　　　　　　（意見）
- 誹謗中傷やプライバシー侵害を防ぐために、電子掲示板に書き込みをする人は車の免許制のような一定の講習と試験と登録管理をすべきだという意見についてどう思うか。

　以上、簡単にイーストウエスト日本語学校で開発した「シングルスケールの会話試験」の内容をご紹介しました。この試験は、OPIの考え方に基づいているものの、10分という非常に短い時間で実施しなければならないという問題点があります。しかし、1クラス平均15人の学習者に対して定期試験として会話試験を行うという事情を考えると、時間的にはこれが限界なのです。

　1人　10分の試験時間　＋　終了後2、3分チェックタイム
　　（会話試験実施時はメモを取ることができないため、終了直後に評価等に関して記述をする。）

となると、ロスタイムも含め、ひとり15分程度の時間が必要になってきます。これ以上長い試験時間は考えられません。その中で、「音読」「テーマ会話」「ロールプレイ」を実施するわけですから、やはりそこにはある技術が求められてきます。OPIのようにテスター資格は必要ありませんが、そのための学内ワークショップがあり、定期試験のつど腕を磨くことになります。
　このようなことから、この試験開発がもたらしたメリットは次のような点にあります。

- プロフィシェンシーに基づく会話試験開発のプロセスで、議論を重ねていくことで、個々の教師力を伸ばすことができる。

- 音読が授業においても意識されるようになる。
- 試験にロールプレイがあることから、ロールプレイを活かした授業を積極的に行うようになる。また、学習者を巻き込んだロールプレイカード作成にも意欲的に取り組むようになる。
- 会話授業で、ひとつのテーマをうまく展開しながら学習者の力を伸ばすという手法を使うことができるようになる

問題点としては、以下のような点があげられます。

- 10分と時間は決められているが、なかなか時間内に収めることが難しい。
- 時間が短いだけに、試験官の力量で学習者の力を引き出せるか否かに関してかなり違った結果が出る場合がある。

会話試験の構成についてお話ししましたので、次に、どのように評価するのかについて説明することにします。

3-3　会話試験の評価法

　イーストウエスト日本語学校の会話試験は、3-2で述べたような形式・内容で行われます。次はその評価法について説明することとします。
　試験をしている間は、メモを取りません。終了直後に気づいた点などを簡単にメモしておくことは許可されています。メモを取りながら試験を進めることは、学習者を緊張させたり、学習者の発話に集中することを妨げることがあるからです。
　終了してから、再度テープを聴き、評価メモシートに沿って評価していきます。評価項目は以下のとおりです。音読の評価項目は1～4点の項目と2～8点のものがあり、ロールプレイのタスク達成に関しては、他の項目の2倍の評価点が与えられています。また、正確さに関しては、初級レベルとその他のレベルで差をつけています。テーマ会話の評価項目は、1～10に関

しては、どこまでできたかという評価法を取り、11、12 に関しては出来たか出来なかったかということでチェックを入れます。なお、12 に関しては初級レベルではチェックしていません。

1. 音読(音声)
    単音＝3項目、アクセント、イントネーション＝3項目
    4点×4＋8点×3
2. テーマ会話
    ①何が出来るか
        12項目　各8点
        テキストの型(単語→文→段落→複段落)と、「求められる情報を話すことが出来るか／根拠や理由をあげて意見を述べることが出来るか」という観点から評価する。
    ②正確さ
        3項目　各12点
3. ロールプレイ
    【20、30、40、50、60、70、80】→レベルによって、基本点数の20点を、1.5倍、2倍……というふうに掛け算をする。
    3項目　10点＋5点×2

　試験官は、評価メモシートにしたがって会話試験の評価を行います。しかし、「これは段落と捉えればよいのか。それとも、準段落なのか？」といった疑問も出てきますので、その解決策として「ガイドライン」を作成し、判定の際の参考資料としています。

表4　会話試験　評価メモシート

east west Japanese Language School

新評価メモシート　　２００６年９月６日改定　★

合計点：

クラス：＿＿＿＿＿　名前：＿＿＿＿＿

1．音読（音声）

単音	濁音、清音の発音ができる。	1, 2, 3, 4
	特殊拍の発音ができる（長音、拗音、促音）	1, 2, 3, 4
	苦手な特定の音がない（ツ、チュなど）	1, 2, 3, 4
アクセント	正しい位置にアクセントを置くことができる。	2, 4, 6, 8
イントネーション	文末のイントネーションが意識されている。	2, 4, 6, 8
	文の途中でイントネーションが乱れない。	2, 4, 6, 8
	文の切れ目に適切なポーズを置いている。	1, 2, 3, 4

小計：

2．テーマ会話　【各8点】

単語	1	「はい／いいえ」で答えることができる。	8
	2	疑問詞を用いた質問に対して、適切な返事ができる（※どう、どんな）	8
文	3	求められる情報を、**単文**で話すことができる。	8
	4	求められる情報を、**複文**で話すことができる。	8
段落	5	求められる情報を、**準段落**※で話すことができる。	8
	6	意見とその理由を、**準段落**で話すことができる。	8
	7	その話題で求められる情報を、**単段落**で話すことができる。	8
	8	意見とその根拠や理由を、**単段落**で話すことができる。	8
	9	その話題で求められる情報を、**複段落**で話すことができる。	8
	10	意見とその根拠や理由を、**複段落**で話すことができる。	8
	11	母語話者の耳で聞いて違和感の無いスピードである。	8
	12	教師に対して敬体を維持して話すことができる。（※初級はチェックしない。）	8

小計：

【正確さ】＜初級は3点、6点のみ＞

1	活用の間違い	3, 6, 9, 12
2	助詞の間違い	3, 6, 9, 12
3	語彙の選択・量	3, 6, 9, 12

小計：

3・ロールプレイ【20, 30, 40, 50, 60, 70, 80】＜レベルによって1.5倍、2倍……＞

1	タスクが達成できたか。	2, 4, 6, 8, 10
2	言語表現が洗練されていたか。	1, 2, 3, 4, 5
3	コミュニケーションが円滑に行われたか。	1, 2, 3, 4, 5

小計：

表5 評価ガイドライン　（抜粋）

1	「はい／いいえ」で答えることができる。 　　T：寮に住んでいますか？ 　　S：はい。
2	疑問詞を用いた質問に対して、適切な返事ができる(※どう、どんな) 　　T：毎朝何時に起きますか？ 　　S：6時。
3	求められる情報を、単文で話すことができる。 　　T：毎朝何時に起きますか？ 　　S：6時に起きます。
4	求められる情報を、複文で話すことができる。 　　T：どうして毎朝11時に起きるんですか？ 　　S：私は、A9クラスですから、11時に起きます。 　　T：どんなお兄さんですか？ 　　S：私が小学生だった時、兄はよくむずかしい宿題を手伝いました。
5	求められる情報を、準段落※で話すことができる。 　　T：100円ショップにはどんな物がありますか。 　　S：日本で、留学生がほしいものがほんと多いです。100円ショップに行きます。いろいろ買えて、とても便利ですよ。
6	意見とその理由を、準段落※で話すことができる。 　　T：一人で旅行する時と、友達といっしょに旅行すると、どちらがどのようにいいと思いますか。 　　S：どのほうがいいと言ったことができないと思います。友だちと旅行したら、楽しいと、なんかいろいろなことをいっしょにすることができます。うん、ちょっと一人ではちょっと寂しいことがある、あるけど、いっしょに旅行することは寂しくないし、おもしろいですから。それもいいだし、いいし……　。
7	その話題で求められる情報を、単段落で話すことができる。 　　T：スリランカの人っていうのは、どういうファッションなんじゃか。 　　S：だいたい若い人は学生服です。あの、あんまりファッションがないんです。例えば、学校行く時は、長い髪はだめで、黒いくつとか、白い服着て、本当に学生と見えるんですけど。でも、日本の学生はちょっと学生かなあって思うことあります。

8	意見とその根拠や理由を、単段落で話すことができる。
	T：どうして100円ショップで買い物をするんですか？
	S：やっぱり洗濯するとき、洗剤がいつも必要だから、洗剤をいつも利用しています。スーパーでも洗剤がありますが、スーパーは300円以上です。それで、本当に私の考えでは高いかなと思って、100円ショップの洗剤を使うんです。
9	その話題で求められる情報を、複段落で話すことができる。
	T：じゃあ、韓国の100円ショップと日本の100円ショップと、どう違いますか。
	S：あの、韓国じゃあ、食べ物がないんですよ。食べ物とかないし、飲み物もないんです。だいたいなんか家庭用品、それだけです。ああ、だから、日本に初めて来て、100円ショップで食べ物とか見てほんとにびっくりしました。いろんな人がそこで食べ物を買ってるんですよね。それから、質ですけど、韓国の100円ショップのものは、いろんな商品、質はあんまり信頼、信用できないって感じです。それと比べて日本の100円ショップでは、お菓子とか、CMで見るメーカーのお菓子が売ってます。だから、みんな友だちも安心して買ってます。
10	意見とその根拠や理由を、複段落で話すことができる。
	T：夫婦別姓についてどう思いますか？
	S：そうですね。あのう、韓国はもちろん夫婦別姓ですけど、韓国も伝統的に女の人の立場が低かったんですよ。日本もそうだったと思いますけど、その韓国の伝統の中でも、女の人が結婚したら、男の人の家に行くんじゃないですか。死ぬまでそこで暮らすけど、でも、一点、あのう、自分の名前とか特に姓は捨てないんですよ。それがその人にはひとつの、あのう、自分がどこから来たかという、あのう、その意識が死ぬまで持つことができるんじゃないですか。もしも姓を捨てたら、あのう、それが、男の人の家からは完全に自分たちと同じ家族になるかと思うことができるかもしれません。でも、女の人の立場から見て、あのう、せめて自分の家族、実家というかその人たちと縁を最後までは、それだけは、残りたいと、わたしもそう思いますから、夫婦別姓のその制度が、それが私には気に入るんです。

OPIマニュアルでは段落を次のように説明しています。

◆発話される文の連続が内的な完結性(internal integrity)をもって連なっているものを段落とみなす。そのためには、ビデオ映像のように

時間の流れと聞き手への配慮が結び付いた連続したひとつのまとまり
　　　としてある内容を示した発話でなければ段落とみなされない。それを
　　　測定するポイントとして、接続詞ならびに接続助詞、そして指示詞を
　　　みる。それらをうまく行使することによって聞き手にビデオ映像のよ
　　　うなまとまりのあるイメージを与えられるかどうかが段落か否かの問
　　　題となる。　　　　　　　　　　　　　　　　　　　　　　（p.39）
◆　「段落」という用語は、主に書き言葉の文章構成について用いられる
　　ことが多いが、話し言葉に関して使う場合にも役に立つ用語である。
　　段落に関して、長さは重要な要素のひとつではあるが、単にそれだけ
　　で決まるものではない。例えば、あるひとつの話題について述べてい
　　ても、相互に関連のない文が並んでいるだけでは、段落として成立し
　　ない。段落になっているかどうかを決定する要素は、むしろ、発話に
　　おける内的な完結性である。それは、計算された順序立てに従って、
　　考えや情報を述べていくことによって初めて可能になる。　（p.110）

　段落構成には、結束性(cohesion)と一貫性(coherence)が重要です。構造的に文や節の表層的なつながりに関することを結束性と言い、意味的な観点で見ていくのが一貫性の問題です。ここで言う「準段落」とは、段落の萌芽が見えるものの、結束性または一貫性において十分ではないものを指しています。これを作ることで、「段落が出来ているかいないか」ということで大きく評価が分かれることを避け、さらには教育への波及効果をねらっています。つまり、「どこをどのようにすれば段落構成がうまくいくのか」といった指導上の材料になることをめざしているのです。なおOPIリサーチグループ(1995: 85)では「段落になりきれない発話」を「準段落」と呼んでいます。

　テーマ会話において、テキストの型と発話内容(単に情報が言えるか／意見が言えるか)の2つについて評価していることには、困難な点も見られます。しかし、たった10分の会話試験でさらに細分化して評価を行うことによって、実用性が低くなってしまいます。実は、以前は会話導入部分とテーマ会話部分の二つに分けて評価をしていたのですが、数年後に実用性を取

り、改訂されました。

3-4　会話試験実施例

　ここで、実際の会話試験のいくつかの例を示すこととします。それによって、各レベルで質問項目を予め決めて実施する会話試験や、テーマを決めてディスカッションをするだけの会話試験との相違点が明らかになると思います。この試験のねらいは、学習者に点数を与えるためではなく、「どこが得意で、どこが弱いのか。どうすれば、もうひとつ上のレベルにいけるのか」を指導への手掛かりとすることです。

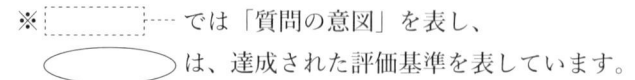

　　※ └──────┘ では「質問の意図」を表し、
　　　　　◯　　　は、達成された評価基準を表しています。

■上級 80 のテーマ会話例
　（音読は「忠臣蔵」）

　　　　　　　　　　　　　　　　　　　　　　　話題について訊く

T：忠臣蔵を知っていましたか。初めて聞きましたか？

S：初めてじゃないんですけども、聞いたことはありますけれども、内容は難しくて全然理解できなかったんです。ええと、今年、いつかな、歌舞伎座に見に行った時にもやってたんで、とても難しかったんです。

T：あの、忠臣蔵みたいに繰り返しドラマとか映画とかで取り上げられる、なんか歴史的題材がありますか。韓国に。

　　　　　　　　　　学生にとって身近なことを話題に振る

S：私の場合、テレビあんまり好きじゃないんで、見る時間もあんまりないし……。でも、国は戦争があった国だったんで、6月25日に戦争があった日なんで、その日になると、あの、戦争に関した、あのう、ま

あ、ドラマとかいつもやってますけど。

［描写・説明を求める質問］

T：ああ。ドラマというと、**それはどういう話**なんでしょうか。

S：軍人が、若者が軍隊に行って、自分の命がけで戦っていたので、家族にも連絡とか取れないじゃないですか。その時期は。手紙とか書いて、住民に会ったとき、それを伝えて、家族に伝えてくださいという、そんな内容。愛人と、愛人と言うんじゃない。あ、恋人とかにも。それで、それが何というのかわからないんですけど、軍人がかけているネックレスみたいなもの、自分の身分証みたいなものがありますよね。それを見たら、何年生まれの誰ってわかる、そういうのを渡した話です。

［単段落で説明できている］

T：そうですか。戦争で人を殺す場合と、普通の日常生活でいろいろ殺す場合、殺人もいろいろありますよね。戦争で殺しても罪に問われない、でも普通に殺した場合は問われる。**それはちょっと変だ、とは思いませんか。**

［理由や根拠を伴った意見を求める質問］

S：そうですね。あんまり考えたことないんですけれども……。あのう、戦争の場合は、自分の意思で、じゃなくて、まあ国家のためっていうか、愛国心って言うか、なんと言うか、自分の国を守るためにやらなければならないと思うんで、普通の生活で人を殺すなんて、それを自分のなんか、あの、恨みとかなんとかがあって、自分の意思で殺しちゃうのは、それは問題だと思います。

［単段落で、理由や根拠を伴った意見が言えている］

　5分という短い時間に説明、意見、それも理由や根拠に基づく意見を言ってもらうには、教師側の力量も問われるのです。この例では、学習者の発話の中の言葉を拾って、うまく「意見求め」にまでもっていっています。それが次の節でのべる学内教師研修につながり、学校自体の成長につながります。

■上級70のロールプレイ例

カード②

アルバイト先の友だちが、店長にお客さんの接客の仕方が悪いと怒られました。友だちが怒られた状況を理解して、元気を出して働けるように励ましてください。

教師は、リン(中国人)、イム(韓国人)
　学習者と同国人にならないように気をつけます。それは、たとえば同国人同士で日本語で会話をするという場面を避けるためなのです。実生活において同国人同士で日本語を使用してコミュニケーションするという場面は、一般的ではありません。できるだけ自然な接触場面を念頭におくことが大切です。

―略―
S：リンさん、大丈夫？
T：なんか、もう、いや。ジョンスは元気そうでいいね。
S：あの、店長は、さ、やっぱり、できそうな人に、いろいろ言うと思うからさ。がんばってね。
T：うん。私ね、日本語もすごく上手になったと思うし、敬語もちゃんと使っていねいにやっているのに……。
S：ああ、でも、そう。自分はそう思っても、やっぱり、日本人、私達は外国人だから、日本人から見て、接客の態度とか。ただ言葉じゃなくて、お客様の気持ちとか、そういう細かいところまで、店長は見てると思うよ。
T：でもね。レジでお客さんが「小麦粉どこですか」って聞いたから「あちらにありますから、あそこに行っていただけますか」っていったら、店長があとで怒ったの。
S：うん、やっぱり、あれじゃないかな。お客さんによってはさあ。あの、

ただ教えるだけじゃなくて、直接案内して、そこまで行って、説明した
　　ほうが、やっぱり、うん。
T：だって、レジ、離れられないからって、ちゃんと説明したのに。
S：あ、そうか。あの、店長と、そんな時どんなやり方ですればいいです
　　か、って相談してみたら？
T：自分が合ってるって思っても、謝らなきゃいけないのかなあ……。
S：そうだね。でも、元気だして。できなさそうな人には何も言わないから
　　ね。
T：そうかなあ。
S：そうそう。できない人には何も言わないで、「いいよ」っていうでしょ。
　　リンさん、できそうだから。
T：ここは日本だからねって、言われたの。それがすごくショックだった。
S：それはしょうがないよ。店長の、何て言うの。年取った人は、やっぱ、
　　変えられることもできないし、働くほうが上の人に合わせないと、もっ
　　と大変になるから。
T：そうかあ。じゃあ、私、これから期待されてるって思っていいかな。
S：やっぱり、できそうだからこそ、言うんだと思うよ。
T：じゃあ、今度、もう少し店長に話してみる。
S：そうだね。がんばってね。

　授業でロールプレイがなかなかうまく行かないという感想を耳にします。会話試験で何度もロールプレイをやることで、教師は急速にロールプレイの手法を自分のものにしていきます。時には、教師が二人一組になって、学習者の立場に立って、ロールプレイの練習をすることもあります。こういった真摯な態度で会話試験に臨み、それを授業に活かしていくという姿勢こそが、授業力アップにつながっていっています。

3-5　会話試験のためのワークショップ

　それぞれの教育現場でさまざまな形の会話試験が行われていると思いま

す。イーストウエスト日本語学校の会話試験をご紹介しましたが、この試験の大きなメリットは、教師研修にもつながっているという点です。まさに会話授業、会話試験、そして教師教育は三位一体で行われていると言えます。

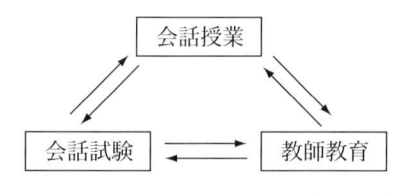

図3　会話授業・会話試験・教師教育

1) 会話試験官のための学内ワークショップ

　イーストウエスト日本語学校では、会話試験実施のためのワークショップは、各試験実施3週間前から2、3回実施されます。

　　○評価法および評価基準確認のためのワークショップ
　　○効果的な発話抽出に関するワークショップ
　　○発話サンプルの判定に関するワークショップ

　こういったテーマをもとに、その回の会話試験担当となっている教師が受講し、研鑽を積むのです。以前に行った会話試験のサンプルをもとに、全員で評価し、議論を交わすこともあれば、「どうやればもっとよい試験官としての対応ができるか」などについて話し合うこともあります。短い時間に話題を展開させ、学習者にできるだけ多く発話してもらうかということは、授業においても非常に重要なスキルとして求められます。

　また、ロールプレイ例を聞きながら、「どこがまずかったか」「どうすれば、もう少し学習者の発話を引き出せたか」「より自然なロールプレイをするにはどうしたらいいか」といったことも、実際に教師同士でペアを組んで体験しながら、スキルを磨いていきます。

【A】質問の技術を磨く
■事例で考える①

> T：韓国の習慣で何か特別な習慣がありますか。
> S：韓国では、電車とかバスで年寄りが乗ったら、立つのが当然で、立たないと本当に叱られます。私も疲れていても、おばあちゃんとかが乗ったら、私の前でじっと立って……。
> T：「どうぞ」って席を譲る。

よくあることですが、学習者が少し詰まってしまっただけで教師が話を取ってしまいます。じっと待てば、もっと違う発話が出てきたり、思わぬ展開をするのですが、さっと取って言ってしまう。こういう教師のクセもワークショップで気づくことができます。

■事例で考える②

> T：日本人の、このおじぎについて、どう思いますか。
> S：いいと思います。韓国でもよく電話で、そんな人をテレビでみます。
> T：そうですか。じゃあ、なぜおじぎをするんだと思いますか。おじぎにどんな意味があると思いますか。
> S：相手になんか、尊敬の表現と思います。
> T：なるほどね。わかりました。

教師の「なぜお辞儀をするのか」という質問はどうでしょうか。これも、ここでは意味のない質問となっています。もう少し学習者主体で展開をすべきところだと思います。最後の「なるほどね。分かりました」という教師の発

話にも、教師主導の空気が漂っています。せっかく学習者が「尊敬の表現」と言っているのに、「わかりました」と切ってしまうとは何ともったいないことでしょう。ワークショップでは、こうした発話を中心に「じゃあ、自分だったら、ここからどう話題を展開させるのか。どう言えばいいのか」と教師間で話し合いを続けます。

■事例で考える③

> T：趣味は何ですか。
> S：映画を見ることです。
> T：そうですか。じゃあ、最近見た映画のストーリーを教えてください。
> S：あの、最近は……。

これは、助走を十分にせずに「説明要求」をしてしまった例です。ここでは「そうですか。どんな映画をよく見るんですか」とつなぎ、さらに「じゃあ、最近見た映画で一番印象に残っている映画は何ですか」と展開していくと、会話は弾んでいくと思われます。

■事例で考える④

> T：そうですか。ただ、日本人は韓国の俳優さんとか、そういうことについては一生懸命ですが、そのほかの韓国のことにはあまり関心を示さないですよね。<u>国のこととか、そんなことはどうですか。</u>
> S：ああ、まあ、これはちょっと恥ずかしいですね。韓国もいろんな有名な場所とか、有名な建物とか多いですけど。
> T：じゃあ、その、有名な場所をひとつ紹介してください。

テスターは、このあたりで「より社会的なこと」を聞こうとしているのですが、「国のこととか、そんなことはどうですか」という質問では、被験者は、「何を、どう答えたらいいのか」が分かりません。テスターは自分自身では分かっているのですが、それが相手にうまく伝わるように表現しなければ、被験者の発話を引き出すことはできなくなります。ここを捉えて、話し合いが始まりました。次々に質問の例が出されました。

・そういう日本人の態度についてどう思いますか。
・日本人が韓国という国自体にあまり関心を持っていないのは、なぜだと思いますか。
・そういう日本人に対して、韓国としてはどういう対策を取ったらいいと思いますか。

■事例で考える⑤

> T：なるほどね。なるほど。ということは、セールの時にいつも見て、こう、なんていうか、下がったりするのが好きなんですね。
> S：そうです。
> T：ああ、そうですか。面白いですねえ。へえ〜、なるほど。わたしはすぐ買っちゃうんですけど。
> S：わたしも韓国でわたしがいたら、すぐ買っちゃうかもしれないけど。
> T：あのう、日本ってね。あのう、物がたくさんあって、お金持ってる人はいっぱい買いますよね。それって、物を大事にしないんじゃないですか。

この会話例を見て、どんなことに気づかれますか。ここでは、テスターのほうが発話が多く、しかも的確に質問をするというより、感想を言ったり、自

分の思いを述べるという要素が強く出ています。また、3つ目の質問は、社会的な話題にもっていこうとしている点はよく分かるのですが、あまりにも唐突であり、不自然さを感じます。しかし、テスター自身は、こういった自分自身の問題点に全く気づいていませんでした。やはり、みんなでクリティカルに聞きあうことで、気づきが生まれるのだと思います。

■事例で考える⑥

> S：実は私ね。中野駅までのバスで財布を忘れました。中に、自分の大切なもの、いっぱい入りますから。そう、あの、バスの忘れ物はどこに、探してありますか。
> T：はい。<u>まずですね。お客様の財布の形はどんな形ですか。</u>大きさとか。
> S：だいたいこのぐらいの、えっと、暗いの財布です。
> T：暗い色の財布ですか。
> S：はい、暗い色。
> T：<u>黒、黒？</u>
> S：黒い。
> T：中にはどんなものが入っていますか。
> S：ああ、開けて、写真もあります。女の写真。私、自分の写真、入りました。それから、カードも入ります。
> T：<u>カードは何枚ぐらい入っていますか。</u>
> S：カードはキャッシュカードと、ビザカードもありました。全部で5枚ぐらい。
> T：分かりました。ここにはありませんから、<u>今から言う電話番号に電話してみてください。</u>
> S：あ、はい。
> T：03の……。

このロールプレイにもたくさんの問題点があります。これでは学習者の会話能力を十分に測ることはできません。忘れ物と言われ、「はい、まずですね」と切り出し、すぐに形、大きさ、と言っているのは問題です。唐突である点、大きさ、と誘導している点も改善すべき点としてあげられます。

「くろい」を「くらい」と発音してしまう例はたくさんありますが、これも「黒、黒？」と聞いてしまうのではなく、「ええと、どんな色ですか」と相手の発話を待ったほうがよかったと思います。さらに、カードの枚数を聞いているのも、あまり意味がある質問ではありません。最後に、電話番号を聞き取らせるタスクがありましたが、これは聴解試験ではないのですから、こういう展開はさける必要があります。自分自身のロールプレイではなかなか気がつかない点も、こうやってスクリプトを起こし、一緒にテープを聞くことで、さまざまな問題点が浮き彫りになってきます。

【B】判定確認と授業での指導法を話し合う

ここでは、実際の会話試験を聞きながら、「どう判定するか」「その発話をどう指導すれば、ひとつ上のレベルに行くことができるのか」といったことを話し合いながら、ワークショップを進めていきます。

■事例で考える⑦

> T：それは、100円なんですか？
> S：これも100円で、日本語の漢字がちょっと難しいですよね。日本人でも。そのなんか、読み方、訓練とか因縁、読み方、この本、買ってます。

これは、「準段落」と判定された例ですが、それでは「どうやったら段落にすることができるのか」についてワークショップでは話し合いをしていきますが、さまざまな意見が出てきます。

- 思いついたまま言うのではなく、整理していうようにアドバイスする
  → 「これも100円で、日本語の漢字が……」は、話し手の中ではつながっていると思われるが、聞き手にはよく分からない。
- 適切な接続詞の使い方の指導が必要だ
- 一つの文に「読み方」が繰り返されているが、かえってそのために聴き手には分かりにくくなっている。そういったことを指導してはどうか。

このように指導をし、段落で話ができるように授業で実際に指導していきます。

> S：これも100円なんですよ。漢字の読み方は、日本人でもちょっと難しいですよね。その本は、そのちょっと難しい漢字の読み方とか書いてあって便利なんです。それで私も、訓練とか因縁の読み方を調べたいんで、買いました。

■事例で考える⑧

> T：なるほどね。ネパールではどんな所でよく買い物をしますか。
> S：わたしはあまり買い物しませんけど、どきどき母といっしょに店へ行て、デパートとか<u>チキン</u>とか家の買い物をするとき、いつも、30分くらいの町で行て、そこのスーパーはとてもユメになっています。だから、その店の名前、セルウェスと言います。その中で<u>何も買い物ができます</u>。

これも「準段落」と判定された発話です。ここでは接続詞も指示詞も使われてはいるのですが、話がよく分かりません。それはなぜなのか、活発に意見が交わされました。

- 語彙や発音の不正確さが、さらに分かりにくくしている。
- 文法的な間違いが多すぎる。
- 「だから」のあとが意味不明。接続詞はきちんと使えていない。

では、この学習者が段落で自分の言いたいことができるには、何が足りないのか、どういう点に気をつければいいのか、といったことをワークショップに参加している教師全員で考えていくことになります。

2)その他のワークショップ
　講師会の日は、午前中から午後にかけて2〜3時間、ワークショップを実施します。そのテーマは多岐にわたっていますが、ここでも会話試験に関連したものがしばしば取り上げられます。

- OPIのテープを聞く(テーマを決めて、聞いたあとグループディスカッションを行う)
- 学習者の能力を引き出す教師の働きかけ
- 判定に迷うテープに関するグループディスカッション

また、個別に適宜行う自主勉強グループもあります。そこでは、特にインタビュー技術に関するワークを教師同士が話し合いながら進めています。

- <u>スパイラルに質問のレベルをあげていく方法を考える</u>
- <u>「意見→反論」の練習をする</u>
- ロールプレイを実際に教師同士でやってみる。
- ロールプレイを作成し、その機能、難易度などについて話し合う。

さらに、学外から講師をお呼びして、講演やワークショップを年3〜4回実施しています。これまでにも会話授業に関係するものとしては、例えば次のようなものがあげられます。

・プロフィシェンシーを重視した会話授業の進め方
　　・OPIとは何か―デモンストレーションをもとに
　　・学習者主体の日本語教育

　ここでは、自主勉強会「スパイラルに質問のレベルをあげていく方法」と「意見→反論」の練習についてご紹介します。

■「テーマ」を決めて、スパイラルな話題展開を考える
　例えば、テーマを「フリーター」と決め、まずは参加者全員で質問を自由に考えます。たくさんの質問が出てきましたが、最初の10問を見ただけでも、レベルがさまざまであることが分かります。

　　・フリーターが増えている原因は何だと思いますか。
　　・国で就職しない人はどうしているんですか。
　　・バイト先のフリーターについてどう思いますか。
　　・学校を卒業したらどうしますか。
　　・何になりたいですか。
　　・将来やりたいことはありますか。
　　・今、バイトをしていますか。
　　・フリーターのことを知っていますか。
　　・夢を諦めずに追いかけるのも大切じゃあないですか。
　　・若者が夢をもって生活するために、社会的保障がいるのではないですか。

　次に、たくさんの質問文をレベル分けして、スパイラルに話題を展開していく方法を考えます。

　「3人寄れば文殊の知恵」、ましてや10人で考えれば、アイディアはどんどん膨らみます。こうした知恵は、授業展開でも大いに役立つのです。

Aさんの例：
- 日本でのアルバイト事情を聞く
    （留学生のアルバイト事情、アルバイト先にいる日本人のフリーターの事情）
        ↓
- 国での若者の仕事事情を聞く
    （フリーターの有無、フリーター以外での仕事）
        ↓
- 日本と国とのアルバイト事情の比較
        ↓
- 国の若者層にフリーター(または反対に定職者)が多い／少ない理由を聞く
        ↓
- 高校、大学卒業後にフリーターを続ける若者について意見を求める。
        ↓
- 日本におけるフリーターの増加と将来の社会的影響について意見を求める。
        ↓
- 企業の雇用形態の変化に伴う正社員の減少と非正社員の増加について意見を求める。

■「意見→反論」の練習をする

　1章でOPIにおけるトリプルパンチについて説明をしました。トリプルパンチとは、ひとつの話題で「意見→反論→仮説」と3つのパターンで被験者の発話を求める技のことを言います。同じ調子で質問するのではなく、異なる角度から相手の発話能力を見ようというものです。教師がこのテクニックを会得することで、授業にもメリハリが出てきます。そこで、教師同士でのこういった練習も盛んに行われることになるのです。

　練習の中からいくつか拾ってみることにしましょう。

〈被験者の「友達がいない寂しさ」に関する話から〉

T1：日本の学校では今いじめの問題が大きく取り上げられているのですが、それについてどう思いますか。
　　〈日本で受験戦争が激しいからいじめが起こるという被験者の意見を受けて〉
T2：でも、韓国ではもっと受験戦争は厳しいようですが、いじめはあまりニュースになっていませんよね。
　　〈実は、起こっているんですが、マスコミの取り上げ方が違う、という意見を受けて〉
T3：じゃあ、マスコミの姿勢に問題があるということでしょうか。
　　〈それと同時に、画一的な教育の姿勢に問題があるという意見を受けて〉
T4：じゃあ、もし○○さんが教育省の大臣だとしたら、どのような政策を行いますか。

　T1では、被験者の個人的な経験から、社会的な問題へと視点を変えています。よくトリプルパンチがうまくできないという悩みを聞きますが、それはいつまでも個人的なこと、具体的なことに関わっていることが原因であることが多々あります。もう一度OPIのレベルについて思い出してみましょう。

中級	身近なこと(日常)	→	上級	予期せぬこと(非日常)
	簡単な説明	→		詳しい説明
	個人的なこと	→		社会的なこと
上級 = 具体的な話題		→	**超級** = 抽象的な話題	
	意見	→		裏付けのある意見

このトリプルパンチをうまく実行するためには、教師はさまざまな話題に関心を持ち、ただ理解するのではなく、「自分はどう考えるか」という姿勢が求められます。さらに、OPIでは被験者の意見に反論するために、実際に自分自身の意見とは違った意見を展開しなければならないケースも出てきます。こうやってOPIを実施することで、教師の「ディスカッション指導力」「ディベート指導力」もついてきます。

　このような会話試験のためのワークショップやさまざまな学内教師研修を実施することで、一人ひとりの教師力がアップし、さらに学校全体が「学び続ける組織」として成長することが可能になります。イーストウエスト日本語学校では、OPIを軸とした会話試験開発・実施を通して「学びの共同体」が生まれ、そこからさまざまな教材開発が始まり、また、その教材開発を通して教師力アップを図ることを目指しているのです。作文研究班、ロールプレイ研究班、プロフィシェンシー重視の漢字学習シートの開発、プロフィシェンシー・ベースト・アプローチの教科書開発……。さまざまなグループが生まれ、活動をしています。

4 「学びの共同体」をめざして

4-0　読む前にちょっとひと言

　共同体という言葉を聞いて、「プライベートレッスン専門で、特定の教育機関に所属しているわけではないから、私には関係ない」とおっしゃる方がいるかもしれません。ここでいう「共同体」とは、ある組織だけを意味するのではなく、もっと広い意味で使っています。日本語教師として活動するには、学習者との関わり、社会との関わり、さまざまな関わりの中で教授活動を行っています。教師力を伸ばすには、人と人との相互作用があってこそ大きな飛躍が可能となります。人は社会的な文脈の中で、学び、成長するのではないでしょうか。
　この章では、私自身が十数年作り続けている「学びの共同体」についてお話ししたいと思います。勤務校のメンバーが楽しく、やりがいがあり、自己実現が可能となる学校作りを目指してやってきました。当校は、教師50人ほどの小さな集団です。でも個々の職場が、恒常的に小さな努力を積み重ねることで、教師個人の教師力アップにつながり、それが組織の財産となり、またそれが教師に戻っていくというサイクルが可能となるのではないでしょうか。個人の知見を組織の財産にできない組織では、あまりにも勿体ないと思いませんか。
　この章では理論だけではなく、学内では実際にどんなプロジェクトチームが立ち上がり、活動し続けているのかを簡単にご紹介します。また、そういう「学びの共同体」を作るために、どんな学内研修を行っているのかについてもお話ししていきます。
　「教育」とは「共育」だとよく言われます。学習者も教師も、そして教師

同士も「**協働性**」と「**同僚性**」の中で学び続けていくのではないでしょうか。

ところで、皆さんは、どんな「学びの共同体」の中にいらっしゃるのでしょうか。あるいは、これから作ってみようと思っていらっしゃるのでしょうか。ご自分の職場環境・学習環境を振り返りながら、お読みください。

4-1 「個人力」から「チーム力」の時代へ

「教師は教室の中で学習者を率いていく存在」といった考え方が主流を占めていた時期がありましたが、今では教師観も大きく変化してきました。鹿毛(1997: 20-22)は、教師を単に情報を集めて伝達する人と捉えるのではなく、1.インストラクターとしての教師、2.学習環境のデザイナーとしての教師、3.学習メディアとしての教師、4.モデルとしての教師、5.学習のプロンプターとしての教師、6.カウンセラーとしての教師、7. 対話者としての教師、以上7つの側面をあげています。さらに「対話者としての教師」に関しては、次のように説明をつけ加えています。

> 常識的にはカリキュラムというと知識や技能をあらかじめ体系化したものというイメージがある。しかし、実際に学習の場において子どもたちが一人ひとり経験しているのは学習の履歴としてのカリキュラムである。カリキュラムは、教える者と学ぶ者との対話という営みによって現実化された学習刺激環境の全体なのである。したがって、学習の場のデザインは単なる学習環境の設定なのではない。教師の自己変革への意志を包みこんだ「対話の場」あるいは「関係の場のデザイン」なのである。

多面的な役割を担い、しかも「関係の場のデザイナー」という考え方からは、社会的な文脈の中での教師観が生まれます。優れた教師を一人ひとり生み出していったとしても、クラスとして、学年として、組織として機能しなければ、その教師の力も発揮できずに埋もれてしまうことになります。今は、**個人の時代ではなく、チームの時代**と言えるのではないでしょうか。

ここで、**グループとチーム**の違いについて触れておきましょう。この2つ

の言葉はよく似ていますが、大きな違いがあります。河北(2006: 36)は、その違いを次のように説明しています。

> チームは、ある共同の目的、目標、任務を共有し、達成するための複数の個人であり、シナジー効果を結果に期待されるもの。グループは、寄せ集められた個人の集まりである。

そして、チーム構築には、夢とビジョンに共感共有し、同意していることと、相互責任と役割分担に留意しなければならないと言っています。つまり、ただ単にグループを作っても「学びの共同体」の誕生には結びつきません。

実は、私自身そのことに気づくのにかなりの時間がかかりました。1991年、イーストウエスト日本語学校の教育責任者となって以来、さまざまなグループ結成を試みました。しかし、それが有機的に関連し、「学びの共同体」へと変容を遂げるには、かなり長い時間がかかりました。その原因のひとつにリーダーである私自身の目標の明確化の不十分さ、グループそのものの目標、ビジョンが明確になっていなかったということがあります。私自身がしっかりとした軸を持って初めて「学びの共同体」への道が開けてきたのです。軸とは物の見方や考え方、他者との関係性の中での自分の立ち位置といったものですが、言い換えれば教師自身の「生き方そのもの」とも言えます。

「個人の力からチームの力へ」ということで話を進めてきましたが、そのためには組織、人との関わり方が**「ピラミッド型」**であるよりむしろ**「ウェブ型」**であることが重要です。上から下へ、下から上といった一方向ではなく、水平に広がった人の輪がそれぞれに絡み合っていくというウェブ型であるところにチーム力の良さが生まれてくるのです。中野(2003: 29-31)は、今の社会はクモの巣のように広がる水平関係のウェブ社会であるとして、次のように説明しています。

> 一部の権力者や知識階級が富や情報を占有して下々を支配していたピラミッド型社会は、近代の中で崩れた。上から下への一方通行では、社

会の速い動きには対応できないと、川下発想とかボトムアップとかが言われ始めた。しかし、これはまだピラミッド型の社会構造のパラダイムはそのままである。

しかし今、世界はクモの巣のようにつながっている。

「上から下ではなく下から上という流れも大切だ」「トップダウンでなくボトムアップこそ意味がある」と主張したとて、そもそも階層的な仕組みで捉えられている点においては何も変わりはありません。そうではなく、これからは、ウェブ型社会、ウェブ型組織をめざしていくことが重要です。

いくつも横に広がってチームができ、それがひとつの絡み合った糸でつながっている。そんな組織が今の社会には、教育界には、教育機関には求められているのではないでしょうか。

吉田（2006a：211-214）は、**「ピラミッド型と車輪型」**という呼び方をし、組織において多様な学びを可能にするには、組織内の人間関係が**「車輪型」**であることが大切であると述べています。「車輪型の人間関係」とは、上司を上に置くのではなく、さまざまなグループがフラットな関係でつながっている状態を意味します。まるでいくつかの車輪が有機的にリンクして動いているような関係です。

さらにそういった組織において大切にされる「価値」は次のようなものだと言っています。

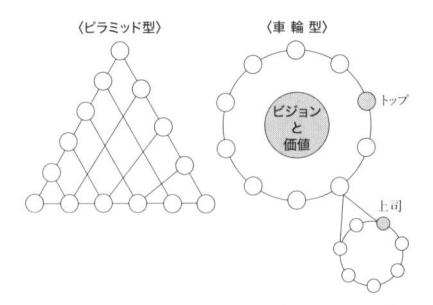

図１　組織内の人間関係２つの型
吉田新一郎　『「学び」で組織は成長する』(2006: 212)

- 共有されたビジョンのもとでの主体的なコミットメント
- 失敗を恐れないチャレンジ(挑戦することには価値があり、失敗した場合はそこから学べばいい)
- 問いかけ(疑ってみること)や試してみることを重視する文化
- トップダウンの意思決定ではなく、分散された意思決定
- 状況に応じたリーダーシップの発揮(つまり、リーダーが状況に応じてたくさんいる、ということ)
- プロ志向(社員一人ひとりをプロとして扱い、また常に向上し続けることを求める)
- 高い同僚性
- 高い適応性と柔軟性
- 不確実性をチャンスと捉える姿勢
- 時にはぶつかることや交渉することも含めた対話(コミュニケーション)の重視

　会社を例に取れば、これまでは、社長→副社長→専務……といったピラミッド型になっていましたが、今求められている「車輪型社会」では**同僚性と協働性**が重要なキーワードなのです。
　では、ここで「協働」という言葉について考えておきたいと思います。なぜ「共働」「協同」と書かずに、「協働」という言葉を使っているのでしょうか。河北(2006: 16)は、次のように説明しています。

> 共働は共に同じコトをすること、協同は協力して同じコトをすること、この２つは同じことをする、つまり一色である。でも、「協働」は、一色ではない。いろんな色の集合体である。つまり、多様な生き方、価値観、多様なスタイルを受け入れられる。一人ひとり違う役割を持つ。それらを活かし合い、共に生きながら、共通のビジョンを実現していこうというあり方である。

チームには協働性が不可欠です。つまり、共通のビジョンを持つ集団なので

すが、「いろんな色の集合体」であり、違っているからこそ、相互作用によって学びが生まれ、自分自身を見つめ直すことができるのです。そして、その中で「なぜ」という問いを持ち、それをチーム内で共有し、考え続けることが求められます。私は常に教師研修で、そのためには「**自明のことを問う姿勢を養う**」ことが大切だ言っています。自分が行っている教授活動、当たり前のようにやっていること、周りのこと全てを「問う姿勢」から、学びが生まれます。

『教師力×学校力』(河北 2006)の扉には「チームに関するチェック項目」として次のような 10 項目があげられています。みなさんの場合は、いくつチェックが入るでしょうか。

◆あなたは幾つ当てはまりますか？　まずは、チェックしてみましょう！
　□あなたのチーム(学校、教員同士など)は熱いチームですか？
　□あなたは日々、あらゆることから学び、成長していますか？
　□あなたは、あなたやあなたの学校の使命や価値を知っていますか？
　□あなたは、日々、自分と周囲をマネジメントしていますか？
　□あなたは、部下や職場の同僚に日々、ラブコールを送っていますか？
　□あなたの学校の職員満足度は？
　□あなたの学校の人や環境は十分に整備されていますか？
　□あなたの学校は地域や社会とつながっていますか？
　□あなたの学校に誇れる伝説はありますか？
　□あなたの学校の教師力と学校力は最大活用されていますか？

他の日本語学校の主任教員からこんな質問を受けることがよくあります。

　　少しでも学校を良くしよう。一人ひとりの教師力アップを図ろう。それには、嶋田先生がいつもおっしゃっている学校全体の変革が必要だと思って、いろいろやってみました。それで、ウチの学校でも聴解研究チーム、非漢字圏のための漢字学習チームとか作ってみたんですよ。もちろんメンバーも厳選して……。だけど、結局は、主任の私が全部やる

ことになってしまって、かえって私の負担が増えて、自分で自分の首を絞めることになってしまったって反省してます。ウチの教師は、もっと積極的でやる気があると信じてたんですが、がっくりきましたよ。

どうやらこの学校ではうまくチーム作りが進行できなかったようです。それは、職場のリーダーが「協働性」と「同僚性」の本当の意味を分かっていなかったことによります。それぞれのメンバーが、主体的かつ創造的に関わるように仕向けるのが主任教員の役目なのです。ここでも、概念としては「ウェブ型の職場」を求めているのですが、行動としては古いタイプの様式になっているのです。この場合、主任教員は「デザイナー」としての自分をもっと認識すべきだったと思います。カリキュラム・プランナーより**カリキュラム・デザイナー**であることが求められているのです。

　また、「チームとは、共に作り上げていくもの」という意識が薄かったのではないでしょうか。「さあ、聴解研究チームを作ったよ。だから頑張ろうよ！」と主任が発破をかけるチーム結成は、中から湧き出てくるチームの誕生ではありません。「チームは結成して、職場にあるモノ」と考えるのではなく、みんなで作り、育て続けるものなのです。その組織を構成する一人ひとりの意識が変わり、そういった複数のチームが動き続けることで、「学びの共同体」が生き生きと活動し続けることができるのではないでしょうか。

　以前、日本語教育振興協会という日本語教育機関を束ねている機関で行われた主任教員研修で「カリキュラム・デザイナーとしての主任教員」という講義をしたことがあります。その時の受講生の発言を聞いていて私が思ったのは、次のようなことでした。

○発言に、なんと使役形が多いんだろう。
　「～させているんですが」
　「～させようと思ってやってみたんですが」
　「～させてみたんですが、先生方はなかなか自分の殻を……」
○どうして主任教員ひとりで何でも抱え込もうとするんだろう。もっと、みんなを**「巻き込む」**ことの大切さを伝えたつもりだったけれ

ど、果たして受講生に伝わっただろうか。他の人を「巻き込む」っていうのは、「使う」「やらせる」というのとは違って、主体的に関わってもらうことなんだけど、分かってくれたかな？
○自分の教育理念をちゃんと持っているんだろうか。もし持っていたとしても、それをちゃんと伝えているんだろうか。向かう方向をちゃんと示さないで、チームがきちんと機能できるわけないのに。
○主任教員自身が、職場で何でも言える空気を作っているんだろうか。というより、作ろうとしているんだろうか。今のAさんの発言を聞いても偉そうな感じがするなあ。私なんてそんな言い方、とても出来ない。主任教員としてリーダーシップを発揮することは大切だけど、命令調のヘッドシップになっている人が他にもいるんじゃないかな。

　私は、「どうか皆さん、学内の先生方から相談を受けたら、『説明会』方式を取るのではなく、『宴会』方式で応えてください」という言葉で講義を締めくくりました。これは、人材育成コンサルタントの細川馨氏の言葉ですが、「せつめいかい」とは「説教、命令、介入」、「えんかい」とは「援助と解説」のことを言っています。これはまさしくチームを動かしていく際に、忘れてはならないことだと思います。
　さあ、それではいよいよ「学びの共同体」でどうやって教師力を育てていくかということを考えていきたいと思います。

4-2　共に育て合う授業力

　いろいろな教師研修が行われ、熱心な教師であればあるほど週末ごとに研修会にでかけ、夏休みともなると合宿研修にでかけたりしています。こういった努力も大切ですが、何よりもまず職場の中での、教育実践に即した教師研修が重要です。山崎(2002: 359)は、従来行われている教師研修の問題点をあげ、教師研修のあり方を次のように述べています。

　　もはや、そのような従来の「積み上げ型」の「垂直な発達」観に立脚し

たものではなく、「**多様な変容性**」という後者の視点を重視し、一人ひとりが直面する状況と困難・課題とに対応して、いくつかの取り得るべき方向性の中から、主体的な決断と選択によって、教師として進みゆく方向を見定めていくというような「**選択的変容型**」の発達観に立脚することが必要となってきている。その発達観は、「**水平的、ないしはオルターナティブな発達観**」とも呼応しうるものなのである。

さらに山崎(2002: 363)は、教育現場から切り離された教師研修ではなく、現場に密着した教育の重要性について述べています。それは、マニュアルにそった決まりきったものではなく、個々の事例に柔軟に対応できる研修が求められていることを示しています。現場の事例は、振り返りを可能にするモノであり、その教育実践の中で振り返り、他の教師と共有するという研修が重要だということです。

　　このように捉えてくるならば、もはや教師としての力量は、あたかも要素項目のごとく年齢段階に即して脱文脈的・脱状況的に抽出され列挙されうるようなものではないことは明白である。またそのように抽出され列挙された力量を具体的な文脈・状況から切り離して整理し提供しようとすることは一人ひとりの教師観の発達にとってあまり意味がない。むしろ教師としての力量は、**日常の実践の中で**不断に生成され、**その実践の文脈・状況に相即不離な状態**でこそ真に理解され、その重要性や機能もまた具体的な実践の文脈・状況の中でこそ実感され確認されるものであるといえよう。

ここに「学びの共同体」としての教師教育の重要性が望まれることになります。それを可能にするのは、一人ひとりの教師が**内省的実践家**をめざし、共に学び、プロジェクトをつくって同じ目標に向かって学び続けるシステムを作り始めることなのです。

　細川(2005: 84)は、教育実践における教師自身の社会化の問題について次

のように述べています。

>具体的には、自分の「考えていること」を明確につかむこと(**自己把握**＝内省・振り返り・確認)、自分の「考えていること」を他者に伝えること(**他者提示**＝対話・発表・報告)、お互いの「考えていること」を共有すること(**相互承認**＝評価・振り返り・検証)が必要になってくる。

人は、人との関わりの中でより深く学び、成長していきます。教師力アップも他者との関係の中で育まれていくのです。

　昔はよく「私の教え方は私自身の財産だから、これはちょっと他の人には話せない」という閉鎖的な日本語教師も見られましたが、今ではそういう人たちは少なくなったのではないでしょうか。**自己開示**が教師にとって大切なことだと皆が理解し始めています。私はよく教師研修で「出した分だけ、いや、他の人に出した2倍、3倍のものが返って来るものですよ」と先生方に話しています。実際私自身がそうでした。自分で思いついたアイディアはすぐ身近な人に話します。そこからこんな会話が始まります。

　　「あの、ちょっと私のクラスでやってみてもいいですか。」
　　「『いいですか？』じゃないですよ。ぜひやってみてください！」

そして、1週間、2週間後、授業報告やフィードバックがアチコチのクラスから寄せられます。

　それでは、中級クラスで行われた例をご紹介しましょう。これは、ある新聞記事を題材にして始まった総合学習の1例です。私の呼びかけで、6つのクラスで授業を組み立て、実施しました。そのあと、さらに協働が始まり、地域社会を巻き込み、また次の新しい教材作成、授業展開が生まれていきました。

　その前に、「教師力と授業力」についてちょっと説明を加えておきます。4-2のタイトルは「学びの共同体」で育つ**授業力**となっています。それまで使ってきた**教師力ではなく**、そして本書のタイトルも『目指せ、日本語教師力アップ！』であるのに、なぜ授業力という言葉を使ったのでしょう。

教師力＝授業力と捉えられることがよくあります。しかし、厳密に言えば、教師力は教師として求められる総体的なモノを意味し、授業力はその教師力の大きな部分を占めるものだと言えます。河北(2006: 24)は、「教師力のひとつのアウトプットとして授業力がある」と言っていますが、実は、私はこの意見とは少し違う考え方をしています。それは、授業力はアウトプットとは限らないからなのです。授業を組み立てるためのインプット力も問われてきますし、もう少し広く捉える必要があります。そして、ここで私があえて授業力という言葉を使ったのは、授業を組み立て、展開していった例を「学びの共同体」という観点から見ていきたいと考えたことによります。
　お待たせしました。それでは、授業展開例についてお話ししていきます。

総合学習の協働による授業展開例
　（ここでいう協働は、学内教師、日本語学校と地域との協働、学習者と教師との協働などさまざまなものを含んでいます。）
■4つの異なる展開例（期間：2005年7月〜2007年5月）
　Ａ　複数クラスでの新聞記事による総合学習（2005年7月〜9月）
　　　　　　↓
　Ｂ　元新幹線車掌長によるビジターセッション（2006年12月）
　　　　（講義とロールプレイによる学び）
　　　　　　↓
　Ｃ　複数クラスでの新聞記事による総合学習（2006年6月）
　　　　　　↓
　Ｄ　読解教材の作成と使用およびフィードバック（2007年5月）

ここ2年間で、たったひとつの生教材（新聞記事）が何度もさまざまなクラスで形を変え、内容を変え使用され、それがチームで共有され、さらに他のクラスを巻き込んだビジターセッションへと発展しました。そして、次の年度には、選択授業「読みのクラス」のオリジナル読解教材の誕生へとつながります。

■新聞記事の取り上げ方

　ある朝、出勤前にいつものように新聞を読んでいて、「あれっ？　これってなんだろう」と思いました。そして、いろいろな授業の仕方が頭に浮かんできたのです。それは、「これはおかしい！　これについて私は○○と思うけれど、みんなはどう考えるのだろう？」という思いから始まりました。ここで重要なのは、自分ひとりの教案で終わらせないということです。

　その日の昼休み、私は6人の教師にその新聞記事を渡し、私の教案について話してみました。そして最後に「今、私は、中級、上級のクラスを持っていないので、ちょっとやってみてもらえませんか。今、示した教案はほんの1例です。ただの参考意見と考えて、自由に展開させてみてください。」こうして、6つの面白い授業例が生まれました。また、さらに時間を置いて、そこから3つの異なる切り口での授業展開が生まれていったのです。

　みなさんは、生教材を使う時、どういう視点を重視していますか。よく聞くのは「今、これが話題になっているから」「今、みんな面白がっているから」ということですが、しかし、それが果たして学習者にとって意味のあること、学習者が関心を持っていることなのだろうか、ということはあまり考えられていないようです。そういう教師側の問題点は棚に上げ、授業後の教師の口からは「全く、ウチのクラスは社会的なことには関心が薄いからノリが悪くて……」とか「もう少し幅広く考える姿勢があればいいんだけど、ウチのクラスは……」といった愚痴が飛び出したりします。生教材、たとえばある新聞記事を取り上げる時には、さまざまなことを考える必要があるのです。以下いくつかの例を書き出しみましょう。

・この記事をなぜ取り上げたいのか。
・自分自身はどう思っているのか。これに対してどういう意見を持っているのか。
・学習者にとって、果たして意味のあることなのか。これを教材として使う必然性があるのか。
・この記事で学習者のどんな能力が、どのように伸びてほしいと思っているのか。

- 「伝え合う日本語」「自己表現のための日本語」という視点を忘れていないか。
- 新聞記事をそのまま使うのか、打ち直すのか。あるいは一部分だけ使用するのか。

では、私がその日取り上げた新聞記事を以下に記します。皆さんだったら、どんな授業展開を考えますか。ぜひおひとりではなく、同じクラスを受け持っている先生方と、同じ職場の仲間と、職場を越えた教師仲間と話し合ってみてください。

朝日新聞「天声人語」

閉まりかけたドアをこじあけて、男性が乗り込む。すぐ車内に車掌の声が流れた。「駆け込み乗車はおやめ下さい。そんな乗り方でけがをした時はお客様の責任です」▼先月初め、JR中央線の電車が東京の国分寺駅を出た直後のことだ。乗り合わせた客が「不快な言い方だ」と苦情を寄せた。JR東日本は事情を調べ、「好ましくない放送だった」と車掌に注意した。乗務歴30年近いベテランだった▼この件が報道されると420件もの意見がJRに届いた。うち9割が車掌支持だという。全責任を客に押しつけるような物言いは反感を買うだろうが、無謀な乗車に憤る車掌の熱心さも、わからなくはない。▼「頭に血がのぼった時にどう放送するか。車掌の力量が問われます」と語るのは、元車掌の幸田勝夫さん(60)。国鉄以来、通勤電車や夜行列車に長く乗り、さりげない放送で客を和ませる名人と言われた。「大切なのはアドリブの力。とっさのひと言です」▼元NHKアナウンサー生方(うぶがた)恵一さん(72)は、「無理に開けると電車のドアも壊れます」といった冗談で応じる余裕が車掌にあればよかったと話す。紅白歌合戦で都はるみさんを「美空」と紹介する失敗に泣いた。あれから20年、反省をこめて「急場ではユーモアが大切」と訴える

▼昔は「アジサイが見ごろです」とか「今日もお元気で」と言い添える車掌の声をよく耳にしたが、最近は聞かない。JRによると、何であれ静けさを求める客と、懇切な放送を望む客がいる。車内で何をどう語りかけるかは超のつく難題だという。

(2005年7月10日　朝日新聞天声人語)

■Aの説明：あるクラスでの授業展開(中級前半クラス)
①取り上げられている車内放送について話し合う(新聞記事は見せない)。
　「駆け込み乗車はおやめ下さい。そんな乗り方でけがをした時はお客様の責任です」という車内アナウンスを、状況説明をした上でどう思うかについて意見交換をする。
②自分が車掌だったら、こういう場合にどのように対処するかについて話し合う。
③新聞記事を速読する(ここで初めて新聞記事を渡す)。
④一番印象に残った所を話し合う。
⑤それぞれの自分の国の車内アナウンス、また日本の車内アナウンスについて感じていること・考えなどを伝え合う。
⑥日本に来て「音」について気づいたこと・考えたことなどを話し合う。駅のアナウンス、選挙運動、竿竹売り、虫の音など
⑦調べ学習
　　(今回は「夏休みの宿題」とする)
⑧調べてきた宿題の発表(夏休み明け)
⑨レポートにまとめる
　　「話し原稿」と「書き原稿」の違いを知る
⑩日本人の大学生を招いて「ビジターセッション」を行い、話し合う。
　このクラスでの授業展開は以上のようなものになりました。ここで⑦調べ学習で出された項目と、⑧調べてきた宿題の発表例をご紹介したいと思います。

⑦　調べ学習
　1. 夏休みに出かけたとき、まわりから聞こえて来る「声」「音」について、感じたことを書いてください。また、懐かしく思ったり、楽しくなったり、腹が立ったり、いろいろ感じたこと、気がついたことを書いてください。
　アナウンス(駅、電車の中、ドンキホーテ、ビックカメラなどの量販店、デパート、スーパーなどの放送)
　音(窓の外、海や山、花火などの音)
　虫の声など
　2. 機会があれば、日本人の年配の方に聞いてください。学校で使った「朝日新聞の『天声人語』の記事を、実際に読んでもらって聞いてみましょう。
　　a. こんなアナウンス(「アジサイが見ごろです。」「今日もお元気で」など)を聞いたことがありますか。
　　b. いつごろ、どんなアナウンスでしたか。
　　c. それはどの電車ですか。(JR ○○線、東急東横線など)
　　d. その時どんな気持ちがしましたか。
　　e. 「天声人語」に出ているような車内アナウンスをどう思いますか。
　　f. 昔と今とを比べて、車内アナウンスは変わりましたか。
　　g. どんなふうに変わりましたか。

⑧　調べてきた宿題の発表　SHさんの発表
　1. について
　あのう、あまり感じたことはないですけど……。でも、電車に乗るたびに夏休みの前に話した「天声人語」のことを思い出して、アナウンスの話をよく聞きました。前は、あんまり気にしてなかったんですけど。っていうか、耳に入ってこなかったんですね。でも、授業でみんなで考えたし、宿題になっていたので、なんか気にするようになって、楽しかったです。それで、駅の放送は授業で読んだ「駆け込み乗車はおやめ下さい。そんな乗り方でけがをした時はお客様の責任です」みたいな話じゃ

なくて、「駆け込み乗車はおやめください。お願いします」っていうもっとていねいなものでした。私自身、アナウンスを聞いて気持ちいい、と思えるものは何もなかったので、一寸さびしいなと思いました。他の人はどうだったのか、聞くのが楽しみです。

2. について

私は、近所の「さくら館」に行ってお年寄りに聞いてみたかったんですけど、時間がなかったので、できませんでした。だから、自分の経験を話します。

a. 電車ではないけど、飛行機でこんなアナウンスを聞いたことがあります。
b. アメリカに行く飛行機の中でした。その中にスポーツクラブの選手達が乗ったみたいでした。飛行機の機長が飛行についていろいろな説明をしたり、注意したりしたあとで、その選手達に「競技がんばってください」っていうアナウンスをしました。
c. 今言いましたけど、韓国からアメリカへ行く飛行機でした。
d. 気持ちよかったです。なんか嬉しくなりました。
e. 「天声人語」の放送は、もっとやさしい言葉でしたら、いいと思います。あと時間の余裕をちょっと持ったほうがいいと思います。日本の電車はすごく急ぎすぎです。もっとゆっくり、っていうか、みんなせかせかしている感じで、気持ちよくないです。
f. 昔はあまり電車を乗ったことないので、覚えてません。

■ Bの説明

　Aの授業展開は、その後もいくつかのクラスで実践されました。その間私はずっと「これをテーマにした面白いビジターセッションはないものだろうか」と模索していました。もちろん大学生を招いてのビジターセッションは日常的に行っていますが、もっと違ったカラーの授業をしたいと思っていたのです。そこに登場したのが、元新幹線車掌長の坂上さんでした。彼の車内放送は一味も二味も違ったもので、有名な「名物車掌長」だったのです。たまたまある会合で初めて坂上さんと出会い、しかも食事の時偶然に彼は私の

隣席に座りました。そして、彼との会話の中から「ある構想」が出来上がりました。私は、帰り際に思い切って尋ねてみました。「すみません。今度うちで話をしてくださいませんか。講義じゃあなくて、ワークショップをお願いします。話していただく対象者は韓国人、台湾人、中国人、タイ人など留学生です」私の言葉に「えっ？　そんなこと1度も経験したことありませんから……」と坂上さん。しかし、私はひるむことなく「だからこそ、やってみてください。きっとそこにはすてきな相互交流が生まれると思います」

　聞けば、お住まいは学校から歩いて15分の所。幸運は私の所に来てくれたのです。こうして、新幹線元車掌長をお呼びしてのビジターセッションが可能になりました。3つの中級合同クラスでの特別授業は学習者がどんなことを知りたいか、何をしたいかから始まりました。坂上さんへの数々の質問、「こんな場面でどうしたらいいのか」といった学習者自身が考えたロールプレイが示されました。ロールプレイをするのは、教師と学習者、そして、コメントをして、次にロールプレイに加わってくださるのが坂上さん、という組み立てです。紙面の都合で詳細は省きますが、そこで彼らは「語先後礼」に最も関心を示し、実際にアルバイト面接、大学受験の面接、就職面接で大いに活かすことができました。さらに、私はそれをすぐにインターネット新聞に記事を書きました（『JanJan』という新聞で「ワイワイガヤガヤ日本語学校」というコラムを担当しています）。それをご紹介して、このBの授業に関する報告とさせていただきます。

　　<u>車掌長に学ぶ「語先後礼」</u>2006年12月22日「JanJan」
　「お休みのお客様には、真に恐縮ではございますが、車窓の左側をご覧ください。日本一の山、富士山が今日も美しい姿を見せております。東海道新幹線の見どころのひとつでございます。」
　こんな車内放送をし続けた車掌長坂上靖彦さんによる特別授業は、「相手を思いやる話し方」でした。留学生達は、『ありがとうございました』と言葉を言ってからお辞儀をする「語先後礼」の話を聞きながら、大きくうなづいていました。お辞儀をする習慣のない国の留学生達は特に、分かっていてもお辞儀はなかなか出来ません。「同時礼」ならとも

かく、まずは挨拶をしてから頭を下げるなど思いもよりませんでした。
　日本のあいさつの習慣に改めて感心するとともに、こんな反省を述べる留学生もいました。
「アルバイトで注文を間違えた時、謝っているのにお客さんはすごく不愉快そうなことがありました。今、気がつきました。私、頭下げてなかったんですね。」
　こんなところにも文化の違いが表れます。そして、日本語教師達にとっても日本の「おじぎ文化」をもう一度考える良い機会となりました。
　車内アナウンスがない国から来た留学生は、日本の懇切丁寧なアナウンスを評価しつつも、外国人への配慮のなさを嘆きます。
「なんであんなにたくさん敬語を使うんですか。日本人には大丈夫だけど、外国人には辛いです。日本の社会には今、日本人が思っているよりずっといっぱい外国人がいるってこと、考えてほしいです。はっきり分かりやすく言ってもらいたいんですよ。」
　突然電車が止まり、電気が消えた真っ暗な車内で、何が何だか分からぬまま緊張して座り続けた経験を持つ留学生もいました。
　しかし一方で、お客さんに対する駅員さんの温かい対応に感動したと話してくれる人もいます。身体の不自由な人が電車を利用する際には、乗る前、乗る時、そして降りる時、と細やかな支援があるのは日本社会のすばらしさです。日本社会の中にどっぷり浸かっていると、全てが当たり前のことになってしまいます。しかし、外国人と触れ合うことで、その当たり前のことがまた違ったものに見えてくるから不思議です。
　留学生達は、坂上さんの授業終了後、私にこんな質問をしてきました。
「どうして日本じゃ、大人が電車の中で漫画を読んでいるんですか。」
「日本人は働きすぎて疲れているから、電車の中でみんな眠っているんですか。」
「なんで、子供が騒いでも、靴のまま後ろ向きに座っても注意しないんですか。」
　彼らの率直な質問の中に、日本社会のさまざまな問題点が見えてきます。
　坂上さんに「語先後礼」を習った彼らは、アルバイトの面接、大学の

面接試験、そして日本の会社の就職試験をうまくこなしていくことでしょう。

新幹線の元車掌長さん、すてきな授業をありがとうございました！

■Dの説明

Cについては、基本的にはAとあまり変わりませんので、ここでは省略してDに移ります。

当校では選択授業を実施していますが、その中に「読みのコース」があり、週に2回、「読解を中心に学びたい学習者」が集まってきます。そのクラス用にオリジナルテキストを作る案を思いつきました。その際にまず考えたのが、「『駆け込み乗車の天声人語』から始まった総合的学習を題材にして、シリーズで教材を作る」ということでした。このように、たったひとつの新聞記事からさまざまなクラスで独自の授業実践が行われ、さらに、交流している大学の大学生や地域社会の方をお呼びしてのビジターセッションに発展し、教材開発にまでつながっていくことができるのです。こういった流れは、ひとりの教師の力では実現できません。多くの教師の協働ではじめて可能になるのです。

> 私の発見はみんなの発見、私の教案はみんなの教案

という考え方で動いていくと、毎日が実に楽しく、教師力もぐんぐんとついていくのではないでしょうか。日本語教師は、授業準備、授業後の添削や採点、試験作成など多忙な毎日です。でも、そんな中で少しでも時間を有効に使い、さらに上のレベルをめざすには、チーム力、学校力を使うことが一番の近道なのです。シリーズ読解は、あるテーマを決め、4つずつの読解文を作成し、それを400字コース、800字コース、1200字コースで作っていこうという計画です。まだまだ何年もかけてそれを作っていく予定ですが、「駆け込み乗車」という新聞記事から生まれた「日本の車内放送を考える」というテーマに関する読解文をいくつか参考までに載せておくことにします。皆さんのクラスでもちょっと使ってみてください。

【日本の車内放送を考える】
1. 日本の車内放送　　2. 新幹線の車掌長
3. 名物アナウンサー　4. 駆け込み乗車

日本の車内放送

　日本の車内放送は、ていねいに次の駅を知らせることで有名です。また雨の日には、「かさのお忘れ物にお気をつけください」というアナウンスも流れます。こうした車内放送に対して「いつ降りればいいか分かりやすくていい」という意見もあれば、「降りる駅は分かっているから、もっと静かにしてほしい」という意見もあります。みなさんは、どちらの意見に賛成ですか。

　留学生のチンさんは、ていねいな日本の車内放送には賛成です。しかし、敬語を使いすぎることと、明瞭（めいりょう）でない発音には頭を痛めています。この間も、「池袋(いけぶくろ)」が「えきぶろ(駅風呂)」に聞こえてしまいました。

　まだ日本語を勉強し始めた外国の人には、はっきりとした言い方でなければうまく伝わりません。

　以前、私はイムさんとこんな会話をしたことがあります。今では通訳として大活躍をしているイムさんですが、来日当初こんな疑問を抱いていたのです。

　「先生、どうして日本では電車まで疲れているんですか。」
　「えっ？」
　「毎朝車内放送で聞きます。『前の電車がつかれていますので、お待ちください。』」

新幹線の車内放送

　何年か前、私は新幹線でこんな車内放送を聞き、臨機応変（りんきおうへん）の車掌さんの態度に感心しました。

> 「お休みのお客様には、誠に恐縮ではございますが、車窓の左側をご覧ください。日本一の山、富士山が今日も美しい姿を見せております。東海道新幹線の見所のひとつでございます。」
>
> 　これは、名物車掌長の坂上さんがした放送でした。彼は、車内放送は、ただ情報を伝えるだけのものではないと考えていました。お客さんが何を求めているかを考えながら、相手の立場に立って車内放送を続けてきました。車内を走り回る幼児には、「坊や、大人が真似をするといけないから、やめようね」とユーモアを交えて諭したりもしました。
>
> 　最近では、録音による車内放送が増えてきました。これを支持する人々は、「明瞭な言い方であること」「人件費がかからないこと」などを理由に、録音による車内放送に切り替えるべきだと主張しています。しかし、録音放送には、車掌さんの車内放送のような温かみはありません。人と人との触れ合いが少なくなった時代だからこそ、個性豊かな車内放送を聞きたいと思うのは私だけでしょうか。

4-3　学校を変える「チーム力」

　イーストウエスト日本語学校では「学びの共同体」作りをめざし、さまざまなチームによる活動が行われています。チームが成果物として出した物が教師の教育実践に役立つのはもちろんですが、それが目的ではありません。そのチームの**活動のプロセス**にこそ意味があり、何かを作ることは二次的目的と言っても過言ではありません。チームのメンバーをはじめ共同体のメンバー全員が、会話試験、漢字シートなど、何かを作るプロセスになんらかの形で関わり、そのプロセスを通して教師力を高めていくことが最大の目的だと言えます。ただ授業でプロジェクト活動をした際、教師から以下のような言葉が聞かれることがあります。

・すばらしいポスターができました。
・まだ中級レベルなのに、こんな新聞ができたんです。
・この作品は学習者にとって良い思い出になると思います。
・すごいでしょう！　自分達で作った「若者ことば辞典」なんですよ。

　みんなまだ結果に目を向けているようです。そうではなく、そのプロジェクト活動を通して、個々の学習者がどう変わっていったのか、どう感じていたのか、それぞれの関係性がどう変わったのか。さらには最も大切な「学び方を学ぶ」という点で、どうだったのか？　もっともっと教師として目を向けなければならない物が横たわっているのですが、それが見えないことが多く、出来上がった作品や演技に気を取られてしまっています。
　「学びの共同体」作りも同様です。それはできあがったものとしてそこにあるのではなく、作り続けていくものなのです。さまざまなプロジェクト・チームが活動し続けていること自体、学内教師研修につながります。
　現在当校では、**ロールプレイ班、会話試験作成班、漢字研究班、教科書作成班**などが活動をしています。ここでは紙面の都合上その一つひとつについてご紹介することはできませんが、いずれ別の形で発信したいと思っています。本書では、国立国語研究所の上級者研修に「ジャヤニヤタイ・チーム」という名前で参加していた3人グループの活動、国研での研修終了後、メンバーを6人に増やして立ち上げた漢字研究班の活動についてお話しします。
　漢字研究班を立ち上げることになった背景ですが、当校では韓国人、中国人、台湾人などが大半を占めるため、漢字学習にはあまり目を向けてきませんでした。非漢字圏の学習者のための漢字学習シートなども用意はされていたものの、あまり吟味されたものではありませんでした。そのため、現場では次のような疑問が常に渦巻いていました。

・漢字学習を「各自家で覚えてくる　→　翌日小テストで確認する　→　フィードバックする」といった流れでやっているが、これでいいのだろうか？
・非漢字圏と漢字圏と単純に分けてよいのか。韓国人の場合、また違っ

たアプローチが必要なのではないか。
・そもそも日本語能力試験で高得点を取ることを目的としてしまっているのではないか。
・イーストウエストがめざしている「プロフィシェンシー重視」という考え方を漢字指導でもベースに置いているのか。
・学習者の接触場面をどこまで考えているのか。
・学習者のストラテジーに目を向けているのだろうか。
・「書ける必要がある漢字」「読めればよい漢字」「選べればよい漢字」「認識できればよい漢字」という視点で漢字を考えているだろうか。
・学習者から出て来るものを重視しているだろうか(教師：教える側、学習者：習う側という構図になっていないだろうか)。

いくらでも問題点が出てきました。これを私ひとりが抱え込んでしまったり、教務で改革をしようと思ってもなかなかできるものではありません。そこで私は、「ある機関」を活用することにしました。それは国立国語研究所の上級者研修コースでした(残念ながら2005年度を最後に、この研修そのものが終わってしまったのですが……)。

まずは、非漢字圏の漢字学習に意欲的に取り組んでいる3人の若手教師を選出しました。そして、それぞれ別々に意思を確認し、顔合わせをしました。最初はみな「私達はまだ3年しか経っていないのに、上級者研修だなんて……」と逡巡していたのですが、「どこにも条件に○○年以上の経験者なんて書いてないんだから、チャレンジ、チャレンジ！」という私の言葉に納得し(説得だったでしょうか？)申請書を作成し始めました。

それからの3人組の取り組みは大変なものでした。激務の合間を縫っての研究活動であり、学校を巻き込んでの活動となりました。研究のテーマは、「非漢字圏学習者を対象とした漢字指導～初級レベルの漢字の運用を目指して～」(グループ名：ジャヤニヤタイ、メンバー：有山・落合・立原)でした。

研究活動終了1年後の4月下旬、国研で研究成果の発表がありました。その時は当校の教師18人が参加、発表に聞き入りました。発表会終了後はレ

ストランに立ち寄り、「じゃあ、自分たちは漢字指導にどう取り組もうか」「まだ現場にはこんな問題点がある」などと、またまた議論に花が咲きました。

その時私に、また新たな考えが浮かんできました。「そうだ、このまま終わらせてはもったいない！　今日は修了発表会という名前だけれど、イーストウエスト漢字指導の出発の日にしよう！」と考えていたのです。

次の目標は、学内で新たな研究班を立ち上げることでした。こうして生まれたのが現在「基礎漢字Ⅱ」のシート作りに力を注いでいる漢字研究班(メンバー：有山・落合・立原・林・森・山口)です。この活動は、中級、上級とまだまだ続いていきます。こうやって、従来の「覚えることを中心にした漢字学習」が、新しい漢字学習方式に変わっていきました。

図1の「漢字たまご」は、漢字を段階的に学習するというのではなく、基礎漢字を核としてたまごのように覆われていることを意味しています。つまり、日本語能力試験に記載されている「4級漢字＝100字、3級漢字＝300字、2級漢字＝1,000字、1級漢字＝2,000字」というように漢字を捉えるのではなく、コアの漢字を中心として、どの漢字をどの時期に、どういうコン

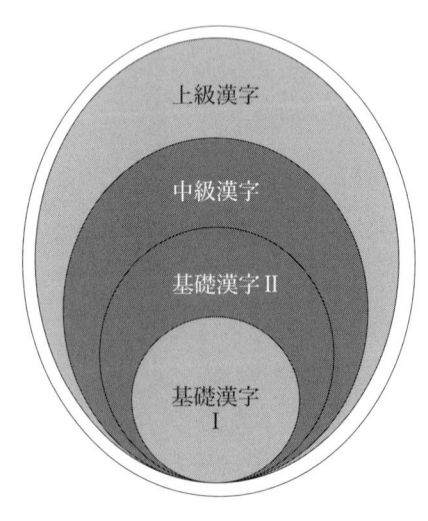

図1　イーストウエストの「漢字たまご」

セプトで学習していくかを考えていこうとしているのです。たまごの形で表していますが、それは、初級の階段、次は中級の階段を昇るのではなく、徐々に膨らんでいくイメージを表しています。上級の外側に見える白い箇所に注目してください。上級漢字がまるで終着点のようになりがちですが、その先にまだまだたくさんの漢字があることをイメージしていただけたでしょうか。

　漢字研究班が基本にしているのは、イーストウエスト日本語学校が目指しているプロフィシェンシー重視の教育であり、それに基づき「学習者はその漢字を使って何ができるのか」を考えた漢字指導を考え続けています。

〈漢字授業の留意点〉
　○学習者の自主性を大切にする
　　・学習者が自主的に漢字学習に関わるような授業
　○学習者の推測力を育てる
　　・未知の漢字に対処する推測力の養成を意識した授業
　○学習者のストラテジーを活用する
　　・学習者が自分自身に合った漢字学習ストラテジーが身につけられるような授業
　○インターアクションのある授業を行なう
　　・学習者と教師、また学習者間でインターアクションのある授業
　○技能統合をめざす
　　・他の技能と結びつけた漢字授業
　○接触場面を重視した教材を作成する
　　・実際に漢字を使用する場面や活動に即して作成した教材を用いた授業
　○協働性を重視した活動を行っ
　　・覚え方のストラテジーや推測の過程を共有する時間がある授業

漢字研究班では、「漢字の教え方をいっしょに考える会：初級編」「漢字の教え方をいっしょに考える会：中級編」を実施したり、また、学習ストラテジーを体験してもらうというユニークなワークショップを実施したこともあ

ります。それは、「最良の教師力アップの勉強法は、学習者体験をすること」という言葉のとおり、学内の教師全員に極めて難解な漢字をグループで覚えるという作業をしてもらったのです。「日本語教師に漢字学習体験って、一体どういうこと？」とお思いの方も多いと思いますが、このワークの結果、

　　○漢字の覚え方は人それぞれ。それをクラスで共有してみよう。
　　○漢字をただ覚えるのではなく、未知の漢字に遭遇した時に対処できる力がつくような授業をしよう。
　　○漢字は、初級から上級までつなげて学習していけるよう心がけよう。

といった反省が出てきました。このように「漢字指導はこうあるべき」といった上から下に伝達するような方式ではなく、みんなで体験を共有し、納得した上で、新しいやり方、考え方を理解してもらうという方法がとても重要なのではないでしょうか。教師の視点ではなく、学習者の視点から自分自身の教授活動を振り返るという良いサンプルではないでしょうか。
　それでは、ここでワークをひとつだけやってみましょう。この漢字をご存じでしょうか。

読み方は、ホチ・フツ、そして意味は「ひざ掛け」です。ご覧になって覚えてください。どんな覚え方でもけっこうです。今は、どこにいらっしゃるのでしょうか。教員室にいらっしゃる方は仲間の先生方と楽しんでください。家にいらっしゃる方はご家族とご一緒にどうぞ。考える時間は 30 秒です。ひとりで覚えても、仲間といっしょにワイワイ言いながら覚えても結構です。

　それでは、イーストウエスト日本語学校のワークショップについてお話しします。グループに分かれていましたが、まずは 30 秒間ひとりで覚えてみました。その後、一体どうやって覚えたのかについて 3 分間グループでの話し合いを行い、それが終わってからはグループごとの発表に移りました。グ

ループによって、人によって、実にさまざま。パーツで覚える人、ただひたすら紙に書いて覚えようとする人、ストーリーを作ってしまう人、絵にしてしまった人等など……。そのことに驚いたり、感動したり……。そして、「そうかあ。学習者もみんな違うんだ！」ということに気づいたようです。

◆ストーリーで覚える

> 左側は、子どもの誕生日パーティーだから、お寿司は「並」でいい。
> 「小」は子どもが2人いる。
> それに、テーブルがある。
>
> 右側は、友だちが来る（友の部分）。
> しょうゆをこぼす（上の点の部分）。

> 左側は、卒業式には子どもがいっぱい。
> 右側には、友だちがいる。

> 左側は、お母さんが仕事している。
> 小さい子どもが2人いて、下の子にひざ掛けをかけてあげる。
> 右側は、手と足。

> 左側は、頭、体、手、足、ひざ掛けをかける。
> 右側は、友だちがいなくて、涙がぽつり。

◆絵を書いて覚える

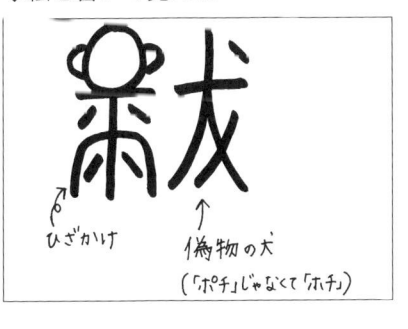

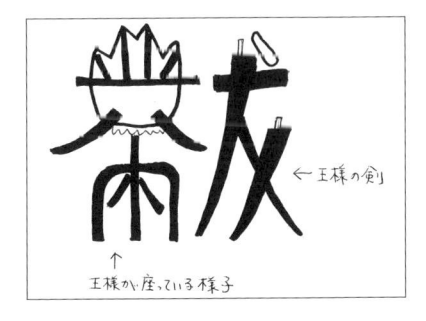

〈「漢字の覚え方」に関する感想レポートから〉
　○ひたすらパーツに分けて「こんなふうにしたら覚えやすいよね」と話し合っていたのですが、他のグループの発表を聞いて、ストーリーを組み立てて覚えるという方法があることを知りました。
　○「戴」を覚えるのに、絵を使ったものがありましたが、それがとても興味深かったです。自分なりのイメージや覚え方があるということをグループでの話し合い、全体での話し合いで気づきました。
　○意味が「ひざかけ」ということで、象形文字のように人になぞらえて覚えたということに感動しました。ただひたすら書いて覚えた自分との違いに愕然としました。
　○私自身は、左右に分けてみました。左側はまず、点が多いなという印象から、2つずつペアになるように線2本「″」のあと点、「業」の上の部分、それから「ハ」が2つのように見えました。右側は「友」の抜けた部分が点になっていると思いました。そうやっていくとひざ掛けの絵になってきたのです。

〈「漢字のワーク」そのものに関する感想メールから〉
　○ストーリーによる暗記というものは、漢字の入門期に有効なもので、その後は、独自の学習方法によって暗記していくものだと思い込んでいました。しかし、独自の暗記方法があっても、いろいろな人と学習方法について話すことによって、新たな視点を発見したり、記憶を強化することができることを身をもって感じることができました。
　○漢字を自分で推測するのも楽しかったですが、ほかの先生方のアイディアを聞いたことが、自分の頭を少し柔軟にしてくれたと思います。学生に対する時の姿勢や工夫の観点を勉強することができました。
　○私自身はアイディアが乏しいので、パーツに分けて覚えようとしていましたが、まわりの先生方が絵にしてみたり、ストーリーにしてみたりしていました。その覚え方をまわりの人と共有するという考え方にはっとさせられました。漢字でも協働学習ができることに驚くとともに、今までの自分の一方的な教え方を反省しました。

○学生の立場に戻って挑戦することで、2つの気づきがありました。ひとつ目は「仲間と取り組むことで面白くないこと、興味のなかったことも楽しくなる」ということです。学生は常に楽しいことを探しているのだと思います。漢字が得意な学生だけでなく、逆に苦手な学生こそ、個性的なアイディアを出してくれるかもしれません。漢字圏・非漢字圏の学生が同じ立場で学び合えるのではないかと思いました。2つ目は「楽しく学んだことは記憶に残る」ということです。

> カンパン（漢字研究班）メンバーで話し合いを進めるうちに、嶋田先生のアドバイスを思い出し、「なぜそれをするのか」という原点に立ち返ることになりました。
> 　そこで考えたのがあのワークショップとなったのですが、こちらの予想以上に先生方の反応が良かったので嬉しい驚きとなりました。先生方の覚え方のバラエティーに富んだ発想に感動。嬉しかったのは、他の先生のアイディアを聞いている先生方のお顔がパーッと明るくなったことです。学生同士の共有が大切なことがわかってもらえたと同時に、先生方の共有もこんなに楽しいのだと私自身も発見しました。
> 　コメントシートに、「実際の漢字の推測は、文脈の中で行われることが多く、イメージで推測するのは、却って邪魔になることもあるのでは」というものがあり、そういえば、文脈だけではなく、その漢字が表れる場面、状況が必ずあるはずだと気づきました。ただ、その漢字だけで推測が可能なものもあるはずで、今回のワークでは支障なかったのではないかと思います。
> 　ほとんどの先生方から、学生の立場になることで、これまでの教え方への反省と気づきがあったという感想をいただきました。
> これからが実践となるわけで、先生方と考え方を共有し、楽しい漢字学習ができるように努力したいと思います。

最後にワークショップを企画し実施した漢字研究班のメンバーからの感想文を紹介しました。

まだまだご紹介したい感想レポートはたくさんあるのですが、ここにあげたレポートに「振り返り」による宝ものが詰まっています。皆さんもぜひ仲間と話し合ってみてください。このワークが漢字研究班が全教師のために生み出したワークであることに私は大きな意義を感じています。これは、「学びの共同体」としての土台ができているからこそ可能になったのだと思います。

では、そういった素地を作るためにはどうしたらいいでしょうか。次の節でイーストウエストでの教師研修の中からいくつか例をあげてお話ししていきます。

4-4 「学びの共同体」作りのための学内教師研修

漢字研究班の活動について説明しましたが、こういったチームによる活動以外に、年4回の講師会の午前中2〜3時間、ワークショップを実施しています。そこでは、教え方の知識・技術などではなく、物の見方・考え方、コミュニケーション能力、気づき、といったことを中心に行っています。毎回、6〜7人の島を作り、新人からベテランまで経験年数などには関係なく、一緒になってグループワークをする中で教師力アップを図っていっています。ワークショップの中身は、毎回「今、学内で何が起こっているのか。今、教師間で話し合う必要があることは何か」ということをベースに練り上げ、新たなワークショップを準備しています。紙面の関係もあるので、ここでは6例についてご紹介します。

4-4-1 人との関わりの中での「気づき」
【人生相談に答える】

私は新聞の人生相談などめったに読まないのですが、その時は「えっ？あの「さわやか財団」の堀田力が大学院か就職かって？」と一瞬目を疑ったのです。実は、よく見てみると「大学院か就職かに悩む」という人生相談の回答者が堀田力だったのです。でも、せっかくだからと回答を読み始めてびっ

くり。その見事な回答に圧倒されました。そもそもカウンセラーをめざして勉強していた私ですから、日本語教師としてもカウンセリングにはかなり自信があったのですが、彼の回答には参りました。さあ、次はこの私の経験、気づきをどう研修に活かしていこうかと、またまたワークショップ企画に頭をめぐらせ始めました。そして、その1週間後、私はイーストウエストのMLにこんなメールを送ったのです。

　次のようなメールを卒業生からもらったら、メールでどう答えますか。私に個人メールでお返事をください。その中から幾つか選んで、講師会で話し合いたいと思います。すてきな「回答」もお配りします。

> 先生、お元気ですか。イーストウエストではお世話になりました。ちょっと相談があって、メールを出しました。今私は韓国の大学に復学して、遺伝子の研究をしています。もう4年生なので就職活動を始めましたが、大学院への進学も考えていて、どちらにしようかとても悩んでいます。教授に相談してみましたが、「自分自身が決めること。二兎追うものは一兎も得ず」とおっしゃっていました。親の負担も考えると、就職はやむを得ないのかなあとも思います。何か良いアドバイスをいただけませんか。
> 　　　　　　　　　　　　　　　　　　　　　　　キム　ハンギ

　まず解説を読む前に、ご自分でメールを書いてみていただけませんか。自分が体験してから読むのと、ただ読むのでは効果は何倍も違ってきます。
　40数例の中から、12例を選び配布資料を作りました。それをもとに講師会でワークショップを行いました。名前は全て消してありますので、誰が書いたものかはわかりません。ここで大切なのはクリティカル・シンキングです。どういう点が問題なのか、それはなぜかについて話し合っていくのです。大勢でのシェアですから、ひとつのものもAさんにとっては賛成材料であっても、Bさんには問題を含んだ回答に思えてしまいます。ここで学ぶのは、「正解はひとつではない」ということです。

また、日本語教師にとって自分自身の表現を他の人によってアレコレ指摘してもらえるチャンスなどほとんどありません。しかし、ここでは容赦なく意見が飛び交います。「えっ？　そんな見方をされてしまうんだ」「えっ？　私はそんなつもりで書いていないのに……」「あっ、そうか。メールだとそう捉えられる危険性があるんだ」「私って、いつもこんな書き方をしてるんだ」と気づきは次々出てきます。
　少し具体的にお話ししましょう。かなり問題点を含んだ例をあげてみることにします。全文ではなく抜粋を載せていますので、わかりにくい点もあるかと思いますが、いっしょに考えていきたいと思います。また、話し合いで出された意見のうち、4つだけ参考に記しておきます。

例1抜粋
　「就職もやむを得ないかな」と言うところを見ると、キムさんの本音は大学院に行って、研究を続けたいということではないですか。
　大切なことはキムさんが一番やりたいことは何かということです。そして、それがキムさんの能力を生かすものであるかどうかということだと思います。今、自分の気持ちを抑えて別の道に進んだとしたら後悔します。ご両親の願いもきっとキムさんが後悔しない生き方をすることだと思います。

指摘された点・教師の決めつけが見え隠れする。
　　　　　　・「研究を続けたいのではないか」と誘導してしまっている。
　　　　　　・あまり共感が見られない。

例2抜粋
　キムさんの悩み、よくわかります。重大な人生の岐路に立っているのだと思います。自分のやりたいほうの道を選んでください。しかし、キムさんからのメールでは、キムさんが本当にやりたいことが見えてきません。進学、就職、やりたいものがどちらにあるのか、ぜんぜん違うところにあるのか、ゆっくり探してみてください。厳しいようですが、他人がアドバイスできるのはここまでかと思います。

4 「学びの共同体」をめざして　235

指摘された点・一見相談者を思いやっているようだが、何も答えになっていない。
　　　　　　・「やりたいことが見えてきません」とは突き放した言い方。
　　　　　　・「〜はここまで」とは冷たさを感じる。

例3　抜粋
　さて、少し厳しいことを書きますが、あなたのメールからは、将来何をしたいのか、具体的な考え方や強い意志が感じられませんでした。
　就職に関しては、遺伝子という専攻を生かした職種を希望するのか、何の職種でもいいのか、そのことをまず考えなければなりません。もし、専攻を生かした就職をと考えるのであれば、大学院レベルの専門的な知識が必要でしょうから、進学したほうが後々の就職に有利です。また、就職する場合は、進学したいけど、仕方なく就職するという中途半端な考え方では、就職先への面接官に就職への熱意や意気込みを示すことはできないでしょうから、後々、進学をあきらめたことを後悔しないという意志を固めなければなりません。……(中略)……それから、もし進学への希望が強いなら奨学金やアルバイトで親の負担を軽減でき、親への説得も可能になります。

指摘された点・ビジネスライクな感じを受ける。
　　　　　　・「なければなりません」が全体で何回も繰り返されている。
　　　　　　・ひとつの文が長すぎて、わかりにくい。

例4　抜粋
　……あまり就職には気が進まないという<u>意味なのでしょうか</u>。実際に就職活動をしているとのことですが、やってみて<u>どんな感想を持ちましたか</u>。どんな会社を<u>訪問したのですか</u>。就職活動をしてみて、<u>そう思ったのですか</u>。大学院への進学も考えているとのことですが、その研究は大学院でしかできない<u>研究なのでしょうか</u>。最近は遺伝子関係の専門の人材を求めている会社もあると思います。そのような会社は<u>訪問してみましたか</u>。
　次に、大学院への進学についてですが、経済的な点に関しては奨学金をう

けるとか、アルバイトをするとかでは間に合いませんか。そういう方法も視野に入れて、後悔のないように考えてみたらいかがですか。院を出たあとの就職はどんな様子なのか調べてみましたか。そのへんのことも調べてみてもいいかと思います。……

指摘された点・質問文が多く、質問攻めの感じを受ける。
　　　　　・結局何を言いたいのかよく分からない。
　　　　　・相手の「思い」にそった回答ではない。

また、共感に満ちた回答、自分自身の経験をうまく織り交ぜて話を進めているメール、自分が持った卒業生の好例をあげて回答している回答、選択肢を2つにせず、第三の道についても考えてはどうかというアドバイスなどなど……多くの素晴らしい回答に出会うことができました。こういった例からは、自分とは違った学習者への接し方を学ぶことができ、自然なビリーフ崩しにも役立ちます。いつも自分自身がやっている学習者との関わりについて、他の教師がアレコレ言ってくれるというチャンスはほとんどありません。しかし、こうした全体ワークでたくさんのことを学ぶことができるのです。
　それでは最後に堀田さんの回答をご紹介したいと思います。

「大学院か就職か悩む」朝日新聞 2005 年 6 月 25 日　相談室

> **相談**
> 　現在、大学4年生で、興味がある遺伝子の研究をしています。この時期になると、就職活動のことも考えなければならないので、3月から会社説明会などにも参加しています。
> 　一方で、大学院への進学も考えており、どちらにしようか大変悩んでいます。教授にも相談してみましたが、「自分自身が決めること。二兎追うものは一兎も得ず」とおっしゃっていました。親の負担も考えると、就職はやむを得ないのかなとも思います。何か良いアドバイスをいただけないでしょうか。　　　　　　（埼玉県　大学生男子　21歳）

> **回答**　回答者：堀田力　「熱い思いわき上がるのは」
> 　遺伝子の研究とは、うらやましい。私たちの生き方に遺伝子はどれだけ影響力を持つのか。意思力は遺伝子に勝つ力を持つのか。
> 　古くからこれらは哲学のテーマでしたが、いまだに答えは出ていません。今日では、遺伝子の記号は解明されましたが、まだその働きはほとんどわかっていないようです。わくわくする研究ですよね。
> 　でも、あなたはどれくらいわくわくしていますか。私たちの周りの人間の行動や、人間以外のすべての生き物が、遺伝の研究材料だと思うのですが、それらが気になって仕方がない、山ほど浮かんでくる疑問を何とか遺伝子の視点から解き明かしたい、という熱い思いが、わき上がってきていますか。
> 　もしそうだったら、あなたは研究をあきらめれば、一生後悔します。それなら思い切って大学院に進むことです。生活費は、何とかしましょう。そして、将来は研究者を求める企業に就職するのもいいでしょう。胸に手を当てて、自分が研究をあきらめた時どれくらい後悔しそうか、未来を想像してみて下さい。外車に彼女を乗せて楽しんでいる友人を、薄汚れた白衣を着て、うらやましそうに見ているあなたの姿が浮かんできたら、さっさと研究の道をあきらめましょう　　　　（弁護士）

4-4-2　自明のことを問う
【自分の教授活動を振り返る】
　こんなメールを学内の全教師に出したことがあります。

> 　授業活動およびイーストウエスト日本語学校に関して何でもけっこうです。「なぜ？」と思っていることを書いてください。「自明のこと」をもう1度立ち止まって、みんなで一緒に考えてみたいと思います。私への個人メールでお願いします。皆さまから頂いた意見を分類し整理して講師会でお配りします。その中から、いくつか抽出して、グループディスカッション、全体シェアをしていきましょう。

カリキュラム、試験実施、試験内容、漢字指導、教員室の広さ、時間割の組み方など多岐にわたる「なぜ」が寄せられました。また、一人ひとり回答メールには、私自身も返事を出しました。その場で回答すべき点は書き記し、質問した教師が誤解をしている問題については、丁寧に解説をしていきました。3往復、4往復とやり取りをした教師もいれば、最終的にレポートにまとめてきた教師もいたり、そのパターンもさまざまです。決まりごとは、1.必ず嶋田にメールを送る、2.嶋田は必ずメールに返信し、やり取りをすること、3.メールの内容を分類し、まとめたものを講師会で配り、話し合いを行うこと、4.講師会で話し合われたことを中心に「感想メール」を嶋田に送ること、5.嶋田は必ずメールで返信すること、以上5点です。

中には、ここで出された「なぜ？」がきっかけになって、大きく変わっていったものもあります。少し例をあげてみましょう。

【例】
　○なぜこの学校にはコース別・選択授業がないのか。
　　　→この時期は検討している時期だったのですが、ついに2006年4月から選択授業が始まりました。
　○どうして今の主教材がそのまま使われ続けているのか。
　　　→ちょうどその時期と前後して、初級、中級教科書作成のためのプロジェクトが立ち上がりました。
　○なぜせっかくあるレベルリーダー制度がうまく機能していないのか。
　　　→レベル別ミーティングを定期的に持つなど、少しずつ改善されています。
　○授業の最初の漢字テストは見直したほうがいいのではないか。
　　　→漢字研究グループが結成され、さらに漢字研究班が活動を始めることになりました。
　○学期の始まりは熱心に話し合いがなされるが(講師会)、なぜその学期の「反省会」がないのか。
　　　→確かにそのとおりでした。そのため、レベルごとで話し合いを持つようにしました。また、学期はじめに実施される講師会で、前の学

期の報告・反省などを以前より取り入れるようになりました。

このように、一人ひとりが「小さななぜ？」を大切にし、それを伝え合い、学校としてそれに応えていくことが「学びの共同体」を作っていく上で大切なのだと思います。

4-4-3　教師のビリーフについて話し合う
【ビリーフ・シートで話し合う】

　川口・横溝(2005: 6-13)は、ビリーフのタスクを2つあげています。学内研修では、「日本語学習に関するビリーフス」をやってみました。川口・横溝(2005)ではペアワークになっていますが、まずは全員でシートに回答してもらい、40人余りのワークショップ出席者全員で話し合いをしていきました。いかにさまざまな意見があり、自分とは違った考え方の教師が多いのかといったことを知ってもらいたいと考えたからなのです。

　　日本語学習に関するビリーフス　抜粋(23項目を18項目にする) p.8-10

```
　　　　賛成か反対かを5段階で書いてください。
　　1 = 全くそのとおりである、
　　2 = そう思う
　　3 = 賛成でも反対でもない
　　4 = そうは思わない
　　5 = 全く違うと思う
```

```
1. 大人より子供の方が、日本語を容易に身に付けられる
2. 日本語を身に付ける特別な能力を持っている人がいる
3. 日本語は他の言語よりも難しい
4. 日本語をきれいな発音で話すことは、学習者にとって大切なことである
```

5. 日本語を正しく話すためには、日本文化についての知識が必要である
6. 既に他の外国語(母語以外)を話せるようになっている学習者は、日本語学習が容易である
7. 数学や科学が得意な学習者は、日本語学習が得意ではない
8. 日本語を学習するには、日本に住むのが一番である
9. <u>日本語学習で一番大切なのは、語彙を身に付けることである</u>
10. 何度も繰り返し練習するのが大切である
11. 日本語学習で一番大切なのは、文法の学習である
12. 日本語学習に関しては、男性よりも女性の方が上回っている
13. 日本語学習者は、初級のうちの誤りを容認されていると、後々正しく話すのが難しくなる
14. 学習者にとって、日本語を聞いて理解することよりも、話すことの方が易しい
15. 日本語は「聴き話し」よりも「読み書き」の方が易しい
16. カセットテープで練習することは大切である
17. 日本語の学習は、他の教科の学習とは異なっている
18. 日本語は誰にでも話せるようになる

ここでは4番と9番についての意見交換を紹介してみましょう。

④日本語をきれいな発音で話すことは、学習者にとって大切なことである

A：はい、そう思います。やっぱり学習している以上、きれいに話せることは大切じゃないですか(2)。
B：でも、方言で話したほうが、例えば大阪弁で話したほうが、印象に残りやすいってこと、あるでしょう。どうして、きれいな標準語で話すことを重要視するのか、疑問に感じてるんですよ(4)。
C：私は3番です。きれいに話すことはいいことでしょうけど、きれいに話せば話すほどかえって生活しにくくなる面ってあると思うんです。実は、きれいに話すことに捉われる必要があるのかな、って最近思ってる

んです(3)。
D：私は、2番。だって、上級の学生で「ツ」を「チュ」って発音したりしたらすごく下手に聞こえてしまって、気の毒ですよね。やっぱり教師は正しい日本語を教えるべきだとおもいます(2)。
E：正しいってことと、きれいな日本語っていうのは違うことじゃないですか。それに、私は正しいとか、きれいとかより、もっと適切かどうかを大切にしたいと思ってるんです(4)。
F：外国人にとって、日本人と同じように話せることはそれほど大切じゃないと思います。日本は違いを嫌いますけど、「いろんな英語」があるように「いろんな日本語」があってもいいんじゃないでしょうか。そういう視点でこれから日本語教育をやっていきたいなって思うんですよね(5)。

⑨日本語学習で一番大切なのは、語彙を身に付けることである

A：私はそう思います。だって、言葉がないことには話せないじゃないですか(2)。
B：私はそうは思いません。コミュニケーション能力のほうが大切ですよ。もちろん言葉が大事じゃないとは言いませんけど、一番大事とは言えないですよね(4)。
C：いやだけど、文法よりは語彙ですよね。やっぱり言葉がないとね(2)。
D：私は4番ですね。それって、語彙をどう捉えているかによって違うんじゃないですか(4)。
E：でも、とにかく語彙は文法より大切だっていうことは言えると思うですよね。私自身、中国語でその経験をしたんで、経験から話してるんですけど(2)。
F：まあ、3番ですよね。「一番大切」っていう項目に問題ありなんだと思います(3)。

こんなやり取りが30分も続きました。そして、これまで自分が考えてもみなかった視点に触れ、自分自身を客観的に見詰めることで自分自身のビリー

フを知ることが出来たワークショップでした。もちろん1度や2度の話し合いで、ビリーフが大きく変わるわけではありませんが、仲間との話し合いで多くの気づきがあったようです。

4-4-4　全教師を巻き込むためのワークショップ
【開発された会話試験をクリティカルに考える】

　イーストウエストで開発された会話試験は、決して現場にすんなりと受け入れられたわけではありません。試験には測定の条件として妥当性、信頼性、有用性があげられますが、特に有用性に問題ありとして何度も問題提起をされてきました。話を進める前に、信頼性などについて『日本語教育事典』(大修館書店)の説明を引用しておきましょう(786–787)。

> **妥当性**とは、そのテストが測ろうとしているものをきちんと測っているかという問題である。
>
> **信頼性**とは、そのテストが何を測っているかではなく、そのテストの結果が安定しているかどうかを問うものである。言い換えれば、一定の条件下においてつねにテストの結果が同一である度合いのことである。
>
> **有用性**とは、そのテストがいかに実際の教授活動のなかで使いやすいかを問うものであり、効率性と実用性の2点から述べることができる。
>
> **効率性**とは、①そのテストひとつで測りたい能力が測れる、②テストの手続きや操作が簡単である、③テストの実施に日数を要しない、などの観点から考える。つまり、どんなに妥当性や信頼性が高いテストであっても、実施に1ヶ月もかかったりテストの実施手続きが非常に複雑である場合には、効率性が低いと考え、そのテストの採用についてはもう一度考える必要がある。
>
> **実用性**とは、金銭的な問題とテスト実施にかかわる事故の起こりやすさなどの観点から考えられる特性である。実用性も効率性も同様、どんなに妥当性・信頼性が高いテストであっても、実用性が低い場合には採用の再考を要する。

イーストウエストで開発した会話試験を、このまま続行しようという意見、廃止に賛成意見、効率性に関して改善して使っていこうという意見などさまざま出されました。特に問題点としては次のような点があげられました。

①ひとり10分での実施は難しい
②判定にブレがでる（これを段落と取るのか、準段落ととるのか、判断に苦しむケースがある）
③試験前に3回もワークショップを受けなければならない
④ロールプレイがうまくできない
⑤複数の試験官による判定では、学習者に不利益が生じる
⑥試験終了後、再度テープを聴き判定し、さらにコメントを書くのは試験を担当した教師の負担が大きすぎる
⑦クラスによって、学習者の人数に差があり、教師の負担にかなりの違いが出てくる

何十という問題点があげられましたが、それを会話試験作成班や教務が回答するのではなく、「それはなぜだろう」「何のためにしているのだろう」と全員で考え、「じゃあ、どうすればいいのか」といった改善策をグループ単位で作成してもらいました。

⑦のクラスの学生数の違いに関しては、「じゃあ、会話試験の時は、クラス単位ではなく、機械的に人数を切っていってはどうか」ということで、実施してみることになりました。しかし、実際にやってみると、クラスを越えての試験実施は困難な面もあり（ひとつのクラスで2人の試験官による判定が来ることによる齟齬など）、またまた講師会での話し合いで、元に戻ったという出来事もありました。

このようにさまざまなことを試行錯誤をしながらやっているのが現状です。しかし、ここで大切なことは「学びの共同体」であるイーストウエストの教師自らが問題点に気づき、改定案を提案し、討議した上で新たな方法を考えるという点です。そして、また問題が出てきたらさらに話し合いを行い、改善案を模索するといった、**「みんなで考え、みんなでやっていく」**ス

タイルの重要性を忘れてはなりません。人は**主体的、創造的に関わって**こそ、意欲がわいてくるのです。

　試験実施に関しては、やはり効率性の問題は解決できず、結局年4回の実施を年2回に改めました（9月、2月の定期試験で実施）。あとの項目に関してさまざまな積極的なプラス思考の意見が出されました。

- ワークショップを「受けさせられている」と捉えるのではなく、「受けさせてもらっている」と取ってはどうか。
- 判定に悩み、時間がかかることは事実だが、それをきっかけにして教師力アップを図っていけばいいのではないか。
- ロールプレイの難しさは分かるが、これを自分の「技」にしてはどうか。
- 学習者へのコメントを書くことは、教師としての力をつけることになるし、また授業にフィードバックできる良い資料になる。

　こうして3章でご紹介したような会話試験が、現在も学内では実施され、授業と試験と教師教育の3つを有機的につなぐものとして機能しているのです。学内で取り入れられにくいことは、上からの指令としてやってもうまくいきません。また、教務スタッフだけががんばっても受け入れられるのは難しいと思います。まずは、みんなを巻き込み、一緒に考え、一緒に議論し、改革していくことが大切です。皆さんの職場で今問題になっていることは何でしょうか。それを取り上げ、仲間と一緒に考えていってはいかがでしょう。きっとすばらしい「学びの共同体」作りが始まることと思います。

4-4-5　お互いを理解し合うためのワーク
【「仲間に推薦したい本」作り】
　「学びの共同体」を作るには、まずはお互いに理解し合うことが大切です。ただ、「言うは易く行うは難し」と言うとおり、担当日も違えば、時間帯も違います。なかなか50人近い教師が一緒に話し合う時間はありません。年4回の講師会や外部から講師を招いての学内講演会、卒業式や全校あ

げての校外授業ぐらいでしょうか。そこで、「仲間に薦めたい本」という冊子を作ることにしました。ひとり2冊(少し多くなってもOK)、推薦したい理由を併記して、全員が私にメールを送ります。それを1冊の本にして講師会で配布するという計画です。

　それぞれの個性の違いを知ることができ、また、「あ、そうなのか。Aさんにはこんな特技があるのか」といった面白い発見もあれば、「何でこういうジャンルの本を推薦するの?」と言った感想も見られます。それを直接本人に質問したり、共通の趣味を見つけて、話が弾んでいるグループも見られました。こうやって、ちょっとした仕掛けで人はどんどん理解し合い、心を開いていくのではないでしょうか。

　ご紹介したいものがたくさんあるのですが、ここでは私があげた2冊の本と、幾つかの例だけをご紹介します。まずは、実施した2004年9月当時、私が学内の先生方に送りたかったメッセージです。どこまで伝わったか分かりませんが、さまざまな感想をメールでもらうことができました。

1.『専門家の知恵―反省的実践家は行為しながら考える』
　　　　ドナルド・ショーン著　佐藤学・秋田喜代美訳(2001)　ゆるみ出版
　　　実践と研究との関係について改めて考えさせてくれる本としてお薦めします。「内省的実践家」でありたいという言葉をよく聞きますが、その意味があまり咀嚼されないまま使われている気がします。実践そのものが次への気づきを与えてくれる場であり、状況との対話の場であることを、もう一度考えてみたいと思います。ここで引用されている「どの教師も、生徒の理解におけるあらゆる不備を、生徒の欠点としてではなく、教師自身の教授の欠点としてみることによって、新たなメソッドを発見する能力を自分自身の中に開発していくように努めなければならない」というトルストイの言葉が、心に響きました。果たして私たちは、こういった謙虚な姿勢をどこまで保ち続けているでしょうか。

2.『「学ぶ」ということの意味』　　　　　　　　佐伯胖　岩波書店(1995)
　　　教師は「教えること」と同時に「学ぶということ」について真剣に考

える必要があると思います。佐伯さんは「学び」を「自分探しの旅」と定義づけ、現代は「勉強」は盛んだが「学び」が失われつつあると説いています。私たちの教授活動を振り返ってみた時、そういう視点で学習者と対峙していると言い切れるでしょうか。

また、Aさんは次の2冊を推薦してきました。

1. 『新版　在日外国人の教育保障　愛知ブラジル人を中心に』
新海英行・加藤良治・松本一子　大学教育出版(2002)
　この本は、日本にいる日系ブラジル人子弟を中心とした外国人児童生徒についてのものです。わたしたちがふだん彼らの存在に関心をもたず、また同じ地域に住む住民としての意識がないかを考えさせてくれる内容となっています。「こんなことが自分の住んでいる地域に今まさに起こっているんだなあ」「日本語を教える職業に携わっているものとして何かできないかな」と思ってくださる方がいればと思い紹介させて頂きました。
　内容は少し硬く、書店ですぐに見つかるものではないかもしれませんが、興味のある方は言っていただければいつでもお貸しします。

2. 『横書き登場―日本語表記の近代』　　　屋名池誠　岩波新書(2003)
　著者の屋名池先生は東京女子大学の教授で、ご専門は日本語学です。本の内容は、幸運なことに、私の大学院時代に先生が授業でお話してくださった内容を更に掘り下げて、まとめたものになっています。
膨大な資料と緻密な調査から得た根拠をもとに、日本語の表記にはなぜ横書きと縦書きがあるか？　どうして左横書きが生まれたか？　また、その後、なぜ右横書きが隆盛となり、左横書きがなくなっていったかなど、当時の写真や絵などを踏まえてわかりやすく説明してあります。
学生から「どうして日本語は縦書きと横書きがあるのですか？」と質問された時のためにぜひ読んで頂きたい一冊です！
　少し専門的な記述もありますが、「へぇ〜」と楽しんで読んで頂ける

と思います。

　日本語学校関係者は、必ずしも日系ブラジル子弟の問題に関心が高いわけではありません。もっと留学生以外に目を向けようというメッセージに、私は嬉しくなりました。他の教師に呼びかけたいという気持ちがとてもよく伝わってきました。2冊目は、横書き、縦書きに対して鈍感になっている日本人にとって読むことを薦めたい本だと、私も思いました。俳句も短歌も、「そのほうがワープロ打ちが楽だから」という理由で、平気で横書きにしてしまう人の何と多いことでしょう。このとき、まだ日本語教師を始めて日の浅いＡさんに、「きっと将来、『学びの共同体』としてのイーストウエストになくてはならない人になる」という確信を抱いたのです。

次はＢさんの推薦文です。

1.『深夜特急1〜6』　　　　　　　　　　　　沢木耕太郎　新潮文庫(1994)
　　1……香港・マカオ　　　　　2……マレー半島・シンガポール
　　3……インド・ネパール　　　4……シルクロード
　　5……トルコ・ギリシャ・地中海
　　6……南ヨーロッパ・ロンドン
　　　ノンフィクション作家の沢木耕太郎が、20代の頃の放浪の旅を、帰国後17年の年月をかけて書き上げた旅の記録。この旅の記録を読破したあと、残るものは行った先での風景ではなく、人々の汗のにおい、話し声、泥にまみれたモノクロ写真のような風景といったところだ。彼の旅には、地図、計画といったものがない。この放浪の旅を彼がどのように終わらせたかというのも、とても面白いところだ。
　　私自身がこんな旅に憧れていながらできなかったという思いを、この話が満足させてくれた気がします。
　　　毎日の生活にちょっと疲れてしまったとき、のめりこんで読むことのできる作品です。
　　　彼の作品は、すべて、人とのかかわりの中から生まれてきています。

ワールドカップで朝日新聞に連載され、後に、本となった『杯』、今年開催されたアテネオリンピックについての朝日新聞での連載も、選手とのインタビューを通してとても人間くさい記事になっています。
ぜひ、皆さんも読んでみてください。

2.『大阪ことば学』　　　　　　　　　　　　　　尾上圭介　創元社(1999)

　　大阪弁にはとっても不思議な力があります。「もうだめだ」というより「もうあかん」といわれたほうがなんとなくほんわかしたニュアンスが含まれています。その反面、大阪弁で凄まれたら、標準語の何倍も怖い。そんな、大阪弁の面白さ、大阪人の気持ちをうまく分析している本です。言葉の本として読むより、時間つぶしに笑いながら読むのみぴったりです。

　　以前、NHK教育テレビ「人間講座」の『文珍流落語への招待』の中で、「上方落語と江戸落語」「関西人は笑いが好き」というテーマで話をしています。テキストになって出ていますので、これも合わせて読むととても面白いです(2000年1月〜3月)。

　　日ごろ、眉間にしわを寄せて本を読むことが多い……？　ことを考え、さらっと楽しく読めるものを推薦しました。

Bさんが推薦した沢木耕太郎は、何人もの先生が推薦していました。しかし、同じ本を推薦している文であっても、それぞれに個性があり、読みながら書いた人を思い出し、ほのぼのとした思いにさせられます。

以前『大阪ことば学』を読み、大阪弁の持つ何とも言えぬくもりが大好きな私は、Bさんの推薦文を「そうそう、同感、同感」と楽しく読みました。そして、阪神大震災直後に尾上圭介が神戸の知人と電話で話した時のせりふを思い出していました。

　　なんや急に体がほり出されて、まっ暗な中で一体なにがどないしたんかいな思て、ゆっくり見たら、二階で寝てたはずが一階で寝てますねん。はあ、一階がのうなったんですわ　　　　　　　　　　　　　　(p.8)

とても限られた紙面では、これ以上ご紹介することはできませんが、本当にどれも個性豊かな推薦文ばかりでした。

4-4-6　プロジェクト・チームのための予備ワーク
【『コミュニケーションのための日本語教育文法』をクリティカルに読む】
2005年10月に『コミュニケーションのための日本語教育文法』(くろしお出版)が出版されました。これは、長い間心待ちにしていた本でした。いくら教授法が変わっても、そもそも日本語教育文法そのものが変わらなければ、日本語教育の大きな変革はありえないという考えに立って、文法そのものを見直してきたグループによるものです。野田(2005: 1–20)は「コミュニケーションのための日本語教育文法の設計図」に、本の特徴を説明し、次の7点をあげています。

・学習者の多様化に対応する日本語教育文法
・日本語学に依存しない日本語教育文法
・無目的な文法から聞く・話す・読む・書くそれぞれの文法へ
・正確さ重視の文法から目的を達成できる文法へ
・一律の文法から学習者ごとの文法へ
・骨格部分重視の文法から伝達部分重視の文法へ
・形式を基盤とする文法から機能を基盤とする文法へ

この考え方は日本語教育現場に大きな波紋を投げかけました。以前から、日本語教育学会のシンポジウムやパネルなどで話を聞いていた私は、本を手にして早速読み始め、学内教師研修に関してあるアイディアが浮かんできました。

○1か月間、学内の全教師が3～4名のグループに分かれ、『コミュニケーションのための日本語教育文法』について話し合いを行う。
○そのグループ活動の結果をレポートにまとめる。
○各グループが提出したレポートを冊子にまとめ上げ、全教師に配布し、

次の講師会までに目を通してくる。
○次の講師会で、そのレポートの中からいくつかテーマを決め、話し合いを行う(グループ討議&全体討議)。
○さらに、講師会終了後「グループ活動および講師会での話し合い」を通して感じたこと等を書き記し、メールで送る。
○嶋田はそれぞれの「感想メール」に対して返信し、意見交換を行う。

グループでの話し合いでは、この新しい教育文法の本を鵜呑みにするのではなく、クリティカルなこの本をさらにクリティカルに見ていくこと、また、問題点をあげた後、「じゃあ、自分ならどう実践するのか」といった教育実践に関連付けたレポートであることという注文をつけました。

レポートの形式は「A4版」であること以外は、何も決めずグループで自由に書いてもらいました。出てきたレポートは、メンバー一人ひとりが書いたもの、誰かが代表して作成したもの、章を分担して書き上げたもの等さまざまでした。こうやって出来上がった「レポート集」を見ることで、グループ活動中だけではなく、多様なまとめ方、同じ章を読んでも全く違った見方があったり、グループでのアプローチの仕方に違いがあることを知ることができました。そして、何よりも教師一人ひとりが「自分が教えている日本語文法って一体どういうものなのだろう?」と深く考えるきっかけになりました。

課題章と選択章は以下のように決めました。

1. 課題章「コミュニケーションのための日本語教育文法の設計図」
野田尚史
2. 選択章　6つの章をこちらで選択し、それぞれのグループに1章ずつ割り振る(こちらから選択したものとする)。

Aグループ「コミュニケーションのための日本語教育文法の方針」
小林ミナ
Bグループ「学習者の習得を考慮した日本語教育文法」　田中真理

Cグループ「聞くための日本語教育文法」　　　　　　松崎寛
　Dグループ「話すための日本語教育文法」　　　　　　山内博之
　Eグループ「読むための日本語教育文法」　　　　　　宮谷敦美
　Fグループ「書くための日本語教育文法」　　　　　　由井紀久子

　グループは、好きな人同士ではなく、私のほうで勤務日・時間帯やその他の要因を考えて作っていきました。あまり親しく話したことがない人とも、このワークを通して意見を戦わすことができるというメリットもあります。また、同じ章を複数のグループが受け持つことから、作成したレポートを良い意味で比較して考えることもできるという良さもあります。最初は「ただでも毎日の授業準備やら学生のことで忙しいのに……」と思った人もいたようですが、どのグループも次第に佳境に入っていきました。ひたすらメールでやり取りをしているグループ、夜遅くまでロビーであれこれ議論をしているグループ、一応レポートはまとめたものの最後まで意見がまとまらず、講師会でのワークショップが終わったあと、何度も私と意見のやり取りをした人もいます。このワークは、時間的、労力的には大変でしたが、教師にとっても、「学び続ける組織」作りにも大きな力となりました。
　また、ふだん忙しく一人ひとりの先生方とゆっくりお話しする時間が取れない私にとって、講師会でのワークショップ後、全員の先生方から「感想メール」をいただき、それがきっかけで「日本語教育文法」について何度もメールやインタビューで意見交換をしたりと、貴重な体験となりました。
　「感想メール」は〈グループワーク前→グループワークをしている時→グループワーク終了後〉に分けて「その時，自分はどういう気持ちでいたのかを大切にして書いてほしい」と言ったのですが、それぞれがみごとに「振り返り」をしながら活動を進めていきました。

　「内省的実践家」としてすばらしい感想文がたくさん寄せられましたが、ここでは活動についての簡単な振り返りメールをご紹介して終わることとします。
　皆さんも、今の職場で、あるいは機関を越えた日本語教師仲間といっしょに、このようなグループ活動をして、レポートを作成してみてはいかがで

しょうか。

■ある感想メール
①

> ◆始める前に
> 　『コミュニケーションのための日本語教育文法』というこの本の視点が面白いと思いました。「日本語教育」が「日本語学」から始まっているということは、いつの間にか暗黙の了解事項になっていて、すでにできあがっている体系を根底から見直そうというのは、勇気のある提案だと関心しました。
> 　この本におけるそれぞれの方の主張についてグループワークできるということは、ふだん**日本語教育そのものについてなかなか話す機会のない先生方**のお話がうかがえて、とても嬉しかったです。
>
> ◆活動の途中で
> 　さて、いよいよ始めようとなった時に持ち上がったのが、各先生方の時間の調整の難しさでした。結局、朝7時半からミーティングをしたり、締め切り当日の日曜日に会ったりと、忙しいスケジュールでした。十分に話し合えたとは言えないかもしれません。
> 　それぞれが、まず感想を述べ気づいた点、賛同できる点、疑問に思う点などを出し合っていくうちにとても面白いことに気づきました。それは、本に書かれてあった会話の場面のAとBの設定が私と□□さんは同じだったのですが、△△さんとは違っていたのです。つまり、それ以外にないだろうという**「思い込み」**がそれぞれにあったことに気づき、お互いに「ああ、なるほど。そういう見方もあるのか」という発見がありました。
> 　また、ひとりで本を読んでいたのでは、すうっと通りすぎてしまうようなところも、3人それぞれに「気づき」の場所があり、それぞれの体験とともに貴重な意見交換ができました。ああでもない、こうでもない、ととても楽しい活動でした。

◆終わってから

　レポートというものが、どんな形で提出するのが良いのか模索しながらの提出でしたが、他のグループのものを読んで本当にさまざまなので、この点でも興味深いものでした。また、同じテーマを2つグループずつ担当したことで、それぞれの「気づき」の違いや、意見の違いがはっきり出ていました。グループワークでもそうなのだから、これはたとえば、1冊のテキストを扱う場合でも、教師によって全く捉え方が違っていたり、ポイントの抑え方が違っていたりするということでしょうか。教わる学生からしてみたら大変なことですよね。**組んでいる先生方、また前後クラスの先生方との話し合いがいかに大切か**を思い知らされました。

　講師会でのワークショップで、**「読む・書く・晒す」**の重要性について触れられましたが、まさに今回のグループワークではその体験をすることができ、自分を見詰め直す良いきっかけになりました。

②

　私は今回のワークショップで良かったことを整理し、3つほどあげたいと思います。

　ひとつめは、同僚の先生方と、普段の実践を意識化させながら議論できたことです。忙しい日々の中で、ともすれば何を目的とした活動なのかを見失ってしまいがちです。教師間で、お互い内省しあうことは、自らの気づきを生むよい機会になったと思います。

　2つめに、自分自身の書く能力を改めて振り返ることができたことです。書く能力というのは、文章の上手さもさることながら、まずは分かりやすく、読み手を意識して書くということが大切です。私はそれについてよく分かっていたつもりでしたが、出来上がったレポートはそうはなっていませんでした。さらに、今回改めて気付かされたこ

とは、内容の「豊かさ」の大切さです。本当の意味でよい文章とは、書きたいこと、伝えたいことがあった時、初めて生まれるものだと思います。私は、先日いただいたレポート集を見ていて、はっとさせられました。その中のある先生は、書き方云々ではなく、伝えたいこと、伝えたい気持ちがつまっていて、何かこちらに語りかけてくるような、そんな文章を書いていらっしゃいました。私は、学生に対して、内容を重視した作文を書くようにといつも指導していましたが、指導する私が内容の薄い文章を書いているのを目の当たりにして、大変反省させられました。まずは、日頃から自分の文章表現能力をもっと磨く努力をすべきだということを念頭において、しっかり学びたいと思います。

　3つめに、「協働」体験です。協働活動を成功させるための大きな要因のひとつに、教師の協働に対するビリーフスがあります。このようなビリーフスは、実際自分が協働を体験し、どのような利点があるのか、そしてどのような困難を感じたのかという経験を通じて形成されるものです。そのため、本来協働学習というのは、自分でやってみることなしに学生に強いることは出来ないと思います。私は、大学院に入ってから、協働で行う作業が多く、最初は意見の対立に苦しむこともありましたが、いまでは、仲間を信頼して何でも相談し、意見をもらうことが出来るようになりました。イーストウエストに入ったばかりであり、今回初めて職場でのグループ活動を通して協働体験をしました。しかし、職場ではすれ違いも多く、いつも一緒にいることができるわけではありませんから、なかなか言いたいことが伝わらなかったり、まとめる方向性が見出せなかったことは、とても苦しいことでした。また、他の2人の先生方とのバランスを考えた時、自分がどの程度出ていいものか、躊躇もありました。しかし、それは全く教室での学生にも当てはまることだと思います。苦しいとか思い悩んだとか、そういう気持ちをしてみることは、学生の立場に立った指導を

する上で非常に重要です。私たち教師も、協働活動を重ねることによって、今後活動に対する理解を深めていくことができ、自信を持って協働学習による指導に当たれるのではないかと思いました。

以上、学内ワークショップの感想を2つご紹介しました。まだまだたくさんご紹介したいのですが、今回はこれで終わりにしたいと思います。60ページ以上もの報告集は、今も職場の書棚に大切に保管されています。

4-5 「学び続ける組織」をめざして

ここまで「学びの共同体」の重要性、その中での授業実践、そしてそれを支える教師研修などについてお話ししてきました。それでは、「学びの共同体」がいつまでも「学び続ける組織」であるためにはどんな点に気をつけたらいいのでしょうか。

■教師個人が考えるべきこと

「エサキダイオード」の発明でノーベル物理学賞を受賞した江崎玲於奈が「ノーベル賞を取るために、してはならないこと」について話しているのを聞いたことがあります。それは次の5つのことでした。

- ・今までの行き掛かりにとらわれてはいけません。
- ・教えはいくら受けても結構ですが、大先生にのめりこんではいけません。
- ・無用ながらくた情報に惑わされてはいけません。
- ・自分の主張を貫くためには戦うことを避けてはなりません。
- ・子供のようなあくなき好奇心と初々しい感性を失ってはなりません。

これはそのまま日本語教師への「5つのしてはならないこと」とも言えます。固定観念を捨て、権威に屈することなく、世の中の情報・常識に惑わされ

ず、他人の言動に左右されず確固たる自分の意思を持ち、常に新しい未知のことに挑戦し、感じ取る力を養っていかなければならないと江崎は言っているのです。あまりにも現代人の弱点をうまく言い当てているのに感心してしまいます。

そして、「成長し続ける教師」をめざすという視点から、江崎教授の言葉を次のように置き換えてみたいと思います。

○現状に甘んじることなく、常に新しいものに挑戦していくこと
○常に学び続け、いかなることもクリティカルに問い続けること
○情報に溺れることなく、取捨選択する力をつけること
○「違い」を認め合い、意見の対立を恐れることなく議論すること
○研ぎ澄まされた感性で、発見の喜びを持ち続けること

こうした姿勢で教育実践をしていればこそ、「成長し続ける教師」でいられるのではないでしょうか。

メディエーター(人間接着業)として多くの人材を育ててきた青木匡光(2004: 20-30)は、**EQ能力を持つ「スリー・ハット人間」**になることを奨励しています。「スリー・ハット人間」とは次の3つのことです。

1. オーナーズ・ハット人間

人生会社のオーナー経営者としての自覚がまずあることだ。いま痛感するのは、自分の人生であるのに他人事のように生きている人が多いという事実である。

つまり、あなたは自分カンパニーのオーナー経営者であるはずだ。

2. オンリーワンズ・ハット人間

どんなことでもよいが、なにかの取り柄(長所)やオリジナリティを発揮して、個性的にビジネス人生を生き抜くことである。

ナンバーワンにはなれなくてもオンリーワンにはなれる。

3. ネットワーカーズ・ハット人間

　　仕事絡みでもよし趣味なども含めて好みのままに、みずから各分野を横断する情報発信地を築きあげて、相互の連携ネットワークを心掛けていくならば、人生に仕掛けるだいご味をたっぷりと堪能できるはずである。

　青木はビジネスマンに対して「スリー・ハット人間」のススメを説いているのですが、それは日本語教師人生にも同様に重要なポイントでもあります。
　私は青木のオーナーズ・ハット人間の話を聞くたびに、「車酔い」のことを思い出します。車酔いが激しい人と普段言っている人も、自分自身が運転していると酔わないのです。船酔いも同様です。つまり、自分が主体的に関わっているのだという意識を持っている時には、人ははつらつとしていられるのです。
　また、自分にしか出せない味があり、その人にしかない香りが放てる教師でありたいとつくづく思います。私はナンバーワンになりたいとは思いませんが、常に「オンリーワン」をめざしてやってきました。自分にしかできない授業、他の人にはできない教師人生をめざしてきました。だからこそ毎日が楽しかったのだと思います。
　さらに多方面にネットワークを作り上げることのできる教師でありたいと思っています。長い時間をかけて作り上げてきたさまざまな「人的ネットワーク」が今の私を支えてくれています。そして、その「人財」がイーストウエスト日本語学校の教育に厚みをもたせてくれているのだと思います。これからの残された日本語教師人生は、人と人とを結びつける「人間接着剤」として生きていくことを願っています。
　私は、この青木の「スリーハット人間」を次のように「日本語教師に求められる３つのキーワード」と言い換えています。

　　○主体性
　　　　どんなときにでも、主体的に関わりたいものです。非常勤だから、副担任だからと受け身の姿勢で仕事に臨むのではなく、自ら考え、より良い道を模索していくことが大切です。

○独創性
　　常に他の人とは一味違った「自分だけの香り・カラー」が出せる教師でありたいものです。「あの味は、どうやったら出せるんだろう」と思わせるような授業が出来る教師をめざすことが大切です。
○協働性
　　主体性や独創性と同じように、協働性ということを忘れてはなりません。同じクラスを担当する教師間の協働、学習者との協働、そして学校という組織の中での協働性、さまざまな意味で協働性は重要になってきます。

　以前、日本語教育振興協会の主任教員研修でコーディネーターをしたことがあります。その時のグループのメンバーと「教員としての見直しシート」を作成したことがあります。そして、メンバーそれぞれが作成したシートを自分に合った使い方をしていき、それをMLで情報交換をしていきました。

- 6か月ごとに自分自身を振り返る拠り所とする
- 一部作り変えて「学内教師用振り返りシート」を作成し、活用する
- 大項目だけを残し、学内の教師といっしょに「自分の学校用の振り返りシート」を作成する

私は、メンバーの許可を得て、アチコチでこのシートを紹介してきました。3日間の研修で完結するのではなく、その後もメンバーでやり取りをし、また研修で学んだことをさらに発展させ、新しいものを生み出していく力は素晴らしいと思います。また、作成したシートの良さもさることながら、ワイワイ言いながら生み出していったプロセスこそが重要だと思っています。
　それでは、研修でのグループ活動から生まれた「主任教員としての見直しシート」をご紹介しましょう(項目を増やすなどその後何度か改訂しています)。
　主任教員はご自分の振り返りに使ってみてください。そうでない方は「どんな主任が望ましいのか」「自分用にはどんな項目があったらいいのか」な

どを考えながら、チェックしてみてはいかがでしょう。例えば「理念に基づいた教育方針を設定し、他教員や学生に提示できているか」という項目は、「学校の教育理念や方針が理解できているか」と変えることによって、多くの先生方に必要な項目となるのではないでしょうか。

主任教員のための見直しシート―30のチェックポイント
A　教育実践
□　1. 理念に基づいた教育方針を設定し、他教員や学生に提示をしているか。
□　2. 学習者の能力に応じたシラバス・カリキュラムを構成し、それに沿った教材選びをしているか。
□　3. 必要に応じて教材開発を行っているか。
□　4. 評価実施時期・内容は適切であるか。
□　5. 評価のフィードバックを行い、カリキュラムに反映させているか。
□　6. クラス分けを適切に行っているか。
B　カウンセリング
□　7. カウンセリングマインド(受容と共感)を持って聴いているか。
□　8. 必要に応じて解決策を提示しているか。
□　9. 教師の悩みや問題に適切に対応しているか。
C　多文化理解
□　10. 違いを認め合い、多様な価値観を尊重して教育を行っているか。
□　11. それぞれの学習者の背景を理解し、適切に対応しているか。
D　情報収集
□　12. 進学情報や日本語教育に関する十分かつ適切な情報を積極的に収集しているか。
□　13. 収集した情報を適切に処理し、発信しているか。
□　14. 社会の動きに対して敏感に反応し、情報収集を行っているか。
E　コミュニケーション
□　15. 学習者や教師の現状を十分に把握し、意思疎通が取れているか。
□　16. 「ホウレンソウ」(報告・連絡・相談)を十分に行っているか。

- □　17. 学校に対しても積極的に提案をしているか。
- □　18. 学内外に対し積極的にネットワーク作りを行っているか。

F　マネジメント
- □　19. 教師の適性を把握し、人材活用をうまく行っているか。
- □　20. 教員研修を十分に行っているか。
- □　21. 教員会議を定期的に行っているか。
- □　22. ファイルの整理と管理は十分であるか。
- □　23. 年間事業計画や実施についての日程管理を適切に行っているか。

G　法制度
- □　24. 入国管理局関連の法制度について知識があるか。
- □　25. 日本語教育振興協会関連の法制度について知識があるか。
- □　26. 労働関係法規や著作権などの一般法規を知っているか。

H　自己開発と管理
- □　27. 日本語教育について学び続けているか。
- □　28. 日本語教育以外にも目を向けているか。
- □　29. 教育実践や自分自身を振り返る時間を積極的に取っているか。
- □　30. 健康管理、ストレス解消をしているか。

■組織として考えるべきこと

　組織が「学び続ける組織」であるためには、どんな点に注意しなければならないのでしょうか。吉田(2006b:188-202)は、「学びの共同体」をつくる8つのポイントと「よりよい教師・講師になるために日ごろできること」を数多くあげています。

　　◆「学びの共同体」をつくる8つのポイント
　　　①基本的な欲求を満たす
　　　②学習者と出会うことを楽しむ
　　　③対等な(ギブ・アンド・テイクの)関係を構築する
　　　④ソーシャル・スキルを絶えず練習する
　　　⑤マイナスはプラスに転換する
　　　⑥時間を提供する

⑦自分の仕事を絶えずよくする
　⑧コンタクトを維持し、励まし合う

　以前インタビューで「良い教師になるには、どんな力が求められるのか」と問われたことがあります。私が上げた10項目は次のようなものでした。

日本語教師のための10か条
　①クリエイティブに仕事に取り組むことができる
　②失敗を次のステップに繋げることができる
　③物事・事態に柔軟に対応できる
　④迅速かつ的確に判断し、決断することができる
　⑤ミクロ・マクロの両面で物事を捉えることができる
　⑥予測・推測ができ、見通しを立てることができる
　⑦クリティカルに捉えることができる
　⑧内省しながら実践することができる
　⑨自己開示ができ、また相手の立場に立って物事を考えることができる
　⑩「協働」を大切にして、仕事を進めることができる

私はいつも「自分はどうだろうか」と振り返りながら毎日の仕事に励んでいます。

　いくら素晴らしい教師が大勢いても、「学び続ける組織」になるとは限りません。では、どうすれば教師が成長し続けることができ、魅力的な組織であることができるのでしょうか。新井(2002: 277-279)は、学校を有機的な学習組織体に変革するには、どうしたらいいかということを、ワトキンスらの「学習する組織」の6つの行為原則を示し、解説しています。6つの行為原則とは以下のとおりです。
　①継続的に学習機会を創造する。
　②探求と対話を促進する。
　③共同とチーム学習を奨励する。

④学習を取り込み、共有するシステムを確立する。
　　⑤集合的ビジョンに向けて人々をエンパワーメントする。
　　⑥組織と環境を結合させる。

さらに、新井はそれぞれの原則に説明を加えています。

　　①インフォーマルな学習(たとえば、実践や経験を通して得られる知見)とフォーマルな学習(たとえば、校内研修や校外研修)の両方を遊離させないことが重要です。
　　②これが可能になるのは、発展的に学習できるような風土があればこそのことなのです。
　　③これを強化するには、アクション・リフレクション学習などの方法があります。
　　④多様化する現職教育の結果を、それを受けた個々の教師の所有物にとどめておくのではなく、自分の学校の具体的な問題や課題の解決のための学習に結びつけていけるようなシステムを各学校で考えることが重要です。
　　⑤組織の構造と文化がメンバーの創造性を支持するものでなければなりません。
　　⑥ここでいう環境とは、コミュニティから地球環境、国際社会といった広い社会のレベルまでを含めて述べています。

　これらの原則を大切にしながら、これからも「学びの共同体」「学び続ける組織」を作り続けていきたいと思っています。皆さんも、「学び続ける組織」としての日本語教育現場を作り続け、協働を大切にしながら「成長し続ける教師」をめざしてみませんか。そのひとつの方法として、会話授業を見直し、現場にあった会話試験を開発し、それを改良し続けていってはいかがでしょうか。そこから互いの言語教育観が見え、違う角度から新しいものが生まれてくると思います。イーストウエスト日本語学校の事例を、そのひとつの叩き台にしていただければ幸いです。

次の図は「『学習する組織』の行為原則」を図式化したものです。

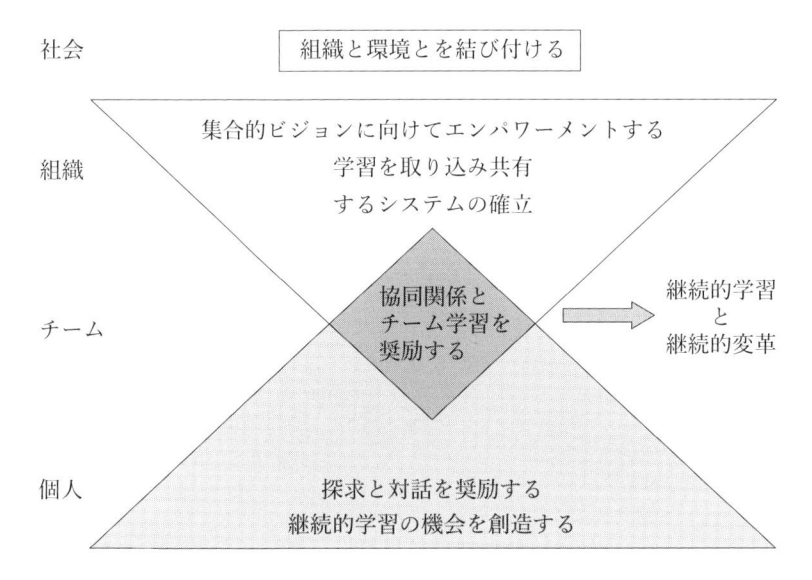

図2 「学習する組織」の行為原則

（図中テキスト）
- 社会：組織と環境とを結び付ける
- 組織：集合的ビジョンに向けてエンパワーメントする／学習を取り込み共有するシステムの確立
- チーム：協同関係とチーム学習を奨励する → 継続的学習と継続的変革
- 個人：探求と対話を奨励する／継続的学習の機会を創造する

カレン・ワトキンス、ビクトリア・マーシック著　神田良・岩崎尚人訳『学習する組織をつくる』p.32
Watkins,K.E.and Marsick,V.J. "Towards a Theory of Informal and Incidental Learning in Orgainaizations." International Journal of Lifelong Education.1992,11(4) p.287-300

　あるビジネスマンが「滅びる企業は競争相手に負けたのではなく、日々刻々と変わっていく環境にうまく適応できなかったというだけのこと」という発言をしていました。これは、そのまま日本語教育機関にも当てはまります。変化に柔軟に対応できる個人力、チーム力、そして学校力が求められる時代なのです。
　バスケットボールの試合を見ていていつもこう思います。

　　みんなが同じ方向を向いて走っているからパスがつながるんだ。止まっている人はパスを受け取れないのだ。

これは仕事にもすっぽりそのまま当てはまります。立ち止まってしまった人は「すてきなボール」を受け取ることはできません。そして、みんなで回したボールでシュートが決まり、また次のシュートをめざしてみんなでパスを回していく。これはまさに「学び続ける組織」の姿そのものではないでしょうか。

　なぜ日本語教師は楽しいのでしょうか。それは、人を相手にする仕事であり、その相手とはさまざまな国の人々だからなのです。自分自身の軸をしっかり持ち、異質なものと触れ合うことで、さまざまな気づきが生まれ、人間として、日本語教師として成長し続けることができるのです。さあ、それではまた新しい明日に向けて、歩き続けましょう。

Today is the first day of the rest of my life.

おわりに

　皆さん、セレンディピティ (serendipity) という言葉を聞いたことがありますか。広辞苑には次のように記されています。

> （お伽噺「セレンディップ（セイロン）の三王子」の主人公が持っていたところから）思わぬものを偶然に発見する能力。幸運を招き寄せる力。

この言葉は、2000年ノーベル化学賞を受賞した白川英樹筑波大学名誉教授のストックホルムでの授賞式で使われたことから、よく知られるようになりました。実は、彼の偉大な発見は、たまたま実験を手伝っていた留学生が、単位を間違えて1000倍もの触媒を入れたために実験が失敗に終わったことから始まりました。その失敗が「電気を流すことのできるプラスチック（ポリアセチレン）」を発見することにつながったのです。
　私がOPIに出会ったこと、こうやって今の職場で「学びの共同体」を作り続けていること、そして今回『目指せ、日本語教師力アップ！』を出版することになったこと、すべてセレンディピティによるものだと思っています。皆さんもぜひ「幸運を招き寄せる力」で、教師力アップを図り、自分のめざす教師人生を切り開いていってください。
　セレンディピティは、「思わぬものを偶然に発見する能力」とは言うものの、実は、その「偶然」は単なる「偶然」ではありません。たゆまぬ「学び」の中にあるのです。つまり、アンテナを張っているからこそ幸運を見つけることができるのであり、また、そこにセレンディピティがあるからこそ幸運を引き寄せることができるのです。

　もう1つ、キャリアカウンセリングの世界で注目を浴びている理論、「計画された偶然性 (Planned Happenstance)」をご紹介しましょう。これは、上述したセレンディピティの考え方とつながっていきます。つまり人生で起こるさまざまな「偶然」はすべて「必然」であり、どんなことでも大切な学

びであり、幸運を引き寄せる必要なエッセンスだということです。

今回、偶然『目指せ、日本語教師力アップ！』を手に取られた方々、その偶然の出会いを大切にして、ちょっとOPIとお付き合いしてみてください。その積み重ねから、また何かが生まれてくると思います。つまり、この出会いは「計画された偶然性」だったのです。

「計画された偶然性」は1999年にアメリカのクランボルツ博士（Krumboltz）によって発表されました。彼はキャリア形成に大切なこととして、1. 好奇心、2. 持続性、3. 柔軟性、4. 楽観性、5. 冒険心の5つをあげています。このことは、教師力のアップを図る時にもそのまま当てはまります。

今回、教師力アップについてOPIを軸として考え、例としてロールプレイ活用法と会話試験開発をご紹介し、そこから「学びの共同体」作りについてお話ししました。偶然に本書を手にした方々、以前からOPIに関心があって読み始めてくださった方々、お互いに、飽くなき好奇心を持ち続け、物事に柔軟に対応しながら、遊び心を持って新しいことに挑戦していきましょう。

「どうやったら教師力アップが図れるんですか」という問いにもう1度お答えします。「とにかくOPIの考え方を理解して、実践に活かしてみてください。そこから、何かが変わっていくはずです。」

皆さん、私の話に長時間お付き合いくださってありがとうございました。そろそろ明日の授業の準備が待っているのでしょうか。それとも、もう教室に出かけていくお時間でしょうか。今日もまた、各教室で先生と学習者との楽しいやり取りが始まることでしょう。最初にお話ししたように、どうか「舞台に上がった賢人」としてではなく、「側に寄り添う案内人」として、一人ひとり学習者を大切にしながら教育実践をしていってください。

本書は、私の勤務校であるイーストウエスト日本語学校の皆さんの「協働ワーク」の結晶です。直接プロジェクトチームのメンバーとして活動してくださった先生方、出来上がった教材や試験に対してさまざまなフィードバックをしてくださった先生方、そして、「会話レベル表」の翻訳を快く引き受

けてくれた卒業生・在校生の皆さん、本当にありがとうございました!! これからも、「学び続ける組織」をめざして「学びの共同体」をさらに進化させていきましょう。

　また、本書の出版にお力添えくださったひつじ書房の松本功房主、「先生、1人称で書いたらどうですか。嶋田ワールドを好きなように書いてみてください」と言ってくださった吉峰晃一朗さんに心より感謝いたします。

　最後に私の座右の銘、「アラゴンの言葉」をご紹介して、皆さんとお別れすることにします。

**　　　学ぶとは誠実さを胸に刻むこと、教えるとは希望を与えること**

他者に、そして自分自身に誠実に、これからも「自分探しの旅」として「学び」を続けて行きたいと思っています。いつか、どこかで皆さんと日本語教育について語り合える日が来ることを願っています。

平成 19 年秋　東京にて

参考

イーストウエスト日本語学校のプロジェクトチームは以下のとおりです（2001年度以降のプロジェクトのみ）。

- ■ 口頭表現能力研究班
    西川寛之、西部由佳、山中都、山辺真理子
- ■ 作文研究班
    権田友紀子、澤田尚美、森節子、山中都
- ■ ロールプレイ研究班
    酒井祥子、西川幸人、西部由佳、嶋田和子
- ■ 会話試験作成研究班
    高見彩子、西川幸人、嶋田和子
- ■ 漢字研究班
    有山優樹、落合知春、立原雅子、林英子、森節子、山口知才子
- ■ 教科書作成班

参考文献

Daniel Goleman 1995 Emotional Intelligence 土屋京子訳1996『EQ―こころの知能指数』講談社
Hodges 1966 The Three Princes of Serendip よしだみどり訳2006『セレンディピティ物語』藤原書店
National Standards Collaborative Project 1996 Standards for Foreign Language Learning:Preparing for the 21st Century, Allen Press.
Shoen, D. 1983 The Reflective Practitioner.Basic Books. 佐藤学／秋田喜代美訳2001『専門家の知恵』ゆるみ出版
The American Council on the Teaching of Foreign Languagues 1999『ACTFL-OPI試験官養成用マニュアル』アルク
Watkins, K. E. and Marsick, V. J. 1992 Towards a Theory of Informal and Incidental Learning in Organizations. International Journal of Lifelong Education(4) pp.287-300 神田良・岩崎尚人訳1995『学習する組織をつくる』日本能力協会マネジメントセンター

青木匡光 2004『EQ 型人間が成功する』産能大学出版部
安彦忠彦 2002『教育課程編成論―学校で何を学ぶか』放送大学教育振興会
新井郁男 2002『教育経営論』放送大学教育振興会
有山優樹・落合知春・立原雅子 2006『非漢字圏学習者を対象とした漢字指導―初級レベルの漢字の運用を目指して』国立国語研究所上級者研修報告書（ジャヤニヤタイチーム）
アルク 2007『月刊日本語 6 月号』アルク
岡崎敏雄・岡崎眸 1997『日本語教育の実習　理論と実践』アルク
岡東壽隆 2002「教員に必要な資質能力」曽余田浩史・岡東壽隆編著『ティーチング・プロフェッショナル― 21 世紀に通用する教師をめざして』明治図書
尾上圭介 2004『大阪ことば学』講談社
OPI リサーチグループ（伊藤とく美他）1996「日本語中級話者における発話分析」『JALT 日本語教育論集 1 号 No.1』79–99．全国語学教育学会日本語教育研究会
鹿毛雅治他 1997『学ぶこと　教えること　学校教育の心理学』金子書房
河北隆子・脇経郎 2006『教師力×学校力　ダイナミック変革への実践本』明治図書
蒲谷宏・川口義一・坂本恵・清ルミ・内海美也子 2006『敬語表現教育の方法』大修館書店
川口義一・横溝紳一郎 2005『成長する教師のための日本語教育ガイドブック上』ひつじ書房
教育職員養成審議会 1997『新たな時代に向けた教員養成の改善方策について』
国際日本語普及協会『AJALT』28 号、2005
佐伯胖 1995『「学ぶ」ということの意味』岩波書店
佐伯胖 2003『学びを問いつづけて』小学館
嶋田和子 2004「日本語学校における教師資質と実践能力の養成」『日本語教育養成における実践能力の育成及び評価にかかわる基礎的調査研究 II』日本語教育学会 pp.10–15
嶋田和子 2004「日本語学校における教員採用時の日本語教師の実践能力評価」『日本語教育養成における実践能力の育成及び評価にかかわる基礎的調査研究 II』日本語教育学会 pp.47–56
嶋田和子 2005「日本語学校における教師研修と能力測定の在り方」『パネルディスカッション：日本語教師の実践能力の育成・評価に関する再検討：研修と評価のあるべき姿の探求』日本語教育学会 2005 年春季大会予稿集
嶋田和子 2005「日本留学試験に対応した日本語学校の新たな取り組み―課題達成能力の育成をめざした教育実践」『日本語教育』、126、45–54．日本語教育学会

嶋田和子 2005「日本語学校で求められる教師像」『日本語教育事典』大修館書店
嶋田和子 2006「日本語学校におけるアカデミック・ジャパニーズ」『アカデミック・ジャパニーズの挑戦』、55–65．ひつじ書房
嶋田和子 2006「日本語学校における採用時の能力測定と教師研修」『日本語教育年鑑 2006 年度版』国立国語研究所編、くろしお出版
スリーエーネットワーク 1998『みんなの日本語』スリーエーネットワーク
清ルミ 2006「『気づき誘導』を求めて―社会人・大学生に必要な待遇表現教育を模索する」蒲谷宏他『敬語表現教育の方法』大修館書店、pp.47–77
曽余田浩史・岡東壽隆 2002『ティーチング・プロフェッショナル―21 世紀に通用する教師をめざして』明治図書
高橋美和子他 1996『続・クラス活動集 131 ―『新日本語の基礎 II』準拠―』スリーエーネットワーク
高間邦男 2005『学習する組織―現場に変化のタネをまく』光文社
田中幸子他 1989『コミュニケーション重視の学習活動 2　ロールプレイとシュミレーション』凡人社
當作靖彦編 2003『日本語教師の専門能力開発　アメリカの現状と日本語への提言』日本語教育学会
中野民夫 2003『ファシリテーション革命』岩波書店
中村純子 2001「映像文法入門」『メディア・リテラシーを育てる国語の授業』明治図書
中村律子 2005『日本語クラスアクティビティ 50』アスク
日本語教育学会編 2005『新版日本語教育事典』大修館書店
日本語教員の養成に関する調査研究協力者会議 2000『日本語教育のための教員養成について』
野口裕之 2005「評価の機能」日本語教育学会編『新版日本語教育辞典』大修館書店、pp.780–781
野田尚史編 2005『コミュニケーションのための日本語教育文法』くろしお出版
長谷川町子『サザエさん 42 巻』1995、朝日新聞社
細川英雄 2005「新時代の日本語教育をめざして」『日本語学』1 月号、vol.24 明治書院
牧野成一他 2001『ACTFL 入門』アルク
宮永博史 2006『成功者の絶対法則　セレンディピティ』祥伝社
山内博之 2005『OPI の考え方に基づいた日本語教授法』ひつじ書房
山内博之 2006「コミュニカティブ・アプローチ」『日本語教授法ワークショップ DVD』凡人社
山崎準二 2002『教師のライフコース研究』創風社

横溝紳一郎 2006「教師の成長を支援するということ」『日本語教師の成長と自己研修―新たな教師研修ストラテジーの可能性をめざして』, 44-65. 凡人社
吉田新一郎 2006a『「学び」で組織は成長する』光文社
吉田新一郎 2006b『効果10倍の〈教える〉技術　授業から企業研修まで』PHP

参考資料

Chart of Conversational Skills

		Abilities	Examples
230	NK9	Having no difficulties in conversations at work environments in Japan	· Making speeches at graduations, marriages etc. · Negotiating on business and presiding at meetings. · Using different expressions with various groups of people, such as strangers, superiors, friends or children. · Making technical presentations. · Discussing any kind of topics.
230	NK8	Target level	Communicating with technical terms at universities/ professional schools	· Negotiating effectively at schools, offices of part-time jobs or in daily life. · Making conversation while considering the listener's feelings (solving misunderstandings, advising). · Using polite expressions depending on the listener and the situation. · Expressing your thoughts and opinions about movies, drama, or the news. · Discussing complicated topics in detail: the IT evolution, ethical issues, genetic manipulation or judicial systems. · Having technical talks about your field of study.
220	NK7	Advanced	Having basic conversations at universities/ professional schools	· Dealing with problems. Comforting, requesting, declining, advising, or apologizing while considering the listener's feelings. Giving detailed explanations about movies, drama and the news. · Talking about social systems, cultures, customs and ways of thinking. · Giving detailed explanations in a sequence (e.g.: routes, recipes). · Giving your opinions and reasons regarding social issues, such as the aging population, or medical matters.
200	NK6	Upper-Intermediate	Communicating freely with Japanese friends	· Talking to friends about delicate issues (requesting, inviting, declining). · Having informal conversations with friends (using jokes). · Explaining your tastes and preferences. · Having simple discussions on interesting topics, such as blood types and marriage. · Giving simple explanations and your opinion about the news. · Describing foods, birthplace or differences in lifestyles.
170	NK5	Intermediate	Making friends in Japan	· Borrowing notebooks from friends. · Inviting friends to the movies and changing the arrangements already made. · Giving simple advice to friends. · Explaining the reason for being late, absent or for leaving school early. · Using phrases like: "Excuse me.", "Do you have time?", "May I interrupt you?". · Telling about painful or delightful experiences.
130	NK4	Pre-Intermediate	Having essential conversations for daily life	· Explaining how to buy tickets etc. · Explaining things you left behind. · Having conversations at stores, banks or post offices. · Telling how to spent your holidays. · Givinng a simple self-introduction talking about your work and hobbies. · Asking questions.
100	NK3	Basic	Having simple conversations	· Talking about your family, occupation and date of arrival in Japan. · Telling about your favorite things. · Answering easy questions: when, where, who, what.
80	NK2	Intro	Greeting people etc.	· Greeting people. · Talking about your hometown. · Going shopping.
	NK1	Beginner	Let's start!	· Saying your name.

参考資料 275

이스트웨스트 회화 레벨표

east west Japanese Language School

		가능한 일	구체적인 예
NK9	목표레벨	일본에서 일해도 회화에 곤란함이 없다	· 졸업식, 결혼식 등에서 스피치를 할 수 있다 · 직업상 필요한 교섭, 회의의 사회를 할 수 있다 · 잘 모르는 사람, 윗사람, 친구, 아이들 등과의 회화에서 단어를 선택해서 사용할 수 있다 · 상당히 전문적인 회화를 할 수 있다 · 어떠한 화제라도 토론할 수 있다
230 NK8		대학교, 전문학교에서 전문적인 회화가 가능하다	· 학교, 아르바이트, 일상 생활에 필요한 교섭을 할 수 있다 · 상대방의 기분을 생각하면서 (오해를 풀거나 조언하거나) 이야기 할 수 있다 · 상대방이나 경우에 따라 경어(높임말)를 쓸 수 있다 · 영화, 드라마, 뉴스 등에 관해서 자세한 감상, 의견을 말할 수 있다 · IT 혁명, 생명조작, 사법(司法) 제도 등 어려운 화제에 대해서도 이유를 제시하며 논할 수 있다 · 자신의 전문 분야에 대해 꽤 전문적인 이야기를 할 수 있다
220 NK7	상급	대학교, 전문학교에서 기초적인 회화를 할 수 있다	· 트러블이 일어났을 때 잘 대처할 수 있다 · 영화, 드라마, 뉴스의 내용을 알기 쉽게 설명할 수 있다 · 제도, 문화, 사고 방식 등의 차이에 관해서 말할 수 있다 · 요리순서, 찾아 가는 길을 알기 쉽게 설명할 수 있다 · 저출산, 고령화, 의료문제 등 약간 어려운 화제에 대해서도 의견과 그 이유를 말할 수 있다
200 NK6	상급입문전	친구와 농담을 하거나 자연스럽게 회화를 할 수 있다	· 말하기 거북한 일을 친구에게 (부탁하거나, 권유하거나, 거절하거나) 말할 수 있다 · 친구와 농담을 하거나 스스럼 없이 이야기를 할 수 있다 · 자신의 희망사항, 관심분야에 관해서 설명할 수 있다 · 혈액형, 결혼 등 관심이 있는 화제에 대해 간단한 논의를 할 수 있다 · 일상생활에 관한 뉴스에 대해 의견과 그 이유를 말할 수 있다 · 음식, 고향, 생활 습관의 차이 등에 관해서 설명할 수 있다
170 NK5	중급	일본인 친구를 만들 수 있다	· 친구에게 공책을 빌릴 수 있다 · 친구에게 영화보기를 권유하거나 약속을 변경할 수 있다 · 친구에게 간단한 조언을 할 수 있다 · 지각, 결석, 조퇴의 이유를 말할 수 있다 · 「すみませんが (실례합니다만)」, 「時間、ありますか (시간, 있습니까)?」 「ちょっといいですか (잠깐 괜찮습니까)?」 등 상투어를 쓸 수 있다 · 괴로웠거나 재미있었던 일에 대해 말할 수 있다
130 NK4	중급입문전	일상 생활에서 필요한 회화를 할 수 있다	· 기차표를 사는 방법 등에 관한 간단한 순서를 설명할 수 있다 · 잃어버린 물건에 대해서 말할 수 있다 · 가게, 은행, 우체국 등에 가서도 곤란함이 없다 · 상대방에 관한 질문을 할 수 있다 · 휴일을 어떻게 보내는지 설명할 수 있다 · 자기 취미나 일에 대해서 간단한 이야기를 나눌 수 있다
100 NK3	초급	간단한 회화를 할 수 있다	· 자신의 가족, 일, 일본으로 온 시기를 말할 수 있다 · 좋아하는 것을 말할 수 있다 · 간단한 질문에 대답할 수 있다 (언제, 어디서, 누구와, 무엇을)
80 NK2	초급전반	인사 등을 할 수 있다	· 인사를 할 수 있다 · 출신지를 말할 수 있다 · 간단한 쇼핑을 할 수 있다
NK1	입문	출발!	· 이름을 말할 수 있다

イーストウエスト会話レベル表 （シンハラ語）

		ඔබට කළ හැකි දේ	උදාහරණ
	NK9	ගාෂාව පිළිබඳව අපනසුතාවකින් තොරව ජපානය රැකියාවක තියෙලීම් හැකියාව	· ගිවිසුම් උත්සවවලදීපාඨී පුධානෝත්සව වැනි අවස්ථාවන් වලදී කතාවක් ඉදිරිපත් කිරීම · ගැනුම්කාරයන් හිවිස ගැනීමට රැස්වීම් වලදී මුසුසෙන දැරීම · පහතව නොදන්නා දුමපීන වෙනුවෙන් වෙනත් ආකාර වලින් පැහැදිලි කිරීම · ශිල්පීය භාෂාව · ලෂීතෘක මාතෘකාවක් පිළිබඳව කතාබහ කිරීම
230	NK8	විශ්ව විද්‍යාල වල හා වෘත්තීය පුහුණු වලදී ශිල්පීය කුම හා අදහස් හුවමාරු කර ගැනීම	· තාපයේ අමතර කාල රැකියාවත් වලදී හා එදිනෙදා ජීවිතයේ අදහස් හුවමාරු කර ගැනීම · කතා කරන සෙනගකුගේ අදහස් පර්පත් ලෙස කතා කිරීමේ හැකියාව · තමා කතා කරන කෙනා සමග ආචාරශීලී වාග් භාවිතය · චිතුපට, තාටය සහ පුවත්පති පිළිබඳ මතයන් සහ හැඟීම් කතා බහ කිරීම · අසිරැ මාතෘකාවන් පිළිබඳව මතයන් සහ හැඟීම් කතා බහ කිරීම · ඔබ අධ්‍යාපනය හදාරන විශය ධාරාව පිළිබඳව පැහැදිලිව කතා බහ කිරීම
220	NK7	විශ්ව විද්‍යාල වල හා වෘත්තීය පුහුණු වලදී ඇති වන මූලික කතා බහ	· පුශ්න ඇති වූ අවස්ථා වලදී දුක්ඛ ලෙස විසඳීම · අන්තෝන්‍යගත හැඟීම් කල්පනා කිරීම (ඉල්ලීමක් කිරීම එකක තොරවම් අවවාද කිරීම හා ඉල්ලීම්) ආදි · චිතුපට, තාටය සහ පුවත්පති පිළිබඳව සවිස්තරාත්මක අර්ථකතනයක් ඉදිරිපත් කිරීම · සිතන බැලීමේ මාරයක පිළිබඳව කුම විද්‍යාත්මකව පැවසීම · ආකාර පිසිනම් තිවැඩි කුම පිළිබඳව සවිස්තරාත්මකව උදාහරණ සහිතව ඉදිරිපත් කිරීම · කල ඟත වූ පුශ්න ලාබාල පුද්ගලයන් සහ පුතිකාර පිළිබඳව යෝසු සහ මතයන් ඉදිරිපත් කිරීම
200	NK6	ජපන් යහඑවන් සමග අදහස් හුවමාරු කර ගැනීම (චිමරූ තහඑ වැනි)	· සෙනගකුරගෙන් උදවුවක් ඉල්ලීම අමාරැ දෙයක් (උදවීම් ඉල්ලීම විනැඳි වීමට වෙලාවන වෙන කිරීම එකක පසායීම · යහඑවන් සමග වේතුපත් සහ අතිකම් කතා බහ තමන් කැමති දේ අතාගතය පිළිබඳව අන් අයට විස්තර කිරීම · ලේ වර්ගය, විවාහය යන දේවල් පිළිබඳව කතා බහ කිරීම · පුවත්පති පිළිබඳව යෝසු සහ මතයන් පැවසීම ආකාර උපන් ස්ථානය සහ ජීවන රටාවේ වෙනස්කම් අර්ථකතනය
170	NK5	ජපන් ජාතික යහඑවන් ඇති කර ගැනීම	· යහඑවන්ගෙන් සවිත්ත පොත් ඉල්ලා ගැනීම · යහඑවන් සමග විතුපට ආදිය බැලීම සඳහා වේලාවන වෙන කිරීම · යහඑවන් සරල අවවාද කිරීම · පුමාදවීම නොපැමිණිමී පසළඟේ කළිදි බංසර වී යාම සඳහා සමාව ඉල්ලීම (මට සමාවෙන්න තමුත් ඔවේලාවන තිබේදැ ආදි වාකස බන්ධ භාවිතය
130	NK4	එදිනෙදා ජීවිතයේ අවශෂ කරන වැදගත වචන කතා කිරීම	· ටිකට් පතුයක් ලබා ගන්නා ආකාරය සවිස්තරාත්මකව පැහැදිලි කිරීම · නැති වූ දේවල් සවිස්තර ඉදිරිපත් කිරීම · ආඛාදපප්ප, බැංකු, පැපැල් කන්තෝරා, වැනි ස්ථාන වලදී අපහසුතාවයක් නොමැතිකම් · නිවාඩු කාලය ගත කළ ආකාරය විස්තර කිරීම තමන්ගේ විනෝදාශය රැකියාව විස්තර කිරීම · අන්තෝන්‍යගෙන් පුශ්න ඇසීම
100	NK3	සාමාන්‍ය විස්තර පිළිබඳව කතා බහ	· පවුල් විස්තරය රැකියාව ජපානයට පැමිණි දිනය ආදිය පැවසීම · පුිය ජනක දේවල් පිළිබඳව කතා කිරීම · හැකි පුශ්න වලට පිළිතුරැ සැපයීම (ඔබදා කොහිද කවුද කුමක්ද)
80	NK2	ආචාර කිරීම	· ආචාර කිරීම · උපන් ගම පැවසීම
	NK1	ආරම්භය	· තමන්ගේ නම පැවසීම

参考資料 277

イーストウエスト会話レベル表 (ネパール語)

	レベル			
	NK9		जापानमा काम गर्दा समस्या नभईकन काम गर्न सक्नु	・विद्यान्तर समारोह, विवाह समारोहमा बोल्न, भाषण दिन सक्नु। ・काममा चाहिने आवश्यक सरसल्लाह, समाको सञ्चालन गर्न सक्नु। ・अपरिचित व्यक्तिहरू, आफूभन्दा माथिल्लो तहका व्यक्तिहरू, बच्चाहरूसँग सुहाउने कुरा गर्न सक्नु। ・जस्तो विषयलाई लिएर पनि वार्तालाप गर्न सक्नु।
230	NK8	लक्ष्यको स्तर	विश्वविद्यालय प्राविधिक विद्यालयका विषयगत कुराकानी गर्न सक्नु	・विद्यालय, काम, दैनिक जीवनलाई लिएर आवश्यक सरसल्लाह गर्न सक्नु। ・अर्को व्यक्तिको भावनालाई ध्यानमा राख्दै आपसमा (असमझदारी, सरसल्लाह) कुराकानी गर्न सक्नु। ・अर्को व्यक्तिसँग कुरा गर्दा अवस्था अनुसारको सम्मानित भाषामा कुरा गर्न सक्नु। ・फिलिम, नाटक, समाचार आदिलाई लिएर विस्तृत रूपमा आफ्नो तर्क भन्न सक्नु। ・संचार प्रविधिमा आएको आमूल परिवर्तन, जीवनको हस्तकौशल, न्याय अवस्था आदि कठिनाई कुराको बारेमा पनि कारण देखाई छलफल गर्न सक्नु। ・आफ्नो विशेषताको बारेमा विशेषज्ञ भएर कुरा गर्न सक्नु।
220	NK7	माथिल्लो स्तर	विश्वविद्यालय तथा प्राविधिक विद्यालयमा आधारभूत कुराकानी गर्न सक्नु	・कठिन परिस्थितिको साह्रोसँग सामना गर्न सक्नु। ・अर्काको भावना मनन गरेर (अनुरोध गर्दा, इन्कार गर्दा, सल्लाह गर्दा, क्षमा माग्दा) राम्रोसँग कुराकानी गर्न सक्नु। ・फिलिम, नाटक, समाचारको बारेमा बुझ्ने गरी वर्णन गर्न सक्नु। ・व्यवस्था, संस्कृति, चलन र सोच्ने तरीका आदिको भिन्नताको बारेमा तुलना गरी कुरा गर्न सक्नु। ・पकाउने कार्यविधि, हिंड्ने बाटोको बारेमा बुझ्ने गरी वर्णन गर्न सक्नु। ・जनसंख्या समस्या, चिकित्सा समस्या, अलि कठिन समस्याको बारेमा पनि आफ्नो विचार र त्यसको कारण भन्न सक्नु।
200	NK6	अब करीब माथिल्लो स्तर	साथीसँग ठट्टा मजाक गरेर तथा स्वतन्त्र रूपले कुरा गर्न सक्नु	・कठिन विषयको बारेमा साथीलाई (अनुरोध गरेर, निमन्त्रणा गरेर, इन्कार गरेर) कुराकानी गर्न सक्नु। ・साथीसँग ठट्टा एवम् स्वतन्त्रसँग कुरा गर्न सक्नु। ・आफ्नो रूचाई तथा इच्छाको बारेमा अकौंलफुल वर्णन गर्न सक्नु। ・रंगतको रुप, विवाह आदि चासो लाग्ने विषयमा सरल छलफल गर्न सक्नु। ・तत्कालीन समाचारको बारेमा विचार र त्यसको कारण आफ्नो मत भन्न सक्नु। ・खाने कुरा, जन्मस्थल, जीवनयापनको बारेमा वर्णन गर्न सक्नु।
170	NK5	मध्य स्तर	जापानमा साथी बनाउन सक्नु	・साथीबाट नोटकपि सापटी माग्न सक्नु। ・चलचित्र हेर्न साथीलाई निमन्त्रणा गरी पहिला गरेको वाचा परिवर्तन गर्न सक्नु। ・साथीहरूलाई सरसल्लाह दिन सक्नु। ・ढिलाई, अनुपस्थिति, छिटो फर्कने बेला त्यसलाई साथीलाई बताउन सक्नु। ・माफ गर्नुहोस्, केही समय छ, एकैछिन, ठीक छ, आदि वाक्यको प्रयोग गर्न सक्नु। ・रमाइला कुरा तथा सुखदुःखका अनुभवको बारेमा कुरा गर्न सक्नु।
130	NK4	अब करीब मध्य स्तर	दैनिक जीवनमा आवश्यक पर्न कुराकानी गर्न सक्नु	・टिकट किन्ने तरीका आदि सरल कार्यविधिको वर्णन गर्न सक्नु। ・हराएको र बिर्सिएको वस्तुको बारेमा वर्णन गर्न सक्नु। ・पसल, बैंक, हुलाकहरूमा आवश्यक कुरा गर्न सक्नु। ・बिदा बिताउने तरीकाको बारेमा वर्णन गर्न सक्नु। ・आफ्नो रुचि र कामको बारेमा सरल कुरा गर्न सक्नु। ・अलिक कुरा गुरो प्रश्न गर्न सक्नु।
100	NK3	शुरूको स्तर	सरल कुराकानी गर्न सक्नु	・आफ्नो परिवारको काम र जापान आएको बेलाको कुरा भन्न सक्नु। ・मन परेको वस्तु बारे भन्न सक्नु। ・सजिलो प्रश्न बारे जवाफ दिन सक्नु (कहिले? कहाँ? को? के?)
80	NK2	शुरूको प्रारम्भिक अवस्था	अभिनन्दन गर्न सक्नु	・अभिनन्दन गर्न सक्नु। ・आफू जन्मेको ठाउँ भन्न सक्नु। ・सरल किनमेल गर्न सक्नु।
	NK1	प्रारम्भिक	लौ शुरू गरौ	・आफ्नो नाम भन्न सक्नु।

east west Japanese Language School — ミャンマー語 — イーストウエスト会話レベル表

レベル	コード	(Myanmar)	(Myanmar)	(Myanmar)
	NK9	ျပန္မွလုပ္ငန္းခြင္ ဝင္ရင္လည္းအေက်အခ် မရွိဘဲေျပာႏိုင္ၿပီ	ျပန္မွလုပ္ငန္းခြင္ ဝင္ရင္လည္းအေက်အခ် မရွိဘဲေျပာႏိုင္ၿပီ	・ ေၾကာင္းဆက္ပါ လက္ထပ္ပြဲေတြမွာ ပီနန္စြန္ေတြေျပာႏိုင္ၿပီ ・ အလုပ္မွလုပ္ငန္းနဲ႔ ပတ္သက္တဲ့ ေရာင္းေရးဝယ္ေတြနဲ႔ ပတ္သက္ၿပီးဝင္ေဆြးေႏြးႏိုင္ၿပီ ・ ယဥ္တဲ့လူေ အထက္လူႀကီး သူငယ္ခ်င္းေရ ・ အေလးေပးနဲ႔ေကာေျပာႏိုင္ၿပီးေၾကာင္းအရင္းေကာအလုံးေတြကိုေသခ်ာစြာေျပာဆိုႏိုင္ၿပီ ・ ေတာ္ေတာ္ကို အမိကဘ်ဴက်ေကာေတြကိုေျပာဆိုႏိုင္ၿပီ
230	NK8	ရည္ရြယ္ထားတဲ့ ရည္မွန္းခ်က္ပန္းတိုင္	တကၠသိုလ္နဲ႔အသက္ေမြးဝမ္းေက်ာင္း ေကာလိပ္ေတြမွာသုံးတဲ့ ေဖာ္ခဲ့ဘဲ့ေကာေတြကိုေျပာႏိုင္ၿပီ	・ ေက်ာင္း အလုပ္ ေန႔စဥ္လုပ္ေနက်အလုပ္နဲ႔ ပတ္သက္ၿပီးတိုင္အပ္စက္ခံတဲ့အရာေတြကိုေျဖရွင္းႏိုင္ၿပီ ・ အခက္လုရဲ့စိတ္ထားကို စုံေျပာရဲ႕နဲ႔ မွားယြင္းေၾကာင္းမွာ ပုန္ကန္ေၾကာင္းေစာင္းကာေျပာႏိုင္ၿပီ ・ ယဥ္ေက်းမႈပိုင္ေမြးဝမ္းေကာေတြကို အသဲ့ျပန္ႏိုင္ၿပီ ・ ရုပ္ရွင္ ဇာတ္လမ္း သက္ဝင္ေတြပတ္သက္မိဘမိဖျပည့္တဲ့အထင္အျမင္ကိုေသခ်ာရွင္းျပႏိုင္ၿပီ ・ ေက်ဳံႀကဳကာရဲ့ အသံျဖဳ ကိုယ္တြယ္ပ္ေနည္း သိဘည္ထည္လံ့ေတြနဲ႔ပတ္သက္ၿပီးေဖာ္ခဲ့ဘဲေနပြန္ေတြေပၚတြင္ ျပန္ဆိုႏိုင္ၿပီ ・ ကိုယ္ရဲ့လူ႔တြင္ အစီအစဥ္အသတ္တာ ပတ္ၿပီးရွင္းလင္းေျပာႏိုင္ၿပီ
220	NK7	အထက္တန္းအဆင့္ ေရာက္ၿပီ	တကၠသိုလ္နဲ႔ အသက္ေမြးဝမ္းေက်ာင္း ေကာလိပ္ေတြမွာသုံးတဲ့ အေျခခံေကာေတြကိုေျပာႏိုင္ၿပီ	・ အမွုအေငြေဆြးျမန္းရပ္ အဲ့ဒီအေရးေတြနဲ႔ ပတ္သက္ၿပီ ထုတ္ေဖာ္ေျပာဆိုႏိုင္ၿပီ ・ ဘေယာက္ေဘာက္နာ ဘေယာက္နာ အေလာင္ပုံေၾကာင္းပြဲ (အလ်ဴေျပာက္ေလာဏ္ကို မ်က္ေကာလို႔ ေခ်ာ အာရွေပးေကာေျပာလိုက္ ေအြးက်ဴးဝန္ခံေကာေျပာႏိုင္တဲ့) ေသခ်ာအရပ္ေမြးႏိုင္ၿပီ ・ ရုပ္ရွင္ ဇာတ္လမ္း သက္ဝင္ေကာ ပတ္သက္ၿပီးလြယ္လြယ္ကူကူေျပာႏိုင္ၿပီ ・ လူေတာ္ဝင္ယ်ဥ္ေရမႈ စဥ္းေကာအရာေတြပၚမွာမတူတဲ့အေၾကာင္းရင္းကိုရွင္းျပႏိုင္ၿပီ ・ သတၱဳႀကီးရဲ႕တို႔ ဇ်ာဇ်ာတဲ့အေၾကာင္းရင္း အခန္းလည္းေကာ္တဲ့အရာကိုပတ္သက္ၿပီအထံအမူရဲ့အေၾကာင္းကိုအနိုင္ဆိုင္ၿပီ
200	NK6	ေၾကာ္မိအခြင္နဲ႔တြင္ အထက္တန္းအဆင့္ ေရာက္ေတာ့မယ္	သူငယ္ခ်င္းေတြနဲ႔ ေဆြးေႏြးတိုင္ပတ္တဲ့ အရာေတြမွာလြယ္လြယ္ကူကူ ေကာေျပာႏိုင္ၿပီ	・ ေကာေျပာေက်တဲ့အေျခ သူငယ္ခ်င္းတစ္မ ေျပာရုပ္ေျမ်ဉ္း အက်ဴအညီေတာ္ျခင္းကို ျပဳျပ်ပ္ဆို္တန္ ႏိုင္ၿပီ ・ သူငယ္ရင္းေတြနဲ႔ေဆြးေႏြးတိုင္ဝင္တဲ့အေၾကာင္းရင္ကို ေကာင္းမွန္စြာေျပာႏိုင္ၿပီ ・ မိမိ ၾကိဳက္တဲ့ေတြနဲ႔တာဝန္သားကိုနဲ႔လင္းႏိုင္ၿပီ ・ ေဆြးအမြ်ဴးေရး (ဥပမာ ဝ မိနစ္ မွ ၅ခု) ・ မုန္လာေရာင္တဲ့အေျခရိုတ္တဲ့တစ္ေကာတစ္ခုတဲ့ေၾကာင္းတစ္ရာေတြကိုထက္ထက္ေျပာႏိုင္ၿပီ ・ သတင္းနဲ႔ ပတ္သက္ၿပီးကိုယ္လည္ယွဥ္လတ္ျမင္ခ်က္ကိုလစ္ခ်က္ေျပာႏိုင္ၿပီ ・ အစေဟာအသတ္ ေမြးရပ္ခက္ အသက္ေမြးဝမ္းေက်ာင္းနဲ႔ မလတ္သတ္ၿပီးတာေယာက္တဲ့အရာေတြကိုေျပာႏိုင္ၿပီ
170	NK5	အလယ္တန္းအဆင့္ ေရာက္ၿပီ	ျပန္မွာသူငယ္ခ်င္းေတြကို ဖိတ္ေခၚျခင္းႏိုင္ၿပီ	・ သူငယ္ခ်င္းဝန္းစာအုပ္အေရာ္နတ္အရာေတြကိုလုပ္ႏိုင္ၿပီ ・ သူငယ္ခ်င္းေတြကိုရုပ္ခပ္က်ိဳးျခဳပ္ဘိတ္ေခၚႏိုင္ၿပီ ဂက္ေတြအနဲ႔အရာက္ေတြလုပ္ႏိုင္ၿပီ ・ သူငယ္ခ်င္းေတြနဲ႔အလယ္ေျမက္ေကာေျပာႏိုင္ၿပီ ・ ေက်ာင္းေန႔စဥ္ကုန္က်ဂ်က ေရာက္ပတ္နဲ႔အျမဲဖြင့္ရုပ္က်ဴးအရာေတြကိုရုပ္ရုပ္ႏိုင္ၿပီ ・ 'တခ်ိဳဳ့ေလာက္ 'အနိုင္ပံုလား' 'တခ်ိဳဳ့ေလာက္အနိုင္ရမည္လား' ဆိုတဲ့ သည္ပတ္ထားတဲ့ေကာေတြကိုအသဲ့ျပန္ႏိုင္ၿပီ ・ ဒုက်ေရာက္တဲ့ အရိုးႏွင္းေတြ အရိုးေတြ အဆင္မေပးအရာေတြကိုေျပာႏိုင္ၿပီ
130	NK4	ေၾကာ္မိအခြင့္တြင္ အလယ္တန္းအဆင့္ ေရာက္ေတာ့မယ္	ျပန္ရဲ့ ဇာဝက္ေနေရးအလုပ္မွာသုံးတဲ့ေကာေတြကိုေျပာႏိုင္ၿပီ	・ ရထားလက္မွတ္ဝယ္တဲ့အခါနဲ႔ 'ဘယ္လိုဝယ္ရမယ္' 'ဘယ္လိုလုပ္ရမယ္' ဆိုတာကိုရွင္းျပႏိုင္ၿပီ ・ မိဘမ်ိဳး က်န္းနတ္ ပစၥည္းကိုင္တြင္ႏိုင္ၿပီ (ဥပမာ ပက္ေနတဲ့ ဘယ္အရွိန္း) ・ ဆိုင္ အနိ ဧတ္ခုတ္တဲ့ သြားရင္ကြယ္လ္ဆံကုန္ေကာေတြကိုေျပာႏိုင္ၿပီ ・ နာရက္ခ် 'ဘယ္မ်ား' 'ဘယ္လိုသြားတယ္' ဆိုတဲ့အေၾကာင္းရွင္းျပႏိုင္ၿပီ ・ မိမိရဲ့ဝါသနာပတ္ အလုပ္အေၾကာင္းနဲ႔ ပတ္သက္ကိုင္လြယ္လြယ္ေျပာႏိုင္ၿပီ ・ တခ်က္လူရဲ့အေၾကာင္းေတြနဲ႔ ပတ္သက္ကုိေမႏွင္နဲ႔ေမ်ေပးႏိုင္ၿပီ
100	NK3	အေျခခံအဆင့္	လူငယ္ကုတ္ 'ဖိတ္ေခၚဂြဲတဲ့' ေကာေျပာႏိုင္ၿပီ	・ မိမိရဲ့မိသားစုအေၾကာင္းတိုင္ၿပီလာေတာ့ 'ေန႔ခ်င္' 'အခ်ိန္း' ေတြကိုေျပာႏိုင္ၿပီ ・ မိမိႀကိဳက္တဲ့ႏွစ္သက္တဲ့အရာေတြကိုေျပာႏိုင္ၿပီ ・ လူငယ္ကုတ္ေမးခြန္းနဲ႔အေျပာႏိုင္ၿပီ (ဘယ္အခ်ိန္ ဘယ္မ်ာ ဘယ္သူ႔နဲ႔ ဘာတို႔)
80	NK2	အေျခခံအဆင့္ရဲ့တဝက္	ႏႈတ္ဆက္ေကာေျပာႏိုင္ၿပီ	・ နတ္ဆက္ေကာေျပာႏိုင္ၿပီ ・ မိမိေမြးရပ္ဇတ္တဲ့အရာေတြကိုေျပာႏိုင္ၿပီ ・ လူငယ္တဲ့ပစၥည္းမ်ားကိုေျပာသုံးၿပီ၊ ဝယ္ႏိုင္ၿပီ
	NK1	ေက်ာင္းဝင္ရံနာ	'က' ထြက္စာၾကာၿပီ	・ မိမိနာမည္ကိုေျပာႏိုင္ၿပီ

参考資料　279

イーストウエスト会話レベル表　（ベンガル語）

レベル	NK	項目	ベンガル語見出し	内容
	NK9	গবেষণাসম্পূর্ণবরং প্রিএচ ডি/মাষ্টার্স; পিএচডি; পরমনউচ্চ ও উচ্চ উপরিস্তরটু	জাপানে চাকুরী করা ক্ষেত্রে কোন সমস্যা নাই	・বক্তৃতা, বিদেশ অনুষ্ঠান এমন কি আরও বড় বড় অনুষ্ঠানে উপস্থাপনা দক্ষতার সাথে করতে পারবে। ・চাকুরীর ক্ষেত্রে প্রয়োজনীয় কথাবার্তা এবং মিটিং এর ব্যবস্থাপনা করতে পারবে। ・অপরিচিত লোকজন, সমাজের গন্যমান্য ব্যক্তি, বাচ্চা ছেলে-মেয়ে, প্রত্যেকের সাথে বিভিন্ন ধরনের কথাবার্তা বলতে পারবে। ・টেকনিক্যাল কথাবার্তা বলতে পারবে। ・যে কোন বিষয় বস্তুর উপর সাধারণ কথাবার্তা বলতে পারবে।
230	NK8	লক্ষ্যে পৌছা	বিশ্ববিদ্যালয়, কলেজে টেকনিক্যাল কথাবার্তা বলতে পারবে।	・স্কুল, পার্টটাইম চাকুরী এবং দৈনন্দিন জীবনের প্রয়োজনীয় কথাবার্তা বলতে পারবে। ・শ্রোতার অনুভূতি বুঝে তাকে উপদেশের মাধ্যমে ভুল বুঝা-বুঝি অবসান করতে পারবে। ・মার্জিত ভাষায় কথাবার্তা বলতে পারবে পরিবেশ ও পরিস্থিতি বুঝতে পারবে। ・ইনফরমেশন টেকনোলজি, জীবনের নানা দিক, বিচার ব্যবস্থাপনা এই ধরনের কঠিন বিষয় বস্তুর উপর ব্যপক ভাবে আলোচনা করতে পারবে। ・সিনেমা, নাটক, সংবাদ ইত্যাদি দেখে তুমি চিন্তা চেতনা ও অনুভূতি প্রকাশ করতে পারবে। ・তোমার পড়াশুনার ক্ষেত্রে টেকনিক্যাল কথাবার্তা বলতে পারবে।
220	NK7	দক্ষ	বিশ্ববিদ্যালয়, কলেজে প্রাথমিক প্রয়োজনীয় কথাবার্তা বলতে পারবে।	・সিনেমা, নাটক, সংবাদ দেখে বিস্তারিত ব্যাখ্যা ও প্রশ্ন করতে পারবে। ・সংস্কৃতি, ব্যবস্থাপনা এবং চিন্তা করার উপায় এ সবকিছুর উপর কথাবার্তা বলতে পারবে। ・রান্না করার ক্ষেত্রে কি কি প্রয়োজন বিস্তারিত ব্যাখ্যা দিতে পারবে। ・সমস্যা আদান-প্রদান করতে পারবে। ・শ্রোতার অনুভূতি উপলব্ধি করে তাকে আদেশ-উপদেশ, মতামত সিদ্ধান্ত ইত্যাদি বিষয়ে অনুরোধ করতে পারবে। ・সিদ্ধান্ত ইত্যাদি বিষয়ে অনুরোধ করতে পারবে। ・সমস্যার কারন, যুবক-যুবতী এবং চিকিৎসার ক্ষেত্রে নিজের অনুভূতি প্রকাশ করতে পারবে।
200	NK6	উচ্চ মাধ্যমিক	জাপানি বন্ধুদের সাথে কথাবার্তা এবং কৌতুক করতে পারবে।	・বন্ধুদের সাথে যোগাযোগের স্থান, সময় পরিবর্তন করার ক্ষেত্রে যোগাযোগ স্থাপন। ・বন্ধুদের সাথে কৌতুক করে কথাবার্তা বলতে পারবে। ・স্বাদ ও পছন্দ নিয়ে পরীক্ষা করতে পারবে। ・সাধারণ বিষয় নিয়ে আলোচনা যেমন ঃ রংয়ের গ্রুপ কি, বন্ধু-বান্ধব আছে কিনা ইত্যাদি। ・খবরাখবর মতামত ও কারন দর্শাতে পারবে। ・খাবার, জন্মস্থান এবং দৈনন্দিন জীবনের পার্থক্য সম্পর্কে প্রশ্ন করতে পারবে।
170	NK5	মাধ্যমিক	জাপানিদের সাথে বন্ধুত্ব স্থাপন।	・বন্ধুর কাছ থেকে নোট বই বহন করা ও গ্রহন করা। ・বন্ধুকে একসাথে কোথাও গিয়ে সিনেমা দেখার নিমন্ত্রন করা। ・বন্ধুকে সহজে ভাবে উপদেশ দিয়ে বুঝানো। ・স্কুল দেরিতে আসা, স্কুল ছুটি করা, স্কুল হতে তাড়াতাড়ি ছুটি নিয়ে বাড়িতে ফেরা ইত্যাদি সম্পর্কে কারন দর্শাতে পারবে। ・দুঃখিত, কিন্তু আপনার হাতে কি সময় আছে? এই ধরনের কথার প্রয়োগ। ・আনন্দঘন মুহুর্তের সম্পর্কে অভিজ্ঞতার কথা বলতে পারবে।
130	NK4	নিম্ন মাধ্যমিক	দৈনন্দিন জীবনে কোন সমস্যা হবে না।	・সঠিক ভাবে প্রশ্ন উপস্থাপন করা। যেমনঃ কেন তুমি ট্রেনের টিকেট কিনবে, কি চিন্তা করছ বল ইত্যাদি। ・দোকানে কেনাকাটা, হাট-বাজার, ব্যাংকে লেনদেন, পোষ্ট অফিসে চিঠি পোষ্ট করার ক্ষেত্রে কোন সমস্যা হবে না। ・ছুটির দিনগুলি কিভাবে অতিবাহিত কর সে সম্পর্কে বল। ・সাধারণ কথাবার্তা নিজে থেকে তৈরী করা।
100	NK3	সাধারণ	অল্প কথোপকথন গ্রহন	・নিজের পারিবারিক সদস্যদের পরিচয় করা। ・নিজের দেশে কি কি আছে এবং জাপানে কি কি এসেছ? ・তোমার পছন্দ কি? সে সম্পর্কে বলা। ・সহজ প্রশ্নের উত্তর দাও। যেমন ঃ কখন, কোথায়, কে, কি, আমি, তুমি, তোমরা, আমরা ইত্যাদি।
80	NK2	অতি সাধারণ	অভিনন্দন তৈরী করা	・অভিনন্দন বল। ・নিজ দেশ এবং শহরের নাম বল। ・কেনাকাটা।
	NK1	প্রাথমিক	চল শুরু করি	・নাম বল।

east west — ポルトガル語 — Tabela de Fluência em Conversação

		Abilities	Examples
NK9		Trabalhando no Japão e conseguindo conversar normalmente sem preocupações	· Discursando em formaturas, casamentos etc. · Realizando negociações comerciais, conduzindo reuniões. · Usando expressões variadas para lidar com grupos distintos, como desconhecidos, superiores, amigos ou crianças. · Realizando apresentações técnicas. · Discutindo assuntos gerais.
230 NK8	Objetivo	Comunicando-se com termos técnicos em universidades ou escolas profissionalizantes	· Negociando em escolas, em trabalhos de meio período ou na vida diária. · Mantendo conversações ao mesmo tempo em que considera os sentimentos do interlocutor (resolvendo conflitos, dando conselhos). · Usando expressões polidas dependendo do interlocutor e da situação. · Expressando pensamentos ou opiniões sobre filmes, peças de teatro ou o noticiário. · Discutindo temas complexos em detalhe: a evolução da tecnologia da informação, temas éticos, a manipulação genética ou os sistemas judiciários. · Mantendo conversações técnicas sobre a sua área de especialização.
220 NK7	Avançado	Mantendo conversações básicas em universidades ou escolas profissionalizantes	· Solucionando problemas. · Confortando, solicitando, declinando, aconselhando ou se desculpando ao mesmo tempo em que considera os sentimentos do interlocutor. · Explicando os detalhes de filmes, peças de teatro ou do noticiário. · Falando sobre culturas, sistemas e maneiras de pensar. · Dando explicações detalhadas em sequência, como por exemplo uma rota ou receita culinária. · Apresentando exemplos e razões para problemas sociais, como por exemplo a queda do índice de natalidade e o envelhecimento da população ou questões médicas.
200 NK6	Intermediário Avançado	Comunicando-se livremente com amigos japoneses	· Conversando com amigos sobre assuntos delicados (fazendo pedidos, negando e convidando). · Mantendo conversações informais com amigos (usando piadas). · Justificando gostos e preferências. · Mantendo discussões simples sobre tópicos interessantes como tipos sanguíneos e casamento. · Dando opiniões e discutindo o noticiário. · Descrevendo alimentos, local de nascimento ou diferenças de estilo de vida.
170 NK5	Intermediário	Fazendo amigos no Japão	· Emprestando cadernos de anotações de amigos. · Convidando amigos para o cinema e mudando os planos já feitos. · Dando conselhos simples à amigos. · Apresentando pedidos de desculpas por atraso, falta ou saída antecipada da escola. · Utilizando frases como "Desculpe-me, mas", "Você tem tempo?", "Posso interromper?". · Contando experiências dolorosas e prazeirosas.
130 NK4	Pré-Intermediário	Mantendo conversações essenciais para o dia-a-dia	· Explicando como comprar corretamente bilhetes etc. · Dando explicações de itens esquecidos. · Mantendo conversações em lojas, bancos ou agências do correio. · Contando como foram suas férias. · Fazendo uma introdução simples sobre si mesmo, explicando profissão e passatempos. · Fazendo perguntas a interlocutores.
100 NK3	Básico segundo	Mantendo conversações simples	· Falando da própria família, trabalho e data de chegada ao Japão. · Conseguindo falar do que gosta. · Respondendo perguntas simples: quando, o que, onde, quem.
80 NK2	Básico primeiro	Cumprimentando pessoas etc	· Cumprimentando pessoas. · Falando da sua cidade-natal. · Fazendo compras.
NK1	Iniciante	Vamos começar!	· Conseguindo se apresentar, dizendo seu próprio nome.

参考資料 281

イーストウエスト日本語学校 會話能力標準表

		能夠完成的基準	能夠完成具體事例
230　NK9	目標標準	在日本工作能流暢地進行會話	・在畢業典禮、結婚典禮等活動中能夠致詞發言 ・在工作中能夠進行交涉，並具備主持會議的能力 ・與不熟識的人、長輩、朋友或孩童等交談時，能使用恰當的語言 ・能夠進行相當專業的談話 ・無論任何話題皆能參與討論
NK8		在大學或專門學校，能用專業語言會話	・在學校、打工場所及日常生活中能進行必要的交涉 ・能顧慮對方的心情，解釋誤會或給予建議 ・能夠依據場合及對象，使用適當的敬語 ・對電影、電視劇、新聞內容等能發表自己的感想與意見 ・對於IT革命、遺傳工程、司法制度等有深度的話題能闡述自己的觀點及理由 ・針對自己的專業領域，能進行專業性的談論
220　NK7	上級	在大學或專門學校，能進行基本的會話	・在發生困難時能妥善地應對 ・能顧慮到對方的心情之下，進行安慰、道歉或勸告 ・對電影、電視劇及新聞內容能簡單明瞭地敘述 ・對於不同的制度、文化、習慣及思維方式等差異能進行比較及討論 ・對於料理的製作過程及交通路線等能做簡單的說明 ・對於少子高齡化、醫療問題等深度話題能發表自己的意見及理由
200　NK6	準上級	能和朋友開玩笑並進行自由會話	・對於難以啟齒的事情，能向朋友表達請求、邀約或委婉拒絕 ・能與朋友輕鬆地談天說笑 ・能向對方說明自己的喜好及希望 ・對於血型、婚姻等有趣的話題能進行簡單的討論 ・針對周圍的新聞事件，能發表自己的意見及觀點 ・對於食物、出生的故鄉及生活習慣等能做說明及介紹
170　NK5	中級	能和日本人做朋友	・能向朋友借筆記本 ・能邀請朋友看電影，並能與朋友變更調整已約定之事 ・能給予朋友簡單的建言 ・能說明遲到、缺席、早退的理由 ・能使用"對不起""有時間嗎""打擾一下可以嗎"等日常慣用語 ・能與他人分享自己經歷過的痛苦或快樂的經驗
130　NK4	準中級	日常生活中能做基本的對話	・能簡單說明購票的程序 ・發生物品遺失時，能夠進行說明 ・在商店、銀行、郵局等場所能夠運用必要的會話 ・能敘述假日的生活安排 ・能說明自己的興趣及工作情況 ・能詢問關於對方的問題
100　NK3	初級	能做簡單的會話	・能敘述自己的家庭、工作及來日時的情況 ・能表達自己的喜好 ・能回答簡單的問題
80　NK2	初級前半	能做簡單的寒暄	・能說簡單的寒暄語 ・能說自己的出生地 ・能進行簡單的購物
NK1		那麼我們出發吧！	・能介紹自己的姓名

イーストウエスト日本語学校　会话能力标准表

		能夠完成的基準	能夠完成具體事例
230　NK9	目标标准	在日本的工作能流畅地进行会话	· 在毕业典礼，结婚典礼等活动中能够做致词发言 · 在工作中能够进行交涉，并能主持会议 · 与不认识的人，上司，长辈，朋友，孩子等不同人交谈时，能使用恰当的语言 · 能够进行相当专业的谈话 · 无论什么样的话题都能进行讨论
230　NK8	目标标准	在大学或专门学校，能用专业语言会话	· 在学校时，打工场所及日常生活中能够进行必要的交涉 · 能考虑对方的心情，解释误会或给予建议 · 能够依据场面及对象，使用适当的敬语 · 对电影，电视剧，新闻内容等能够发表自己的感想与意见 · 对于IT革命，遗传工程，司法制度等有深度的话题能阐述自己的观点以及所持观点的理由 · 对于自己的专业，能进行专业性的谈论
220　NK7	上级	在大学或专门学校，能进行基本的会话	· 在发生纠纷时能很好地处理 · 能在考虑到对方的心情的条件下，进行安慰或道歉或劝告 · 对电影，电视剧，新闻的内容能简单明了地叙述 · 能对与母国不同的制度，文化，思维方式等差异能进行比较及讨论 · 能简明扼要地叙述做饭或炒菜的程序，能清楚地描述路线 · 对于少子高龄化，医疗问题等深度话题能发表自己的意见及理由
200　NK6	准上级	能和朋友开玩笑并进行自由会话	· 在发生纠纷时能很好地处理 · 能在考虑到对方的心情的条件下，进行安慰或道歉或劝告 · 对电影，电视剧，新闻的内容能简单明了地叙述 · 能对与母国不同的制度，文化，思维方式等差异能进行比较及讨论 · 能简明扼要地叙述做饭或炒菜的程序，能清楚地描述路线 · 对于少子高龄化，医疗问题等深度话题能发表自己的意见及理由
170　NK5	中级	能和日本人做朋友	· 对于难以说的事情，能向朋友表达请求，邀请或委婉拒绝 · 能和朋友轻松的谈天说笑 · 能向对方说明自己的喜好及希望 · 对于血型，婚姻等有趣的话题能进行简单的讨论 · 对于周围的新闻事件，能发表自己的意见及观点 · 能对食物，出生地故乡生活习惯等能做及介绍
130　NK4	准中级	日常生活中能做基本的对话	· 能向朋友借笔记本 · 能邀请朋友看电影，并能和朋友变更调整已约定之事 · 能给予朋友简单的建言 · 能说明迟到，缺勤，早退的理由 · 能使用"对不起""有时间吗""打扰一下可以吗"等惯用语 · 能叙述自己经历过的高兴的事或痛苦的事
100　NK3	初级	能做简单的会话	· 能叙述自己的家庭，工作及来日本时的情况 · 能表达自己的喜好 · 能回答简单的问题
80　NK2	初级前半	能做简单的寒喧	· 能说简单的寒喧语 · 能说自己的出生地 · 能进行简单的购物
NK1		那么我们出发吧！	· 能说名字

east west Japanese Language School （RUSSIAN） Информационный бюллетень:Уровни владения японским языком

Уровень		Описание	Возможности
	NK9	Свободное владение японским языком при работе в японских компаниях	· Можете произнести речь на свадьбе, выпускном вечере и т.п · Можете вести переговоры, совещания, связанные с работой · Можете свободно употреблять разные типы речи в зависимости от разговора с малознакомыми людьми, друзьями, старшими по положению · Можете вести беседу технического характера · Можете вести дискуссию на любую тему
230	NK8	Целевой уровень изучения яп.яз.	· Можете вести разговоры в школе, на работе, в повседневной жизни на необходимые темы · Можете разъяснить недоразумение · Можете использовать вежливые формы речи · Можете приводить доводы, дискутуря на сложные темы, как то: ИТ революция, юридическая система и т.п · Можете поделиться впечатлениями, мнениями по увиденным новостям, фильму, ТВ драме и т.п. · Можете поддержать разговор на техническую тему в области своей специализации
220	NK7	Продвинутый уровень яп.яз.	Японский для академических целей	· Можете доходчиво объяснить содержание фильма, ТВ драмы, новостей · Можете разговаривать на тему различий систем, культур, способов мышлений · Можете подробно объяснить процесс приготовления пищи, подсказать дорогу · Можете разрешить возникшие трудности · Можете утешить, помочь советом, извиниться перед собеседником · Можете выразить мнение, доводы на тему престарелых и молодежи, медицинского обслуживания и т.п
200	NK6	Высшая ступень среднего уровня яп.яз.	Свободное общение с японскими друзьями	· Можете рассказать об особенностях кухни, малой родине, стиле жизни · Можете шутить, вести непринуждённую беседу с друзьями · Можете объяснить собеседнику свои желания и вкусы · Можете подискутировать на интересующие вас темы: группа крови, свадьба и т.п · Можете обсудить новости · Можете отказаться от приглашения · Можете изменить данное ранее обещание
170	NK5	Средний уровень яп.яз.	Умение знакомиться с японцами	· Можете рассказать о неприятных или весёлых случаях · Можете одолжить у друга тетрадь · Можете высказать простой совет другу · Можете договориться о встрече с друзьями, пригласить в кино и т.п · Можете попросить прощения у друга · Можете объяснить причину опоздания, отсутствия, преждевременного ухода · Можете использовать установленные фразы, как то: "Извините, пожалуйста", "Вы сейчас свободны?"
130	NK4	Уровень подготовки к среднему уровню яп.яз.	Умение вести необходимые разговоры в повседневной жизни	· Без затруднений можете изъясниться в магазине, банке, на почте · Можете объяснить простые процедуры: как купить билет и т.п · Можете описать вещь которую вы потеряли · Можете рассказать о своём хобби, работе · Можете спрашивать у собеседника о нём · Можете рассказать как проводите досуг
100	NK3	Высшая ступень элементарного яп.яз.	Умение поддержать простой разговор	· Можете рассказать о семье, работе, дате приезда в Японию · Можете спросить что вас любит · Можете отвечать на простые вопросы
80	NK2	Элементарный уровень яп.яз.	Приветствие	· Можете говорить приветствия · Можете сказать откуда вы родом · Можете делать простые покупки
	NK1	Начальный уровень японского языка	Давайте начнём!	· Можете представиться

east west Japanese Language School　　ベトナム語　　イーストウエスト会話レベル表

			Mục tiêu của các mức	Ví dụ cụ thể
230	NK9		Không có khó khăn trong giao tiếp khi làm việc tại Nhật Bản	• Có thể trình bày diễn văn được trong lễ tốt nghiệp, lễ cưới, v.v… • Có thể làm được các cuộc đàm phán quan trọng trong công việc, chủ tọa trong các cuộc họp • Dù giao tiếp với những người không quen biết, cấp trên, bạn bè, trẻ con, v.v…, vẫn có thể tự động sử dụng biểu cảm từ ngữ khác nhau. • Làm được các cuộc thảo luận mang tính chất chuyên môn • Làm thảo luận được bất cứ chủ đề nà
	NK8	trình độ mục tiêu	Làm được những giao tiếp mang tính chất chuyên môn tại trường đại học, trường chuyên nghiệp	• Làm được các giao thiệp thiết yếu trong cuộc sống hằng ngày, trong làm thêm, ở trường học… • Vừa nghĩ đến tâm trạng đối phương để nói chuyện (như giải quyết các hiểu nhầm, khuyên bảo,...) • Có thể sử dụng được kính ngữ tùy bối cảnh, đối tượng khi hội thoại • Nói về ấn tượng và quan điểm của cá nhân về điện ảnh, phim truyền hình, thời sự, v.v… • Thảo luận được các chủ đề khó với các lý do, về cuộc cách mạng công nghệ (IT), sự vận động của cuộc sống, hệ thống pháp luật,… • Làm các cuộc nói chuyện chuyên môn về lãnh vực mình học hoặc nghiên cứu
220	NK7	Cao cấp	Làm được giao tiếp cơ bản tại trường đại học, trường chuyên nghiệp	• Xử lý tốt khi xảy ra vấn đề rắc rối • Vừa nghĩ về tâm trạng người đối thoại để nói chuyện (an ủi, khuyên nhủ, xin lỗi,v.v.. • Có thể kể 1 cách dễ hiểu về nội dung của bộ phim, phim truyền hình, tin tức thời sự,v.v.. • Có thể trao đổi so sánh các cách suy nghĩ, chế độ , văn hóa, tập quán,...khác nhau • Có thể giảng giải được cách thức tự nấu một món ăn • Có thể nói được ý kiến của mình về các vấn đề khó như tỉ lệ người già tăng và tỉ lệ trẻ em giảm, vấn đề y tế, v.v..và lý do các vấn đề này
200	NK6	Trên trung cấp	Trò chuyện, nói đùa với bạn bè	• có thể nói được với bạn bè về những hội thoại khó(nhờ vả, mời mọc, từ chối,v.v..) • Nói đùa với bạn bè, làm những mẩu đối thoại nhỏ… • Truyền đạt được cho người nghe về sự yêu thích, ước mơ,v.v… của mình • Làm những cuộc thảo luận đơn giản về những chủ đề thú vị như nhóm máu, hôn nhân, chia sẻ hóa đơn,v.v… • Nói ý kiến bản thân về những tin tức thời sự thường ngày, và lí do của những ý kiến đó • Miêu tả được về món ăn, nơi sinh, phong tục sống của quê hương mình
170	NK5	Trung cấp	Kết bạn trong khi sinh sống ở Nhật	• Mượn vở bạn bè • Hỏi mời bạn bè đi xem phim hoặc sắp cuộc hẹn • Có thể đưa ra được những lời khuyên đơn giản cho bạn bè • Có thể giải thích được lí do khi đi muộn, vắng mặt, hoặc về sớm,v.v.. • Dùng những câu đã được đặt sẵn như " xin thử lỗi cho tôi nhưng,…";' Bạn có thời gian bây giờ không?";' Bây giờ có thể được không?",v.v… • Nói chuyện về những kinh nghiệm thú vị hoặc kinh nghiệm khó khăn của bản thân
130	NK4	Dưới trung cấp	Làm được giao tiếp cần thiết trong cuộc sống hằng ngày	• Có thể giải thích đơn giản thứ tự cách mua vé tàu,… • Khi bỏ quên đồ có thể trình bày được • Làm được hội thoại đơn thiết sử dụng ở bưu điện, ngân hàng, cửa hàng,v.v.. • Miêu tả được cách bản thân trải qua ngày nghỉ như thế nào • Giải thích được về sở thích, công việc bản thân • Có đặt câu hỏi cho người đối thoại
100	NK3	Sơ cấp	Làm được giao tiếp đơn giản	• Có thể giới thiệu được về gia đình, công việc, ngày đến nước Nhật • Nói về vật ưa thích • Có thể trả lời được những câu hỏi đơn giản(khi nào, ở đâu, người nào, cái gì)
80	NK2	trước sơ cấp	Chào hỏi	• Chào hỏi • Nói được xuất xứ bản thân • Dễ dàng giao tiếp trong mua bán đơn giản
	NK1	Bắt đầu	Xuất phát	• Giới thiệu tên

参考資料 285

イーストウエスト会話レベル表 (タイ語)

レベル		เป็นหมาย	ตัวอย่าง
230 NK9		ไม่มีปัญหาในการใช้บทสนทนาขณะทำงานอยู่ที่ประเทศญี่ปุ่น	1. สามารถกล่าวคำอวยพรในพิธีแต่งงาน ในที่ประชุม และในพิธีจบการศึกษาได้ 2. สามารถเจรจาสิ่งสำคัญในการงานและเป็นพิธีกรในที่ประชุมได้ 3. สามารถแบบแยกการใช้ภาษาตอดเหที่ไม่รู้จัก ผู้อาวุโส เพื่อนและเด็กได้ 4. สามารถใช้คำศัพท์เฉพาะทางแทคนิคราวมกับการสนทนาได้ 5. สามารถพูดอภิปรายในทุกๆปัญหาได้
230 NK8	ระดับวัตถุประสงค์	สามารถสนทนาด้วยคำศัพท์เฉพาะในมหาวิทยาลัยและโรงเรียนสายอาชีพได้	1. สามารถใช้บทสนทนาในชีวิตประจำวัน,สถานที่ทำงานพิเศษและโรงเรียนได้ 2. สามารถแก้ไขปัญหา,ชายเหลือและเข้าใจความรู้สึกของคู่สนทนาได้ 3. สามารถใช้ภาษาภาพได้ 4. สามารถแสดงความคิดเห็นและบอกความรู้สึกของตนเกี่ยวกับธุระ, ภาษาศาสตร์ และข่าวสารได้ 5. สามารถไขปัญหายากๆได้ด้วยเหตุผลเช่นปัญหาทาง IT ต่างๆ 6. สามารถสนทนาด้วยคำศัพท์ทางเทคนิคทางสายอาชีพของตนเองได้
220 NK7	ระดับสูง	สามารถสนทนาพื้นฐานในมหาวิทยาลัยและโรงเรียนสายอาชีพได้	1. สามารถแก้ไขปัญหาเฉพาะหน้าได้ 2. สามารถสนทนาและเข้าใจความรู้สึกของคู่สนทนาเช่นการปลอบใจ,ให้คำแนะนำ, การปรึกษาและการขออภัย 3. สามารถอธิบายเนื้อหาของข่าวสาร,ภาษาศาสตร์และครอบครัวง่ายๆได้ 4. สามารถอธิบายเกี่ยวกับวัฒนธรรมต่างๆและแสดงความคิดเห็นได้ 5. สามารถอธิบายเส้นทางต่างๆบนขั้นตอนการทำอาหารอย่างง่ายๆได้ 6. สามารถแสดงความคิดเห็นเกี่ยวกับปัญหาที่ค่อนข้างยากได้เช่นปัญหาเกี่ยวกับ การแพทย์,วัยรุ่น
200 NK6	เตรียมเข้าสู่ระดับสูง	สามารถพูดหยอกล้อกับเพื่อนและสนทนาได้อย่างเป็นธรรมชาติ	1. สามารถสนทนากับเพื่อนๆในเรื่องที่ยากๆได้เช่นการของร้อง,การเชิญชวน, การขอเลิกนัดหมายได้ 2. สามารถพูดหยอกล้อกับเพื่อนๆได้ 3. สามารถกล่าวถึงสิ่งที่ชอบและความต้องการให้คู่สนทนาเข้าใจได้ 4. สามารถปัญหาเกี่ยวกับหัวข้ออื่นๆที่ยากได้เช่นรูปเปลือก,การแต่งงาน 5. สามารถแสดงความคิดเห็นเกี่ยวกับข่าวได้ 6. สามารถแนะนำอธิบายเกี่ยวกับอาหาร,บ้านเกิด,ชีวิตความเป็นอยู่ได้
170 NK5	ระดับกลาง	สามารถสร้างเพื่อนชาวญี่ปุ่นได้	1. สามารถบอกเหตุผลในการมาสายการ, ไม่เข้าร่วมกิจกรรม,การขอกลับก่อนเวลาได้ 2. สามารถยืมสมุดโน้ตจากเพื่อนได้ 3. สามารถชวนเพื่อนไปดูหนัง, เดือนกำหนดเวลานัดหมายได้ 4. สามารถแยกกแยะการใช้ประโยค 「すみませんが」「時間、ありますか」「ちょっといいですか」 ได้อย่างถูกต้อง 5. สามารถเล่าประสบการณ์ที่สนุกและลำบากได้
130 NK4	เตรียมเข้าสู่ระดับกลาง	สามารถสนทนาที่จำเป็นในชีวิตประจำวันได้	1. สามารถอธิบายขั้นตอนการซื้อตั๋วอย่างง่ายๆได้ 2. สามารถอธิบายสิ่งของที่มีได้ 3. ไม่มีปัญหาเมื่อไปร้านค้า,ธนาคาร, ไปรษณีย์ 4. อธิบายการใช้ชีวิตในวันหยุดได้ 5. สามารถตั้งคำถามโต้ตอบแทนได้
100 NK3	ระดับต้น	สามารถพูดสนทนาอย่างง่ายๆได้	1. อธิบายเกี่ยวกับครอบครัว,หน้าที่การงานและ ชีวิตประจำวันได้ 2. สามารถอธิบายสิ่งที่ชอบได้ 3. สามารถตอบคำถามง่ายๆได้เมื่อไหร่,ที่ไหน,ใคร,อะไร
80 NK2	ระดับพื้นฐาน	สามารถกล่าวคำทักทายได้	1. สามารถกล่าวคำทักทายได้ 2. บอกประเทศบ้านเกิดของตนเองได้ 3. สามารถสนทนาเพื่อซื้อของได้
NK1	เพิ่งเข้าโรงเรียน	เริ่มต้น	1. สามารถบอกชื่อตนเองได้

著者紹介

嶋田和子（しまだ　かずこ）

アクラス日本語教育研究所代表理事。2012年まで学校法人国際青年交流学園イーストウエスト日本語学校副校長を務める。1946年東京生まれ。津田塾大学英文科卒、放送大学大学院文化科学研究科修了。外資系銀行勤務を経て日本語教師となる。現在は、教師研修、地域日本語ボランティア研修などで人材養成・育成、『できる日本語』を軸とした教材開発に力を注ぐ。2004年よりACTFL-OPIトレーナーとして活動。
(主な著書)『アカデミック・ジャパニーズの挑戦(共著)』(ひつじ書房 2006)、『プロフィシェンシーを育てる―真の日本語能力をめざして(共著)』(凡人社 2008)、『OPIによる会話能力の評価―テスティング、教育、研究に生かす(共著)』(2020 凡人社)、『人とつながる介護の日本語』(2022 アルク)

目指せ、日本語教師力アップ！
― OPI でいきいき授業 ―

発行	2008 年 9 月 25 日　初版 1 刷
	2023 年 11 月 15 日　　3 刷
定価	2400 円＋税
著者	ⓒ 嶋田和子
発行者	松本　功
組版所	株式会社 デイ・トランスポート
印刷所・製本所	三美印刷株式会社

発行所　　　　株式会社ひつじ書房
〒112-0011　東京都文京区千石 2-1-2 大和ビル 2F
Tel. 03-5319-4916 Fax. 03-5319-4917
郵便振替 00120-8-142852

造本には充分注意しておりますが、落丁・乱丁などがございましたら、
小社かお買い上げ書店にておとりかえいたします。
ご意見、ご感想など、小社までお寄せ下されば幸いです。
toiawase@hituzi.co.jp
https://www.hituzi.co.jp/

ISBN 978-4-89476-389-0